JN084916

スッキリわかる

日商簿記 1級

工業簿記・原価計算

Ⅱ 総合・標準原価計算編

TAC出版開発グループ

❧ はしがき・・・・・・・・・・・・・・・・・・・・・・・・・・・・・・・

工業簿記・原価計算は内容を正確に理解することが大切です。

　1級の試験において、商業簿記・会計学はもちろん大切ですが、合格の鍵を握っているのは、工業簿記・原価計算といっても過言ではありません。というのも、工業簿記・原価計算の試験では、満点もねらえる反面、ひとつの間違いがその後の解答へと影響し、大きな失点につながることもあるからです。

　そこで、工業簿記・原価計算の対策として何よりも必要なのは、**内容を正確に理解しておくこと**です。

特徴1　「場面をイメージしやすいテキスト」にこだわりました

　そこで本書は、工業簿記・原価計算の理解を深めるため、2級でもおなじみのゴエモンというキャラクターを登場させ、工業簿記・原価計算の場面がイメージしやすいようにしてあります。みなさんもゴエモンといっしょに工業簿記・原価計算について正確な知識を学んでいきましょう。

特徴2　テキスト&問題集

　1級の試験対策として、ただテキストを読んで重要事項を暗記するだけでは通用しません。知識の正確な理解と**問題を繰り返し解くこと**が重要になってきます。

　特に、工業簿記・原価計算は多くの資料の中から必要な資料を選び出して計算します。どの資料を使うかはその内容を正確に理解する必要があります。

　そこで、テキストを読んだあとに必ず問題を解いていただけるよう、本書はテキストと問題集を一体にしました。問題集には、テキストの内容を理解するための基本問題はもちろん、本試験レベルの応用問題も入っています。

　また、実力を確認するためのチェックテスト1回分（工簿・原計）を収載しています。テキストⅠ〜Ⅳを学習したあとに、チャレンジしてください。

　簿記の知識はビジネスのあらゆる場面で活かすことができます。

　本書を活用し、簿記検定に合格され、みなさんがビジネスにおいてご活躍されることを心よりお祈りいたします。

初版から第2版への主な改訂点

第2版は、初版につき、下記の内容の改訂を行っています。
・収益認識基準の適用により影響を受ける箇所に補足
・最近の試験傾向に対応

簿記の学習方法と合格までのプロセス

1. テキストを読む

テキスト

まずは、**テキストを読みます**。

テキストは自宅でも電車内でも、どこでも手軽に読んでいただけるように作成していますが、机に向かって学習する際には鉛筆と紙を用意し、取引例や新しい用語がでてきたら、**実際に紙に書いてみましょう**。

また、本書はみなさんが考えながら読み進めることができるように構成していますので、ぜひ**答えを考えながら**読んでみてください。

2. テキストを読んだら問題を解く！

問題編

簿記は**問題を解くことによって、知識が定着**します。本書はテキスト内に、対応する問題番号を付していますので、それにしたがって問題を解きましょう。

また、まちがえた問題には付箋などを貼っておき、あとでもう一度、解きなおすようにしてください。

3. もう一度、すべての問題を解く！＆チェックテストを解く！

問題編

上記1、2を繰り返し、テキストが全部終わったら、**テキストを見ないで**問題編の**問題をもう一度最初から全部解いてみましょう**。

こうすることで、知識を完全に身につけることができます。

そのあと、次のテキストに進みます。テキストⅣまで学習したら、巻末の別冊に入っている**チェックテスト**を解きましょう。

4. そして過去問題集を解く！

過去問題集

すべてのテキストの学習が終わったら、本試験の出題形式に慣れ、時間内に効率的に合格点をとるために**過去問題集（別売）***を解くことをおすすめします。

＊TAC出版刊行の過去問題集 …「合格するための過去問題集 日商簿記1級」

合格

●工業簿記・原価計算で学習する主な内容 ………

テキストⅠ　費目別・個別原価計算編

工業簿記・原価計算の基礎

費目別計算	材料費会計	労務費会計	経費会計

（単純）個別原価計算	一連の流れ	製造間接費の配賦と差異分析	

部門別個別原価計算	部門個別費と部門共通費の集計	補助部門費の製造部門への配賦	補助部門費の配賦方法と責任会計

個別原価計算の仕損

テキストⅡ　総合・標準原価計算編

本書

総合原価計算の基礎

仕損・減損が生じる場合の計算	異常仕損・減損	正常仕損・減損（度外視法）	正常仕損・減損（非度外視法）	
工程別総合原価計算	累加法	非累加法		
組別・等級別総合原価計算	組別総合原価計算	等級別総合原価計算		
連産品の原価計算	連産品	副産物		
標準原価計算の基礎	標準原価計算とは	標準原価計算の計算手続	勘定記入	材料受入価格差異
標準原価計算の応用	標準工程別総合原価計算	標準個別原価計算		
標準原価計算における仕損・減損	原価標準の設定	第1法	第2法	配合差異・歩留差異
原価差異の会計処理	原価差異の会計処理	材料受入価格差異		

テキストⅢ 直接・CVP・予算実績差異分析編

直接原価計算	直接原価計算とは	損益計算書の表示と勘定連絡
	固定費調整	直接標準原価計算とは
CVP分析	固変分解	CVP分析 　　多品種のCVP分析
最適セールス・ミックス	制約条件が1種類の場合	制約条件が2種類の場合
予算編成		
事業部の業績測定	セグメント別損益計算書　資本コスト	事業部長と事業部自体の業績測定
予算実績差異分析	直接実際原価計算　直接標準原価計算	セグメント別の予算実績差異分析

テキストⅣ 意思決定・特殊論点編

差額原価収益分析	特別注文引受可否の意思決定	内製・購入の意思決定	追加加工の要否の意思決定
	セグメントの継続・廃止の意思決定	経済的発注量の計算	
設備投資の意思決定	設備投資の意思決定モデル		
	新規投資	取替投資	
新しい原価計算	品質原価計算	活動基準原価計算	

※上記収録論点は変更になる可能性があります。

日商簿記1級の出題傾向と対策（工業簿記・原価計算）

1. 配点と合格点

日商簿記1級の試験科目は、商業簿記、会計学、工業簿記、原価計算の4科目で、各科目の配点は25点です。また、試験時間は商業簿記・会計学であわせて90分、工業簿記・原価計算であわせて90分です。

商業簿記	会計学	工業簿記	原価計算	合計
25点	25点	25点	25点	100点

試験時間90分　　　　　試験時間90分

合格基準は100点満点中70点以上ですが、10点未満の科目が1科目でもある場合は不合格となりますので、苦手科目をなくしておくことが重要です。

2. 出題傾向と対策（工業簿記・原価計算）

1級工業簿記・原価計算の出題傾向と対策は次のとおりです。

出題傾向　　　　　　　　　　　対　策

工業簿記

工業簿記では、製品原価計算を前提とした勘定記入、差異分析、財務諸表の作成などが出題されます。

　2級で学習した内容が大部分を占めますが、1級では正確な理解がともなわないと、解答するのが困難な問題が出されます。テキストⅠ・Ⅱをよく読み、背景にある理論体系をしっかりと理解したうえで、問題演習を繰り返してください。

原価計算

原価計算では管理会計を中心とした計算問題が出題されます。

　1級ではじめて学習する管理会計は、学習内容がつかみづらい論点でもあります。まずはテキストⅢ・Ⅳをしっかりと読んで、学習をすすめてください。また、長文で出題され、応用力が問われる問題が多く出されます。必要な資料を的確にピックアップできるよう、正確に理解することを心がけてください。

※日商簿記1級の試験日は6月（第2日曜）と11月（第3日曜）です。試験の詳細については、検定試験ホームページ（https://www.kentei.ne.jp/）でご確認ください。

CONTENTS

はしがき

簿記の学習方法と合格までのプロセス

工業簿記・原価計算で学習する主な内容

日商簿記1級の出題傾向と対策（工業簿記・原価計算）

総合原価計算編

第1章 総合原価計算の基礎 ————————————————— 1

CASE 1 　総合原価計算とは？ *2*

CASE 2 　平均法 *5*

CASE 3 　先入先出法 *9*

CASE 4 　純粋先入先出法 *12*

CASE 5 　材料の追加投入 *16*

第2章 仕損・減損が生じる場合の計算 ———————————— 23

CASE 6 　仕損・減損とは？ *24*

CASE 7 　異常仕損費・異常減損費の処理 *26*

CASE 8 　正常仕損費・正常減損費の負担関係 *29*

CASE 9 　正常仕損費・正常減損費の処理①
度外視法・完成品のみ負担 *32*

CASE10 　正常仕損費・正常減損費の処理②
度外視法・両者負担 *36*

CASE11 　正常仕損費・正常減損費の処理③
非度外視法・完成品のみ負担 *40*

CASE12 　正常仕損費・正常減損費の処理④
非度外視法・両者負担－定点発生 *44*

CASE13 　正常仕損費・正常減損費の処理⑤
非度外視法・両者負担－平均的発生 *48*

CASE14 　正常発生額と異常発生額の両方が生じる場合 *52*

CASE15 　正常減損率が安定している場合の計算 *58*

第3章 工程別総合原価計算 ———————————————————— 63

CASE16 　累加法 *64*

CASE17 　非累加法①
累加法と計算結果が一致する方法 *70*

CASE18　非累加法②
　　　　通常の非累加法　*76*

CASE19　加工費工程別総合原価計算　*83*

第4章 組別・等級別総合原価計算────────*89*

CASE20　単一工程組別総合原価計算　*90*

CASE21　工程別組別総合原価計算　*94*

CASE22　単純総合原価計算に近い等級別総合原価計算　*101*

CASE23　組別総合原価計算に近い等級別総合原価計算　*105*

CASE24　単純総合原価計算に近い等級別計算に
　　　　原価要素別の等価係数を使用する方法　*111*

第5章 連産品の原価計算────────────*117*

CASE25　物量基準と市価基準　*118*

CASE26　追加加工を行う場合　*123*

CASE27　副産物の処理　*127*

標準原価計算編

第6章 標準原価計算の基礎────────────*131*

CASE28　標準原価計算とは？　*132*

CASE29　標準原価計算の計算手続　*134*

CASE30　標準原価計算の勘定記入　*144*

CASE31　材料受入価格差異の把握と勘定記入　*151*

第7章 標準原価計算の応用────────────*157*

CASE32　標準工程別総合原価計算　*158*

CASE33　標準個別原価計算　*170*

第8章 標準原価計算における仕損・減損①───*177*

CASE34　仕損・減損が発生する場合の原価標準の設定　*178*

CASE35　第1法による標準原価の計算と勘定記入　*182*

CASE36　第2法による標準原価の計算と勘定記入(仕損品評価額なし)　*190*

CASE37　第2法による標準原価の計算と勘定記入(仕損品評価額あり)　*205*

第9章 標準原価計算における仕損・減損②───*213*

CASE38　配合差異と歩留差異　*214*

CASE39　直接労務費や製造間接費に関する計算　*224*

第10章 原価差異の会計処理───────────*233*

CASE40　原価差異の会計処理　*234*

| CASE41 | 材料受入価格差異の追加配賦　*245* |

問題編

問　　題　1
解答・解説　43

さくいん　165

付録編　（別冊に収載）

解答用紙
チェックテスト

第1章

総合原価計算の基礎

テキストⅠでは、注文に応じて製品を生産する企業で採用する
個別原価計算について学習してきましたが、
テキストⅡの前半では、だれもが気に入る標準的な製品を設計し、
売れ行きを見込んでどんどん生産する企業で採用する
総合原価計算について学習していきます。

まずは、2級の復習をかねて総合原価計算の
基本的な処理についてみていきましょう。

この章で学習する項目

1. 総合原価計算総論
2. 単一工程単純総合原価計算
　①平均法
　②先入先出法
　　：修正先入先出法
　　：**純粋先入先出法** 1級 新 論点
3. 材料の追加投入

総合原価計算とは?

ゴエモン㈱では、今月から木彫りの熊の置物の大量生産をはじめました。オーダーメイド品と違って、同じ製品を大量に生産する場合の原価の計算方法「総合原価計算」では、どのように製品原価を計算したのか覚えていますか?

> **例** 当月、製品200個を作りはじめ、当月中にすべて完成した。なお、当月の製造費用は10,000円であった。製品1個あたりの原価を計算しなさい。

個別原価計算と総合原価計算

　テキストIで学習した個別原価計算は、お客さんの注文に応じて注文品を個別に生産する企業において用いられる原価計算の方法でした。各製品ごとに原価が異なるので、個々の製品ごとに製造指図書を発行し、この製造指図書ごとに原価を集計することで各製品の原価を計算しました。

当月製造費用10,000円

(単位:円)

	No.1	No.2	No.3	合計
直 接 材 料 費	1,000	2,000	800	3,800
直 接 労 務 費	900	1,800	1,200	3,900
製 造 間 接 費	600	1,000	700	2,300
合　　　計	2,500	4,800	2,700	10,000

これに対し、これから学習する総合原価計算は、同じ規格の製品を連続して大量に生産する企業において用いられる原価計算の方法です。

　総合原価計算では、同じ規格品を生産するため、どの製品も同じ原価を負担するという前提のもとで、簡便的に製品原価を計算していきます。

　具体的には、1カ月間に製品を生産するのにかかった製造原価をまとめて集計し、1カ月間の製品の生産量で割ることによって製品1個あたりの原価を計算していきます。

　したがって、CASE 1の完成品単位原価は次のように計算されます。

CASE 1の完成品単位原価

$$\frac{10,000\,円}{200\,個} = @50\,円$$

● 総合原価計算の分類

　総合原価計算は、生産される製品の種類や工程別計算の有無などにより次のように分類されます。

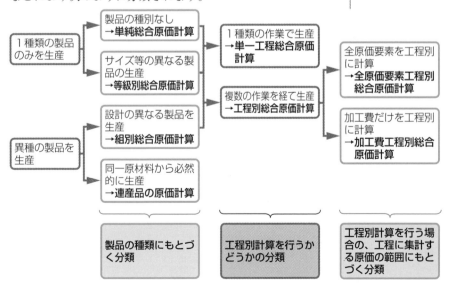

● 総合原価計算における原価の分類

　総合原価計算では素材などの直接材料をまず製造工程の始点で投入し、あとは、この直接材料を切ったり組み立てたりして加工するような生産形態が多いため、製造原価を**直接材料費**と**加工費（＝直接材料を加工するためのコスト）の２種類に分類**し、製品の原価を計算します。

製 造 原 価	直 接 材 料 費	直 接 材 料 費
	間 接 材 料 費	
	直 接 労 務 費	
	間 接 労 務 費	加 工 費
	直 接 経 費	
	間 接 経 費	

個別原価計算での分類　　総合原価計算での分類

CASE 2

単一工程単純総合原価計算

平均法

まず平均法について
復習しておこう。

120個
月初仕掛品

400個
完成品

360個
丸太の木

80個
月末仕掛品

2級で学習したように総合原価計算のポイントは月初仕掛品原価と当月製造費用の合計を完成品原価と月末仕掛品原価に按分することにあります。

ここでは、総合原価計算の基本的な計算パターンについて復習しておきましょう。

例 次の資料にもとづいて、平均法により月末仕掛品原価、完成品原価、完成品単位原価を計算しなさい。なお、直接材料は工程の始点で投入している。

生産データ	製造原価データ

```
      生 産 デ ー タ              製 造 原 価 デ ー タ
月 初 仕 掛 品  120個 (0.5)   月初仕掛品原価
当 月 投 入    360             直接材料費：12,000円
   合   計    480個            加 工 費： 9,360円
月 末 仕 掛 品   80   (0.8)   当月製造費用
完   成   品  400個            直接材料費：43,200円
                               加 工 費：63,024円
```

(注) ( ) 内の数値は加工進捗度である。

用語 単一工程単純総合原価計算…単一工程単純総合原価計算とは、1種類の標準規格品を単一の作業により生産している場合に適用される総合原価計算をいいます。総合原価計算を適用する生産形態のなかでは、もっとも基本的なものであるため「純粋総合原価計算」とよぶこともあります。

完成品原価と月末仕掛品原価の計算

総合原価計算では、月初仕掛品原価と当月製造費用の合計を

完成品原価は完成品総合原価と呼ぶこともあります。

完成品原価と月末仕掛品原価とに按分します。そして、完成品原価を完成品量で割って、完成品単位原価を求めます。

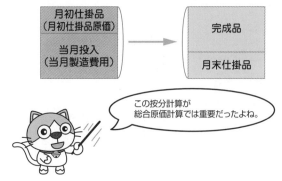

この按分計算が
総合原価計算では重要だったよね。

総合原価計算では、簡便的に製品原価を計算するため、すべてを完成品ベースの数量に統一して原価を按分します。

完成品原価と月末仕掛品原価を計算するにあたっては、まず、直接材料費と加工費のそれぞれの月末仕掛品について、完成品換算量を求めます。

月末仕掛品の完成品換算量は次のように計算します。

月末仕掛品の完成品換算量＝月末仕掛品量×進捗度

ここで、月末仕掛品の進捗度は完成品に対する月末仕掛品の原価負担割合を示し、始点投入の直接材料費の進捗度は常に100％ですから材料消費量と同じになります。

これは、10kgの材料を使って木彫りの熊の置物を生産する時、10kgをすべて始めに投入しているならば、仕掛品にも完成品にも同じ10kgの材料が含まれているはずだからです。

始点投入の直接材料費は進捗度100％となるため、仕掛品の完成品換算量は、生産データの数量と一致するんだったよね。

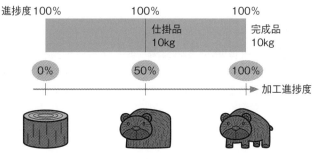

一方、加工費の進捗度は、加工作業の進み具合（これを加工進捗度または加工費進捗度といいます）によって決定します。

木彫りの熊の置物は完成までに10時間かかるところ、仕掛

品は5時間まで加工したのであれば、加工進捗度は50％となるため、加工費の進捗度は50％となります。

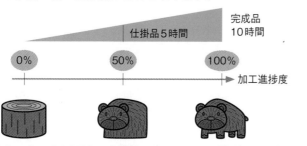

加工費の進捗度は加工進捗度と一致するため、仕掛品量に加工進捗度をかけて完成品換算量を計算するんだったよね。

以上より、CASE 2の生産データをまとめると次のようになります。

CASE 2の生産データの整理

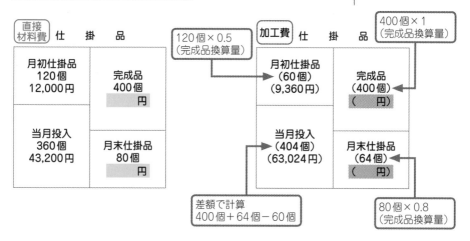

次に、平均法によって完成品原価と月末仕掛品原価を計算します。

● 平均法（Average Method：AM）による原価按分

平均法は、月初仕掛品の加工と当月投入分の加工を並行して平均的に進めると仮定し、月初仕掛品原価と当月製造費用の合計額を、完成品原価と月末仕掛品原価に按分する計算方法です。

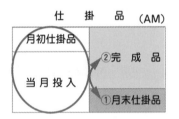

したがって、CASE 2 の月末仕掛品原価、完成品原価、完成品単位原価は次のように計算されます。

CASE 2 の完成品原価等の計算

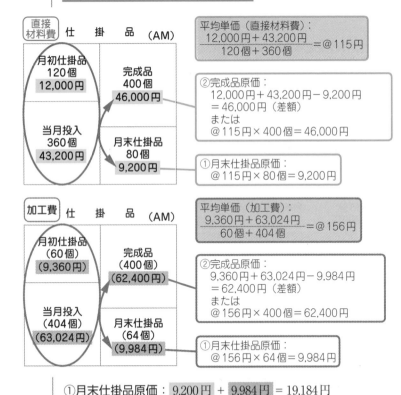

①月末仕掛品原価： 9,200 円 ＋ 9,984 円 ＝ 19,184 円

②完 成 品 原 価： 46,000 円 ＋ 62,400 円 ＝ 108,400 円

③完成品単位原価： $\dfrac{108,400 円}{400 個}$ ＝＠271 円

問題編
問題 1 (1)

先入先出法

次は先入先出法！

CASE 2について、先入先出法を用いたときの計算についてみていきましょう。これも2級の復習です。

例　次の資料にもとづいて、先入先出法により月末仕掛品原価、完成品原価、完成品単位原価を計算しなさい。なお、直接材料は工程の始点で投入している。

<table>
<tr><td colspan="2">生 産 デ ー タ</td><td colspan="2">製 造 原 価 デ ー タ</td></tr>
<tr><td>月 初 仕 掛 品</td><td>120個 (0.5)</td><td colspan="2">月初仕掛品原価</td></tr>
<tr><td>当 月 投 入</td><td>360</td><td>直 接 材 料 費：</td><td>12,000円</td></tr>
<tr><td>合　　計</td><td>480個</td><td>加 工 費：</td><td>9,360円</td></tr>
<tr><td>月 末 仕 掛 品</td><td>80 (0.8)</td><td colspan="2">当月製造費用</td></tr>
<tr><td>完 成 品</td><td>400個</td><td>直 接 材 料 費：</td><td>43,200円</td></tr>
<tr><td></td><td></td><td>加 工 費：</td><td>63,024円</td></tr>
</table>

(注)　(　)内の数値は加工進捗度である。

先入先出法(First In First Out Method：Fifo)による原価按分

　先入先出法は、まず月初仕掛品をすべて完成させてから、当月投入分の加工にかかると仮定して、完成品原価と月末仕掛品原価を計算する方法です。

　先入先出法では通常、月初仕掛品原価はすべて完成品原価に含まれることになるため、**月末仕掛品原価は当月製造費用のみ**

から**計算**されます。

　そこで先入先出法の場合、まず、当月投入データから月末仕掛品原価を計算し、そのあと差額で完成品原価を計算します。

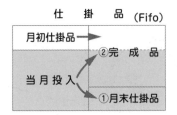

　したがってCASE 3の月末仕掛品原価、完成品原価、完成品単位原価は次のように計算されます。

CASE 3の完成品原価等の計算

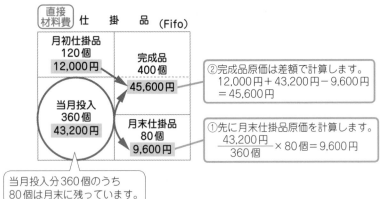

②完成品原価は差額で計算します。
12,000円＋43,200円－9,600円
＝45,600円

①先に月末仕掛品原価を計算します。
$$\frac{43,200円}{360個} \times 80個 = 9,600円$$

当月投入分360個のうち
80個は月末に残っています。

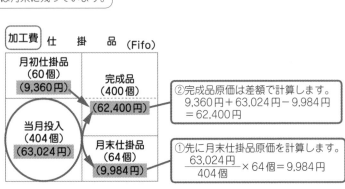

②完成品原価は差額で計算します。
9,360円＋63,024円－9,984円
＝62,400円

①先に月末仕掛品原価を計算します。
$$\frac{63,024円}{404個} \times 64個 = 9,984円$$

①月末仕掛品原価：9,600円 + 9,984円 = 19,584円

②完 成 品 原 価：45,600円 + 62,400円 = 108,000円

③完成品単位原価：$\dfrac{108,000円}{400個}$ = @270円

　なお、CASE 3のような完成品単位原価の計算方法を**修正先入先出法**といいます。

　修正先入先出法とは、月初仕掛品から完成した分と、当月から製造に着手して完成した分の完成品単位原価を区別せずに計算する方法をいい、平均法を加味した先入先出法ともいわれます。

　しかし、先入先出法による単位原価を期間比較し、原価の管理に役立てるためには、次のCASE 4の**純粋先入先出法**により完成品単位原価を計算することが必要となります。

> 1級の検定試験では、問題文に指示がない場合、単に先入先出法といえば、修正先入先出法を意味します。

⊜ 問題編 ⊜
問題1(2)

純粋先入先出法

原価の管理には
純粋先入先出法の方
がいいんだって…。

原価計算の目的の1つ
である原価の管理を有
効に行うためには、CASE 3
の修正先入先出法より純粋先
入先出法の方が適切であるよ
うです。
この2つの違いと計算方法に
ついてみていきましょう。

例 次の資料にもとづいて、先入先出法により月末仕掛品原価、完成
品原価、完成品単位原価を計算しなさい。完成品単位原価につい
ては(a)月初仕掛品完成分(b)当月着手完成分に分けて計算し、さら
に(c)完成品全体の平均単位原価もあわせて計算しなさい。なお、
直接材料は工程の始点で投入している。

生 産 デ ー タ		製 造 原 価 データ
月 初 仕 掛 品 120個 (0.5)		月初仕掛品原価
当 月 投 入 360		直 接 材 料 費：12,000円
合　　計　　480個		加　工　費： 9,360円
月 末 仕 掛 品 80 (0.8)		当月製造費用
完　成　品　　400個		直 接 材 料 費：43,200円
		加　工　費：63,024円

(注) (　　) 内の数値は加工進捗度である。

●純粋先入先出法による完成品単位原価の計算

　純粋先入先出法とは、月初仕掛品完成分の単位原価と当月着
手完成分の単位原価を区別して計算する方法をいいます。
　CASE 3 で求めた修正先入先出法の完成品単位原価は、完成

品全体をもとに算定した単価であり、このなかには月初仕掛品原価が含まれています。つまり、純粋な当月発生原価による完成品単位原価ではないため、この単位原価だけでは厳密な期間比較ができず、原価の管理に有効な情報が入手できているとはいえません。

そこで、原価の管理に役立つ製品単位原価情報を入手するための計算方法として工夫されたのが純粋先入先出法です。

注意 純粋先入先出法による完成品原価と月末仕掛品原価

修正先入先出法と純粋先入先出法とは、単位原価の計算において、完成品全体の単位原価を計算するのか、月初仕掛品完成分と当月着手完成分の単位原価を区別して計算するのかの違いであり、**完成品原価総額や月末仕掛品原価はどちらの方法でも同じ**になることに注意してください。

CASE 4の生産データの整理

月初仕掛品120個に対して前月末までに投入済みの原価は次のとおりです。

$$\begin{cases} 直接材料費 → 完成品120個分 \\ \qquad\qquad (工程始点投入のため進捗度100\%) \\ 加\ \ 工\ \ 費 → 完成品60個分 (120個×加工費進捗度0.5) \end{cases}$$

したがって、月初仕掛品を完成させるためには**当月の加工によって不足分の加工費（120個－60個＝60個分）を追加**しなければなりません。

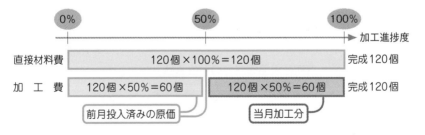

したがって、CASE 4の完成品原価等は次のようになります。

CASE 4の完成品原価等の計算

> 純粋先入先出法の問題では、完成品の内訳がわかるような原価ボックスを作成すると、単位原価の計算がしやすくなります。

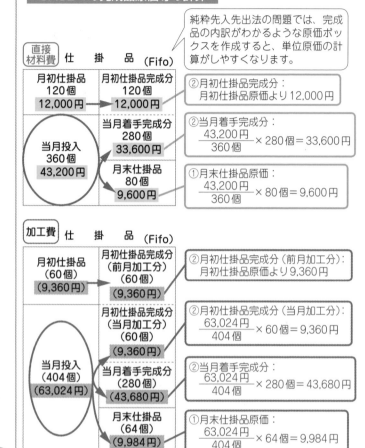

直接材料費 仕 掛 品 （Fifo）

月初仕掛品 120個 12,000円	月初仕掛品完成分 120個 12,000円
当月投入 360個 43,200円	当月着手完成分 280個 33,600円
	月末仕掛品 80個 9,600円

②月初仕掛品完成分：
月初仕掛品原価より12,000円

②当月着手完成分：
$\dfrac{43,200円}{360個} \times 280個 = 33,600円$

①月末仕掛品原価：
$\dfrac{43,200円}{360個} \times 80個 = 9,600円$

加工費 仕 掛 品 （Fifo）

月初仕掛品 （60個） （9,360円）	月初仕掛品完成分 （前月加工分） （60個） （9,360円）
当月投入 （404個） （63,024円）	月初仕掛品完成分 （当月加工分） （60個） （9,360円）
	当月着手完成分 （280個） （43,680円）
	月末仕掛品 （64個） （9,984円）

②月初仕掛品完成分（前月加工分）：
月初仕掛品原価より9,360円

②月初仕掛品完成分（当月加工分）：
$\dfrac{63,024円}{404個} \times 60個 = 9,360円$

②当月着手完成分：
$\dfrac{63,024円}{404個} \times 280個 = 43,680円$

①月末仕掛品原価：
$\dfrac{63,024円}{404個} \times 64個 = 9,984円$

> ①と②はCASE 3と同じ金額になることを確認してください。

①月末仕掛品原価： 9,600円 ＋ 9,984円 ＝ 19,584円

②完 成 品 原 価：

33,600円 ＋ 12,000円 ＋ 43,680円 ＋ 9,360円 ＋ 9,360円

$= 108,000円$

③(a)月初仕掛品完成分の単位原価：

$\dfrac{12,000円 ＋ 9,360円 ＋ 9,360円}{120個} = @256円$

(b)当月着手完成分の単位原価：

$$\frac{33,600\text{円} + 43,680\text{円}}{280\text{個}} = @276\text{円}$$

(c)完成品全体の平均単位原価：

$$\frac{108,000\text{円}}{400\text{個}} = @270\text{円}$$

平均単位原価は CASE 3の修正先入先出法と同じになります。

⇔ 問題編 ⇔
問題2

CASE 5

材料の追加投入

追加材料はどうやって計算していくのか、みていこう！

ボタン（D直接材料）
マフラーの毛糸（B直接材料）
布（A直接材料）
綿（C直接材料）

ゴエモン㈱ではぬいぐるみも作りはじめました。使う材料は最初の丸太だけという木彫りの熊とは異なり、素材の布、マフラーの毛糸、中に入れる綿など色々な材料を異なるタイミングで投入していきます。この場合の計算方法をみていきましょう。

例 次の資料にもとづいて、平均法により、月末仕掛品と完成品の各原材料費を計算しなさい。なお、加工費のデータは省略している。

生 産 デ ー タ

月初仕掛品	40個	(0.2)
当 月 投 入	220	
合　　計	260個	
月末仕掛品	60個	(0.8)
完 成 品	200個	

製造原価データ

	月初仕掛品原価	当月製造費用
A直接材料	5,680円	30,720円
B直接材料	640円	11,760円
C直接材料	0円	10,400円
D直接材料	0円	12,000円

(注1) （　）内の数値は加工進捗度である。

(注2) A直接材料は工程の始点で投入し、B直接材料は工程を通じて平均的に、C直接材料は工程の進捗度0.5の時点で、D直接材料は工程の終点で投入している。

ここに注目！

1級の試験では、材料の追加投入の問題はよく出題されるので、この資料は読みとばさないように注意してください。

● 材料の追加投入とは

木彫りの熊は工程の始点で丸太を用意し、あとは彫刻（加工）するだけで製品化できました。しかし、今回から生産販売するマフラー付きのぬいぐるみは、素材である布（材料）を型

どおりに切り、縫い合わせ、途中で綿（材料）を入れて、最後に目玉となるボタン（材料）と、毛糸（材料）を徐々に使って編んだマフラーを取り付けるというように、いくつもの材料を工程の途中で追加していきます。

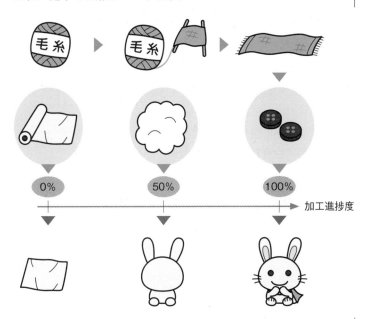

このように材料を工程の途中で追加することを**材料の追加投入**といいます。

材料の追加投入があった場合の処理は**材料の投入時点**によって異なります。

工程の始点で投入する場合

工程の始点で投入する場合、CASE 2〜4 で学習してきたように、工程のどの時点でも原価の進捗度は100％となりますので、**完成品と仕掛品に数量比で按分**します。

したがって、CASE 5 の A直接材料費の計算は次のようになります。

CASE 5のA直接材料費の計算

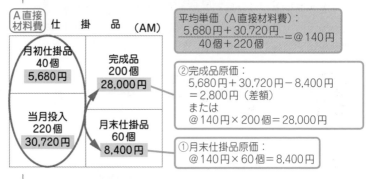

A直接材料費 仕 掛 品 (AM)	
月初仕掛品 40個 5,680円	完成品 200個 28,000円
当月投入 220個 30,720円	月末仕掛品 60個 8,400円

平均単価（A直接材料費）：
$$\frac{5,680円＋30,720円}{40個＋220個}＝@140円$$

②完成品原価：
5,680円＋30,720円－8,400円
＝2,800円（差額）
または
@140円×200個＝28,000円

①月末仕掛品原価：
@140円×60個＝8,400円

①月末仕掛品に含まれるA直接材料費：8,400円
②完成品に含まれるA直接材料費：28,000円

● 工程を通じて平均的に投入する場合

加工に比例して投入する場合と表現することもあります。

材料を工程を通じて平均的に投入する場合は、加工進捗度が進むにつれて、直接材料費が多く発生することになります。

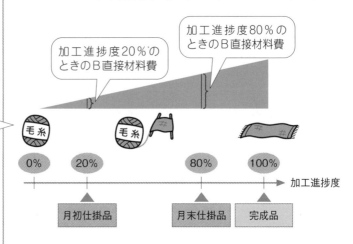

加工進捗度80％のときのB直接材料費

加工進捗度20％のときのB直接材料費

毛糸でマフラーを編むとき、マフラーの加工進捗度が進めば進むほど、より多くの毛糸を使っていますよね。

これは、加工費と発生の仕方が同様ですから、加工費の計算と同様に、**完成品と仕掛品に完成品換算量比で按分計算**します。

したがって、CASE 5のB直接材料費は次のようになります。

CASE 5のB直接材料費の計算

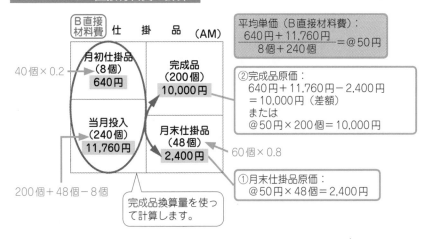

B直接材料費 仕 掛 品 (AM)

月初仕掛品 (8個) 640円	完成品 (200個) 10,000円
当月投入 (240個) 11,760円	月末仕掛品 (48個) 2,400円

40個×0.2

60個×0.8

200個＋48個－8個

完成品換算量を使って計算します。

平均単価（B直接材料費）：
$$\frac{640円＋11,760円}{8個＋240個}＝@50円$$

②完成品原価：
640円＋11,760円－2,400円
＝10,000円（差額）
または
@50円×200個＝10,000円

①月末仕掛品原価：
@50円×48個＝2,400円

①月末仕掛品に含まれるB直接材料費：2,400円
②完成品に含まれるB直接材料費：10,000円

工程の途中で追加投入する場合

　材料を工程の途中で追加投入する場合は、材料の追加投入点と月初仕掛品および月末仕掛品の加工進捗度を比べ、追加材料が月初仕掛品や月末仕掛品に使われているかどうかを考えます。

　CASE 5のC直接材料は、加工進捗度が50％の時点で追加投入されます。

　すなわち、工程の途中の特定点で追加投入する場合、その投入点を通過していれば進捗度は100％、通過していなければ0％となることから**投入点を通過した完成品、月末仕掛品に数量比で按分**することになります。

月初仕掛品にはC直接材料はまったく使われていませんが、月末仕掛品にはC直接材料の全部の量が使われていることになります。

もちろん、加工進捗度100％の完成品にも全部の量が使われています。

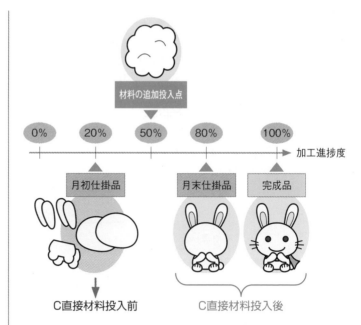

材料の追加投入点

| 0% | 20% | 50% | 80% | 100% |

加工進捗度

月初仕掛品　　　　　月末仕掛品　　完成品

C直接材料投入前　　　　C直接材料投入後

したがって、CASE 5 のC直接材料費は次のようになります。

CASE 5 のC直接材料費の計算

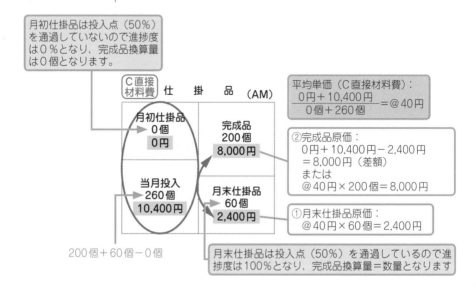

月初仕掛品は投入点（50%）を通過していないので進捗度は0%となり、完成品換算量は0個となります。

平均単価（C直接材料費）：
$$\frac{0円＋10,400円}{0個＋260個}＝@40円$$

②完成品原価：
0円＋10,400円－2,400円
＝8,000円（差額）
または
@40円×200個＝8,000円

①月末仕掛品原価：
@40円×60個＝2,400円

C直接材料費 仕　　掛　　品　（AM）	
月初仕掛品 0個 0円	完成品 200個 8,000円
当月投入 260個 10,400円	月末仕掛品 60個 2,400円

200個＋60個－0個

月末仕掛品は投入点（50%）を通過しているので進捗度は100%となり、完成品換算量＝数量となります

①月末仕掛品に含まれるC直接材料費：2,400円
②完成品に含まれるC直接材料費：8,000円

工程の終点で投入する場合

　工程の終点（加工進捗度100％）で材料を追加投入する場合、月初仕掛品（加工進捗度20％）と月末仕掛品（加工進捗度80％）は材料の追加投入点を通過していません。

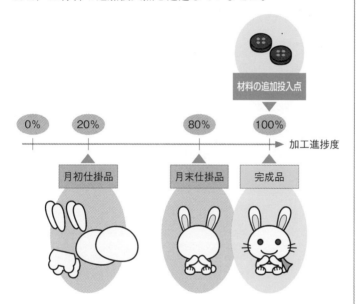

　この場合、追加投入したD直接材料（目玉となるボタン）は完成品を作るためだけに使われたことになるので、D直接材料費は**全額、完成品の原価**となります。
　したがって、CASE 5のD直接材料費は次のようになります。

CASE 5のD直接材料費の計算

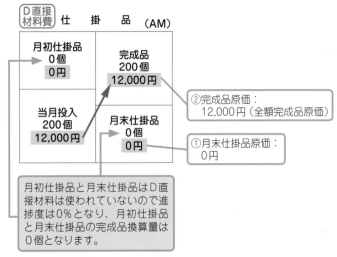

D直接
材料費 仕 掛 品 （AM）

| 月初仕掛品 0個 0円 | 完成品 200個 12,000円 |
| 当月投入 200個 12,000円 | 月末仕掛品 0個 0円 |

②完成品原価： 12,000円（全額完成品原価）

①月末仕掛品原価： 0円

月初仕掛品と月末仕掛品はD直接材料は使われていないので進捗度は0%となり、月初仕掛品と月末仕掛品の完成品換算量は0個となります。

①月末仕掛品に含まれるD直接材料費：0円
②完成品に含まれるD直接材料費：12,000円

⇔ 問題編 ⇔
問題3

第2章

仕損・減損が生じる場合の計算

製作中に失敗作ができてしまった場合
どのように処理するんだったっけ?
個別受注生産の場合はテキストⅠで学習したけど
大量生産の場合は…?

2級でも学習した仕損・減損の処理について復習しながら
1級特有の計算方法について学習していきましょう。

この章で学習する項目

1. 仕損・減損とは
2. **異常仕損費・異常減損費の処理**　`1級 新 論点`
3. 正常仕損費、正常減損費の負担関係
4. 正常仕損費、正常減損費の処理
　①度外視法・完成品のみ負担
　②度外視法・両者負担
　③非度外視法・完成品のみ負担
　④非度外視法・両者負担（定点発生）
　　非度外視法・両者負担（平均的発生）　`1級 新 論点`
5. 正常発生額、異常発生額の両方が生じる場合
6. 正常減損率が安定している場合の計算

仕損・減損とは？

これじゃあ売り物にはならないなぁ かかった費用はどうやって回収 したらいいんだろう…。

? 木彫りの熊の置物の製
作中、作業上のミスや
機械の故障により、不合格品
ができてしまいました。
しかしこの不合格品にも当然
原価はかかっています。原価
計算上どのように取り扱った
らよいのでしょうか？

仕損・減損とは？

　仕損とは、なんらかの原因により製品の加工に失敗し、品質標準や規格標準に合致しない不合格品（＝仕損品）が発生することをいいます。

　一方、減損とは、投入した原材料の一部が加工中に蒸発・ガス化などの原因によって消失することをいいます。

仕 損　　　減 損

蒸発

正常と異常

　仕損・減損は、その発生の程度により正常なものと異常なものに分けられます。

(1) 正常仕損・減損

　仕損・減損のうち製品製造上、通常起こりうる程度のものを

正常仕損・減損といい、正常仕損・減損の発生による費用は良品（完成品や仕掛品）を生産するために必要なコストと考えて良品（完成品や仕掛品）の原価に含めます。

⑵ 異常仕損・減損

　仕損・減損のうち、通常起こりうる程度を超えて発生するものを異常仕損・減損といい、異常仕損・減損の発生による費用は、良品（完成品や仕掛品）を生産するために必要なコストではないため原価の計算から分離し、非原価項目（特別損失または営業外費用）として処理します。

正常仕損

10個に1個の仕損は仕方ないよね…

異常仕損

でも、5個も発生したら異常！

> 正常仕損費・正常減損費…良品（完成品や仕掛品）に負担させる
> 異常仕損費・異常減損費…非原価項目として良品には負担させない

異常仕損費・異常減損費の処理

いつもより失敗作が多いぞ。

異常仕損

今月、木彫りの熊の置物を製造中、毎月発生する不合格品よりも多くの不合格品（異常仕損品）が発生しました。
この異常仕損品はどのように処理するのでしょう？

例　次の資料にもとづいて、平均法により月末仕掛品原価、異常仕損費、完成品原価、完成品単位原価を求めなさい。

生産データ	製造原価データ
月初仕掛品　20個 (0.6)	月初仕掛品
当月投入　160	直接材料費： 2,640円
合計　180個	加工費： 2,381円
月末仕掛品　20　(0.3)	当月製造費用
異常仕損品　10　(0.5)	直接材料費：18,960円
完成品　150個	加工費：27,565円

(注1)　（　）内の数値は加工進捗度または異常仕損の発生点の進捗度である。
(注2)　直接材料は始点で投入している。
(注3)　異常仕損品には1個あたり6円の処分価値がある。

異常仕損費・異常減損費の処理

完成品原価と月末仕掛品原価には含めないということです。

　異常仕損・異常減損が生じた場合には、良品の原価の計算から分離し、異常仕損品・異常減損の原価を計算します。この場合の計算は、異常仕損品・異常減損を月末仕掛品とみなし、**月末仕掛品原価の計算と同じように原価按分によって行います**。

　なお、異常仕損に処分価値がある場合には、計算した**異常**

仕損品原価から処分価値を控除したものが**異常仕損費**となります。

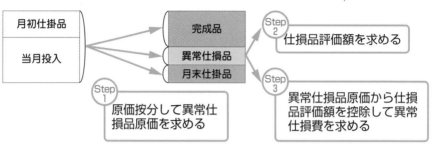

したがって、CASE 7の計算は次のようになります。

CASE 7の完成品原価等の計算

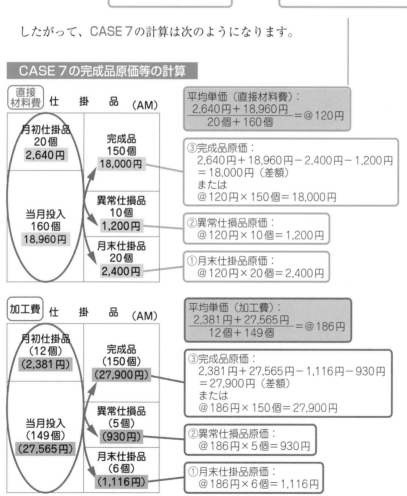

仕損品の評価額は、本試験においては問題文の指示にしたがってください。

①月末仕掛品原価：2,400円 + 1,116円 = 3,516円

②異常仕損費：1,200円 + 930円 − @6円×10個 = 2,070円

仕損品評価額

> 仕損品評価額は加工進捗度50%の時点で仕損品が発生したときの状態での資産価値であるため、その計算においては加工進捗度を考慮する必要はありません。

③完成品原価：18,000円 + 27,900円 = 45,900円

④完成品単位原価：$\dfrac{45,900円}{150個}$ = @306円

また、CASE 7の仕掛品勘定の記入は次のようになります。

仕 掛 品			（単位：円）
前 月 繰 越	5,021	製　　　品	45,900
材　　　料	18,960	仕　損　品	60
加　工　費	27,565	異 常 仕 損 費	2,070
		次 月 繰 越	3,516
	51,546		51,546

正常仕損費・正常減損費の負担関係

2級で学習したように正常仕損費・正常減損費の計算には、①正常仕損・減損の負担関係の把握と②完成品・月末仕掛品原価の計算の2つの論点があります。
まずは、①負担関係の把握からみていきましょう。

正常仕損費・正常減損費の良品への負担

正常仕損費・正常減損費は良品を製造するために必要なコストであるため良品に負担させます。

その際、そのコストの発生原因となったものに負担させることが合理的であるため、正常仕損・正常減損の発生点を通過した良品に対して負担させます。

> 良品とは完成品と月末仕掛品のことです。

正常仕損費・正常減損費…発生点を通過した良品に負担させる

具体的には、仕損・減損の発生状況に応じて、「**完成品のみ負担**」と「**完成品と月末仕掛品の両者負担**」に分けられます。

● 正常仕損・正常減損が工程の一定点で発生（定点発生）した場合

(1) 完成品のみ負担

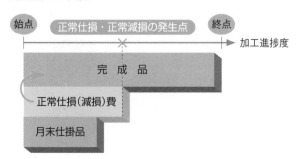

正常仕損・正常減損が終点で発生する場合も含みます。

　上図のように**月末仕掛品の加工が正常仕損・正常減損の発生点まで進んでいないような場合**は、正常仕損・正常減損は完成品を加工する過程で発生しており、月末仕掛品には無関係です。

　このような場合、正常仕損費・正常減損費はすべて完成品を製造するためにかかった原価と考えられるので、正常仕損費・正常減損費は**完成品のみが負担**することになります。

(2) 完成品と月末仕掛品の両者負担

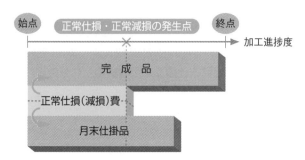

正常仕損・正常減損が始点で発生する場合も含みます。

　上図のように**月末仕掛品も正常仕損・正常減損の発生点を通過している場合**には、正常仕損・正常減損は完成品と月末仕掛品の両方を加工する過程で発生しているため、正常仕損費・正常減損費は完成品と月末仕掛品の両者を製造するためにかかった原価と考えられます。

　このような場合、正常仕損費・正常減損費は**完成品と月末仕**

掛品の両者に負担させることになります。

　また、仕損・減損の発生を把握するためには、工程に検査点（チェック・ポイント）を設ける必要がありますが、設けなかった場合など、正常仕損・正常減損が工程のどの時点で発生したか**不明な場合**もありえます。

　このような場合、正常仕損費・正常減損費は**計算の便宜上両者負担**としていきます。

なお、この場合は、仕損・減損の進捗度が判明しないため正常仕損・正常減損の原価を分離計算できません。そのため、CASE10で学習する度外視法で計算することになります。

● 正常減損が加工に比例して発生（平均的発生）した場合

　投入した原材料が加工作業の進行にともなって、だんだん目減りしていくような場合を**減損の平均的発生**といいます。この場合、完成品からも月末仕掛品からも加工の進捗度に応じた減損が発生しているため、必ず**両者負担**となります。

　そして、平均的発生では、工程の始点から終点に至るさまざまな地点で正常減損が発生するため、正常減損の加工進捗度をどう捉えるかという問題が生じます。

　平均的発生はさまざまな進捗度で発生する定点発生の集合体といえるため、その進捗度の平均をとり、便宜上、**減損の加工進捗度を0.5とみなして計算**していきます。

正常仕損が加工に比例して平均的に発生する場合も同様に考えていきます。

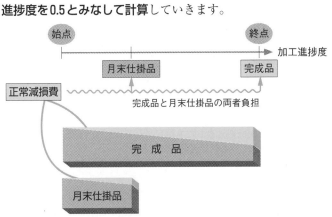

CASE 9

正常仕損費・正常減損費の処理①
度外視法・完成品のみ負担

作業の途中で
折れちゃうんだよね。

今度は完成品原価・月末仕掛品原価の計算についてみていきます。

まずは、2級でも学習した度外視法による完成品のみ負担についてみていきましょう。

例 次の資料にもとづいて、先入先出法により月末仕掛品原価、完成品原価、完成品単位原価を求めなさい。ただし、正常仕損はすべて当月投入分から発生しているものとする。

生 産 デ ー タ			製造原価データ	
月 初 仕 掛 品	20個	(0.6)	月初仕掛品原価	
当 月 投 入	160		直 接 材 料 費：	2,640円
合　　　計	180個		加　工　費：	2,381円
月 末 仕 掛 品	20	(0.3)	当月製造費用	
正 常 仕 損 品	10	(0.5)	直 接 材 料 費：	18,960円
完　　成　　品	150個		加　工　費：	27,565円

(注1)　（　）内の数値は加工進捗度または正常仕損の発生点の進捗度である。

(注2)　直接材料は始点で投入している。

(注3)　仕損費は仕損の発生点を通過した良品に対して負担させ、正常仕損品には1個あたり6円の処分価値がある。

ここに注目！

原価の按分方法として先入先出法を採用している場合には、通常、仕損・減損はすべて当月投入分より生じているという仮定を設けて出題されます。これは、先入先出法において、月初仕掛品は当月にすべて完成させるという仮定があるため、月初仕掛品からも仕損・減損が生じるものとしてしまうと計算が煩雑になるからです。

2級で学習した計算方法です。

● 度外視法とは

度外視法とは、正常仕損・正常減損にかかった原価（**正常仕損費・正常減損費**）を別個に把握せず、計算上、仕損の発生を無視して、**自動的に良品の原価に負担させる方法**をいいます。

● CASE 9の正常仕損費の負担関係

CASE 9では、加工進捗度50％の時点で仕損が発生しています。月末仕掛品の加工進捗度は30％であり、仕損の発生点を通過していません。

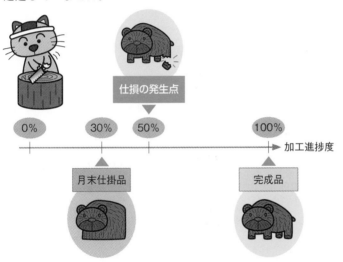

したがって、CASE 9の**正常仕損費は完成品のみ負担**となります。

● 度外視法・完成品のみ負担の場合

度外視法で、完成品のみに正常仕損費・正常減損費を負担させる場合、仕損量を完成品量に含めて、当月の原価総額を、**計算上の完成品（＝実際の完成品＋仕損品）と月末仕掛品とに按分計算**します。

この計算手続によると、完成品には、仕損・減損分だけ多く

> 仕損品の評価額は、本試験においては問題文の指示にしたがってください。

の原価が配分されるので、完成品だけが正常仕損費・正常減損費を負担したことになります。

また、正常仕損品に処分価値がある場合には、**最後に仕損品評価額を完成品原価から控除**します。

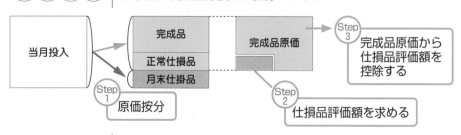

したがって、CASE 9の計算は次のようになります。

CASE 9の完成品原価等の計算

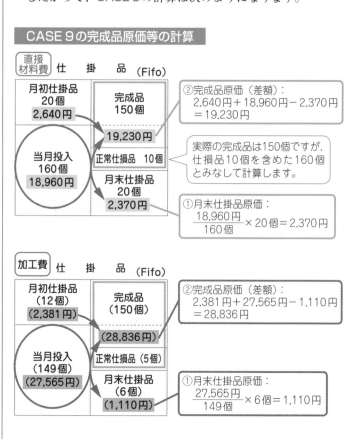

①月末仕掛品原価：2,370円 ＋ 1,110円 ＝ 3,480円
②完成品原価：19,230円 ＋ 28,836円 － @6×10個 ＝ 48,006円

<u>仕損品評価額</u>

> 完成品のみ負担の場合、最後に仕損品評価額を完成品原価から控除します。

③完成品単位原価：$\dfrac{48,006円}{150個}$ ＝ @320.04円

> 完成品単位原価を計算する際には、本来の完成品の数量で割ります。

また、CASE 9の仕掛品勘定の記入は次のようになります。

	仕　　掛　　品		（単位：円）
前　月　繰　越	5,021	製　　　　品	48,006
材　　　　料	18,960	仕　損　品	60
加　工　費	27,565	次　月　繰　越	3,480
	51,546		51,546

⇔ 問題編 ⇔
問題4

CASE 10

正常仕損費・正常減損費の処理②
度外視法・両者負担

まぁ、多少は仕方ないよね・・・。

切るとき、失敗してしまいました。

次は度外視法・両者負担についてみていきましょう。

| 例 | 次の資料にもとづいて、先入先出法により月末仕掛品原価、完成品原価、完成品単位原価を求めなさい。なお、正常仕損はすべて当月投入分から発生しているものとし、完成品単位原価の解答数値に端数が生じる場合には、円未満小数第3位を四捨五入すること。 |

生 産 デ ー タ			製 造 原 価 デ ー タ
月 初 仕 掛 品	20個	(0.6)	月初仕掛品原価
当 月 投 入	160		直接材料費： 5,424円
合 計	180個		加 工 費： 5,073円
月 末 仕 掛 品	20	(0.3)	当月製造費用
正 常 仕 損 品	10	(0.2)	直接材料費：38,640円
完 成 品	150個		加 工 費：47,304円

(注1) （ ）内の数値は加工進捗度または正常仕損の発生点の進捗度である。

(注2) 直接材料は始点で投入している。

(注3) 仕損費は仕損の発生点を通過した良品に対して負担させ、正常仕損品には1個あたり6円の処分価値があり、この価値は直接材料から生じているものとする。

ここに注目！
度外視法両者負担の場合、仕損品評価額をあらかじめ製造費用から控除しますが、どこから控除するかは問題文で与えられます。

CASE10の正常仕損費の負担関係

CASE10では、加工進捗度20％の時点で仕損が発生しています。月末仕掛品の加工進捗度は30％であり、仕損の発生点を通過しています。

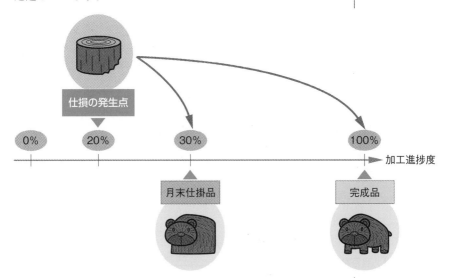

したがって、CASE10の正常仕損費は、**完成品と月末仕掛品の両者負担**となります。

度外視法・両者負担の場合

度外視法で完成品と月末仕掛品の両者に正常仕損費・正常減損費を負担させる場合、当月製造費用から**あらかじめ正常仕損品の評価額を控除**しておき、残りの金額を完成品と月末仕掛品で按分計算します。

減損の場合は評価額がありません。

そして、按分計算をする際には、**正常仕損・正常減損の数量を無視することにより、（正常仕損・正常減損はないものとして）計算**していきます。

これにより、正常仕損費・正常減損費分だけ計算上の単価が上昇し、その結果、正常仕損費・正常減損費は完成品と月末仕掛品に自動的に配分されることになります。

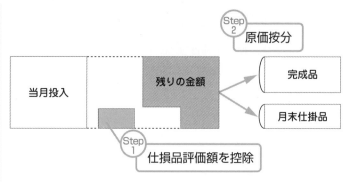

したがって、CASE10の計算は次のようになります。

CASE10の完成品原価等の計算

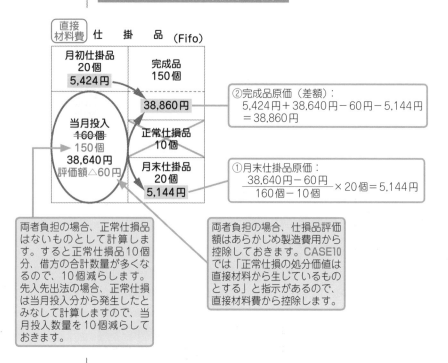

②完成品原価（差額）：
5,424円＋38,640円−60円−5,144円
＝38,860円

①月末仕掛品原価：
$$\frac{38,640円−60円}{160個−10個}×20個＝5,144円$$

両者負担の場合、正常仕損品はないものとして計算します。すると正常仕損品10個分、借方の合計数量が多くなるので、10個減らします。先入先出法の場合、正常仕損は当月投入分から発生したとみなして計算しますので、当月投入数量を10個減らしておきます。

両者負担の場合、仕損品評価額はあらかじめ製造費用から控除しておきます。CASE10では「正常仕損の処分価値は直接材料から生じているものとする」と指示があるので、直接材料費から控除します。

 注意 仕損品評価額をどこから控除するか？

　度外視法両者負担の場合には、仕損品評価額をあらかじめ当月製造費用から控除しますが、どの原価要素から控除するかは

問題文に指示が出るのでそれにしたがって処理することになります。

①主として材料の価値に依存する場合には直接材料費の計算から控除し、②主として加工の価値に依存する場合には加工費の計算から控除します。

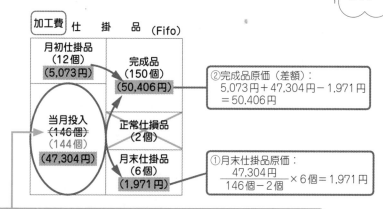

②完成品原価（差額）：
5,073円＋47,304円－1,971円
＝50,406円

①月末仕掛品原価：
$\dfrac{47,304円}{146個－2個} \times 6個 = 1,971円$

加工費の場合も、直接材料費と同様に計算します。したがって、正常仕損の完成品換算量10個×0.2＝2個を当月投入完成品換算量146個から減らしておきます。

①月末仕掛品原価： 5,144円 ＋ 1,971円 ＝ 7,115円
②完 成 品 原 価： 38,860円 ＋ 50,406円 ＝ 89,266円
③完成品単位原価： $\dfrac{89,266円}{150個} = @595.106 \cdots \rightarrow @595.11$

（小数第3位四捨五入）

また、CASE10の仕掛品勘定の記入は次のようになります。

仕　　掛　　品			（単位：円）
前　月　繰　越	10,497	製　　　　　品	89,266
材　　　　料	38,640	仕　　損　　品	60
加　　工　　費	47,304	次　月　繰　越	7,115
	96,441		96,441

問題編
問題5

CASE 11

正常仕損費・正常減損費の処理③
非度外視法・完成品のみ負担

失敗作自体の原価も把握しておきたいなぁ。

ピッ
ピッ

CASE10までは度外視法による処理をみてきました。今度は1級で新たに登場する非度外視法による処理について学習していきます。まずは、CASE9について非度外視法による処理をみてみましょう。

例 次の資料にもとづいて、先入先出法により月末仕掛品原価、完成品原価、完成品単位原価を求めなさい。ただし、正常仕損はすべて当月投入分から発生しているものとする。

生産データ				製造原価データ	
月初仕掛品	20個	(0.6)		月初仕掛品原価	
当月投入	160			直接材料費：	2,640円
合計	180個			加工費：	2,381円
月末仕掛品	20	(0.3)		当月製造費用	
正常仕損品	10	(0.5)		直接材料費：	18,960円
完成品	150個			加工費：	27,565円

(注1) （ ）内の数値は加工進捗度または正常仕損の発生点の進捗度である。

(注2) 直接材料は始点で投入している。

(注3) 仕損費は仕損の発生点を通過した良品に対して負担させ、正常仕損品には1個あたり6円の処分価値がある。

🐾 非度外視法とは

非度外視法とは、(1)正常仕損費・正常減損費を計算により分離把握したあとで、(2)それを関係する良品に対して負担させる

方法をいいます。

● 非度外視法の計算方法

(1) 原価の分離計算

まず、**完成品、正常仕損品・正常減損、月末仕掛品に原価を按分**します。

その際、仕損品に処分価値がある場合には、**正常仕損品原価から評価額を控除**します。

度外視法とは計算方法が違うので、その違いを意識しながら学習しよう!!

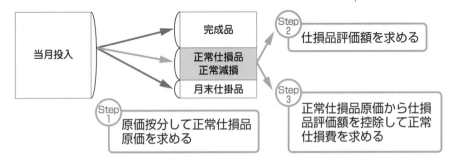

当月投入 → 完成品
正常仕損品 正常減損
月末仕掛品

Step 1 原価按分して正常仕損品原価を求める

Step 2 仕損品評価額を求める

Step 3 正常仕損品原価から仕損品評価額を控除して正常仕損費を求める

(2) 正常仕損費・正常減損費の追加配賦

次に、分離された正常仕損費・正常減損費を良品に対して追加配賦します。

CASE11では、CASE 9 でみたように完成品のみ負担なので、(1)で計算した正常仕損費・正常減損費を完成品だけに加算します。

正常仕損費 → [賦課] → 完成品

通常、正常仕損(減損)費は、当月投入分から発生すると仮定するので、先入先出法の場合は、当月投入からの完成品に負担させます。

したがって、CASE11の計算は次のようになります。

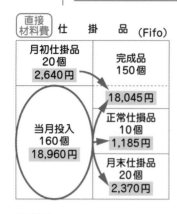

②完成品原価（差額）：
　2,640円＋18,960円－2,370円－1,185円
　＝18,045円

正常仕損品原価：
$$\frac{18,960円}{160個}×10個＝1,185円$$

①月末仕掛品原価：
$$\frac{18,960円}{160個}×20個＝2,370円$$

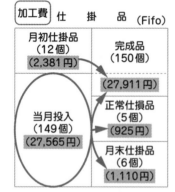

②完成品原価（差額）：
　2,381円＋27,565円－1,110円－925円
　＝27,911円

正常仕損品原価：
$$\frac{27,565円}{149個}×5個＝925円$$

①月末仕掛品原価：
$$\frac{27,565円}{149個}×6個＝1,110円$$

・正常仕損費：

1,185円 ＋ 925円 － @6円×10個 ＝ 2,050円…完成品のみ負担
　　　　　　　　仕損品評価額　　　　　　　　　　（完成品原価に加算）

①月末仕掛品原価： 2,370円 ＋ 1,110円 ＝ 3,480円

②完成品総合原価： 18,045円 ＋ 27,911円 ＋2,050円 ＝ 48,006円
　　　　　　　　　　　　　　　　　　　　正常仕損費

③完成品単位原価： $\dfrac{48,006円}{150個}$ ＝ @320.04円

また、CASE11の仕掛品勘定の記入は次のようになります。

仕	掛	品			(単位：円)
前 月 繰 越	5,021	製	品		48,006
材 料	18,960	仕 損 品			60
加 工 費	27,565	次 月 繰 越			3,480
	51,546				51,546

注意 完成品のみ負担の場合、度外視法（CASE 9）と非度外視法（CASE11）の計算結果は必ず一致します。

仕損品の処分に廃棄費用がかかる場合

　仕損品に売却価値や再利用価値がない場合、仕損品を廃棄しなくてはなりませんが、その際に廃棄費用がかかる場合があります。この廃棄費用は仕損品の製造によって発生した費用であると考え、仕損費に含めます。
　CASE11の例で正常仕損品に処分価値がなく、廃棄費用500円がかかる場合は、次のようになります。

・正常仕損費：
1,185円 ＋ 925円 ＋ 500円 ＝ 2,610円
　　　　　　　　　　廃棄費用

①月末仕掛品原価：2,370円 ＋ 1,110円 ＝ 3,480円

②完成品総合原価：18,045円 ＋ 27,911円 ＋ 2,610円
　　　　　　　　　　　　　　　　　　正常仕損費
　　　　　　　　　＝ 48,566円

> 直接材料費と加工費の正常仕損品原価・月末仕掛品原価・完成品原価に対する按分計算は、CASE11とまったく同じです。

⊖ 問題編 ⊖
問題6

CASE 12

正常仕損費・正常減損費の処理④
非度外視法・両者負担－定点発生

今度は、非度外視法
両者負担。

次にCASE10について
非度外視法による処理
についてみていきましょう。

例 次の資料にもとづいて、先入先出法により月末仕掛品原価、完成品原価、完成品単位原価を求めなさい。なお、正常仕損はすべて当月投入分から発生しているものとし、完成品単位原価の解答数値に端数が生じた場合には、円未満小数第3位を四捨五入すること。

生産データ		製造原価データ	
月初仕掛品	20個 (0.6)	月初仕掛品原価	
当月投入	160	直接材料費：	5,424円
合計	180個	加工費：	5,073円
月末仕掛品	20 (0.3)	当月製造費用	
正常仕損品	10 (0.2)	直接材料費：	38,640円
完成品	150個	加工費：	47,304円

(注1) （　）内の数値は加工進捗度または正常仕損の発生点の進捗度である。

(注2) 直接材料は始点で投入している。

(注3) 仕損費は仕損の発生点を通過した良品に対して負担させ、正常仕損品には1個あたり6円の処分価値があり、この価値は直接材料から生じているものとする。

非度外視法・両者負担の追加配賦

CASE12の計算方法として、まず第1段階で原価の分離計算を行うのはCASE11と同じです。

次に、第2段階で正常仕損費・正常減損費を追加配賦しますが、この追加配賦のルールが完成品のみ負担と両者負担では異なります。

CASE12では、正常仕損が加工進捗度20%の定点で発生していますので、**定点発生における正常仕損費は、完成品と月末仕掛品に対して数量比で追加配賦**することになります。

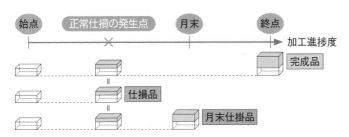

なぜなら、上図からわかるように仕損の発生したポイントに着目すると、最終的に完成品になるものも月末仕掛品になるものも、仕損発生点ではなんら区別なくまったく同じ加工状態です。したがって、定点発生における正常仕損費・正常減損費は、**完成品と月末仕掛品に対して単位あたりの負担額が同じになるように数量比で追加配賦**していくのです。

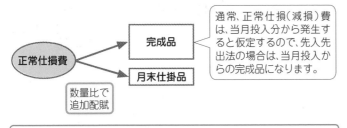

通常、正常仕損（減損）費は、当月投入分から発生すると仮定するので、先入先出法の場合は、当月投入からの完成品になります。

> 正常仕損・正常減損が定点発生する場合→数量比で追加配賦

したがって、CASE12の計算は次のようになります。

CASE12の完成品原価等の計算

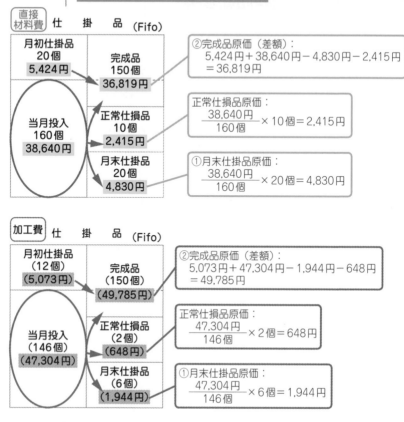

直接材料費 仕 掛 品 (Fifo)

月初仕掛品 20個 5,424円	完成品 150個 36,819円
当月投入 160個 38,640円	正常仕損品 10個 2,415円
	月末仕掛品 20個 4,830円

②完成品原価（差額）：
5,424円＋38,640円－4,830円－2,415円
＝36,819円

正常仕損品原価：
$$\frac{38,640円}{160個}×10個＝2,415円$$

①月末仕掛品原価：
$$\frac{38,640円}{160個}×20個＝4,830円$$

加工費 仕 掛 品 (Fifo)

月初仕掛品 （12個） （5,073円）	完成品 （150個） （49,785円）
当月投入 （146個） （47,304円）	正常仕損品 （2個） （648円）
	月末仕掛品 （6個） （1,944円）

②完成品原価（差額）：
5,073円＋47,304円－1,944円－648円
＝49,785円

正常仕損品原価：
$$\frac{47,304円}{146個}×2個＝648円$$

①月末仕掛品原価：
$$\frac{47,304円}{146個}×6個＝1,944円$$

・正常仕損費：

$$2,415円 + 648円 - @6円×10個＝3,003円…両者負担$$
仕損品評価額

$$\left(\begin{array}{l}完成品と月末仕掛品\\に数量比で按分\end{array}\right)$$

・正常仕損費の追加配賦：

$$\frac{3,003円}{(150個-20個)+20個}×(150個-20個)＝2,602.6円$$
完成品数量　　月末仕掛品数量

（完成品負担分）

$$\frac{3,003円}{(150個-20個)+20個}×20個＝400.4円（月末仕掛品負担分）$$

> 先入先出法では正常仕損は当月投入分のみから発生していると仮定しているため、当月投入分完成品と月末仕掛品の数量比で按分することに注意しましょう。

平均法の場合

　仮に平均法を採用しているならば、正常仕損費の追加配賦は完成品150個と月末仕掛品20個の数量比で追加配賦することになります。

①月末仕掛品原価：
$4,830$円 ＋ $1,944$円 ＋ $\underset{\text{正常仕損費}}{400.4\text{円}}$ ＝ $7,174.4$円 → $7,174$円

（円未満四捨五入）

②完 成 品 原 価：
$36,819$円 ＋ $49,785$円 ＋ $\underset{\text{正常仕損費}}{2,602.6\text{円}}$ ＝ $89,206.6$円 → $89,207$円

（円未満四捨五入）

③完成品単位原価：$\dfrac{89,206.6\text{円}}{150\text{個}} = @594.710\cdots → @594.71$円

（小数第3位四捨五入）

　また、CASE12の仕掛品勘定の記入は次のようになります。

	仕　　掛　　品	（単位：円）	
前 月 繰 越	10,497	製　　　　品	89,207
材　　　料	38,640	仕　損　品	60
加 工 費	47,304	次 月 繰 越	7,174
	96,441		96,441

 両者負担の場合、度外視法（CASE10）と非度外視法（CASE12）の計算結果は、正常仕損・正常減損が始点発生の場合を除いて異なってきます。

⇔ 問題編 ⇔
問題7

正常仕損費・正常減損費の処理⑤
非度外視法・両者負担－平均的発生

正常減損が加工に比例して
発生した場合はどうやって
計算するんだろう？

CASE 8で学習したように、正常減損が加工に比例して発生する場合も負担関係は両者負担となります。この場合の、非度外視法による処理についてみていきましょう。

例 次の資料にもとづいて、平均法により、月末仕掛品原価、完成品原価、完成品単位原価を求めなさい。

生産データ			製造原価データ	
月 初 仕 掛 品	30個	(0.8)	月初仕掛品原価	
当 月 投 入	210		直接材料費： 8,160円	
合　　　計	240個		加 工 費： 7,752円	
月 末 仕 掛 品	50	(0.4)	当月製造費用	
正 常 減 損	40		直接材料費：57,120円	
完 成 品	150個		加 工 費：50,388円	

(注1)　（　　）内の数は加工進捗度である。
(注2)　直接材料は始点で投入している。
(注3)　正常減損は工程を通じて平均的に発生した。

● 正常減損が加工に比例して（平均的に）発生している場合の追加配賦

　CASE13の計算方法として、まず第1段階で原価の分離計算を行うのはCASE11、12と同じです。

　次に第2段階で正常減損費を追加配賦しますが、CASE13では、正常減損が**加工に比例して（平均的に）発生**しているの

で、CASE 8で学習したように正常減損費は**完成品と月末仕掛品の両者で負担**します。この場合の追加配賦計算は、CASE12とは異なり、**加工費の完成品換算量比で配賦**します。

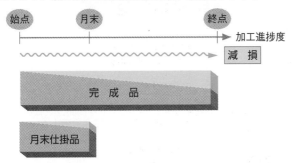

なぜなら、上図からわかるように、減損は工程の始点から終点までのいたるところで発生するため、完成品と月末仕掛品はその加工の進み具合に応じて減損の影響を受けることになります。

したがって、平均的発生における正常減損費は、**完成品と月末仕掛品に対して、加工進捗度の割合になるように完成品換算量比で追加配賦**していくのです。

> 加工が進めば進むほど、減損の量は増えていきます。

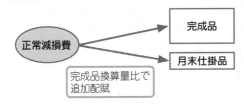

正常減損が平均的に発生する場合 →	完成品換算量比で追加配賦

したがって、CASE13の計算は次のようになります。

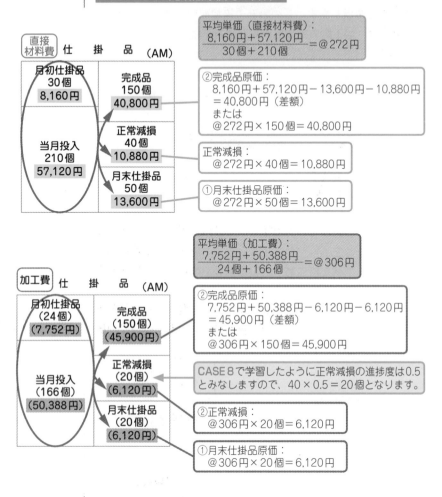

CASE13の完成品原価等の計算

平均単価（直接材料費）:
$$\frac{8,160円 + 57,120円}{30個 + 210個} = @272円$$

直接材料費 仕 掛 品 （AM）

月初仕掛品 30個 8,160円	完成品 150個 40,800円
当月投入 210個 57,120円	正常減損 40個 10,880円
	月末仕掛品 50個 13,600円

②完成品原価:
　8,160円 + 57,120円 − 13,600円 − 10,880円
　= 40,800円（差額）
　または
　@272円 × 150個 = 40,800円

正常減損:
　@272円 × 40個 = 10,880円

①月末仕掛品原価:
　@272円 × 50個 = 13,600円

平均単価（加工費）:
$$\frac{7,752円 + 50,388円}{24個 + 166個} = @306円$$

加工費 仕 掛 品 （AM）

月初仕掛品 （24個） （7,752円）	完成品 （150個） （45,900円）
当月投入 （166個） （50,388円）	正常減損 （20個） （6,120円）
	月末仕掛品 （20個） （6,120円）

②完成品原価:
　7,752円 + 50,388円 − 6,120円 − 6,120円
　= 45,900円（差額）
　または
　@306円 × 150個 = 45,900円

CASE8で学習したように正常減損の進捗度は0.5とみなしますので、40 × 0.5 = 20個となります。

②正常減損:
　@306円 × 20個 = 6,120円

①月末仕掛品原価:
　@306円 × 20個 = 6,120円

・正常減損費： 10,880円 ＋ 6,120円 ＝ 17,000円 …両者負担

$\binom{完成品と月末仕掛品に}{完成品換算量比で按分}$

・正常減損費の追加配賦：

$$\frac{17,000円}{\underset{\substack{完成品\\換算量}}{150個} + \underset{\substack{月末仕掛品の\\完成品換算量}}{20個}} \times 150個 = 15,000円 （完成品負担分）$$

$$\frac{17,000 円}{150 個 + 20 個} \times 20 個 = \boxed{2,000 円} \quad （月末仕掛品負担分）$$

①月末仕掛品原価： $\boxed{13,600 円} + \boxed{6,120 円} + \boxed{2,000 円} = 21,720 円$

②完 成 品 原 価： $\boxed{40,800 円} + \boxed{45,900 円} + \boxed{15,000 円} = 101,700 円$

③完成品単位原価： $\dfrac{101,700 円}{150 個} = @678 円$

また、CASE13の仕掛品勘定の記入は次のようになります。

	仕　　掛　　品		（単位：円）
前　月　繰　越	15,912	製　　　　　品	101,700
材　　　　料	57,120	次　月　繰　越	21,720
加　　工　　費	50,388		
	123,420		123,420

⇔ 問題編 ⇔
問題8

CASE 14　仕損と減損

正常発生額と異常発生額の両方が生じる場合

正常・異常両方発生しちゃった。どうしよう。

異常仕損

正常仕損

今月は、正常仕損と異常仕損の両方が発生しました。このような場合、どのように処理すればよいのでしょう。

例 次の資料にもとづき、平均法により月末仕掛品原価、異常仕損費、完成品原価、完成品単位原価を求めなさい。

生産データ				製造原価データ	
月 初 仕 掛 品	30個	(0.5)		月初仕掛品原価	
当 月 投 入	90			直接材料費：33,000円	
合　　　計	120個			加　工　費：16,170円	
月 末 仕 掛 品	20	(0.7)		当月製造費用	
正 常 仕 損 品	10	(0.2)		直接材料費：99,000円	
異 常 仕 損 品	10	(0.4)		加　工　費：91,630円	
完　　成　　品	80個				

(注1)　（　）内は加工進捗度または仕損の発生点の進捗度である。
(注2)　直接材料は始点で投入している。
(注3)　正常仕損費の処理は非度外視法を採用しており、その負担関係は進捗度にもとづいて決定する。

● 正常発生額・異常発生額が両方生じる場合の正常仕損費・正常減損費の負担関係

　いままでは仕損や減損について、正常発生額または異常発生額のどちらか一方しか発生しないケースでした。しかし、1つ

の生産工程において正常発生額と異常発生額の両方が発生するケースもあります。

このうち異常仕損費・異常減損費は非原価項目として分離されますが、その際、正常仕損費・正常減損費を異常仕損品・異常減損に対しても負担させるかどうかが問題となります。

この場合においても、**正常仕損費・正常減損費の負担関係は異常仕損・異常減損の発生点の進捗度を通過しているかどうかで判断**することになります。

(1) **正常仕損・正常減損の進捗度＞異常仕損・異常減損の進捗度**

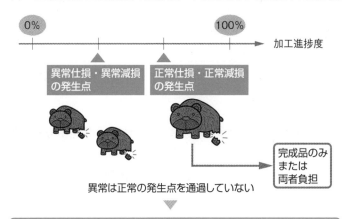

⑵ **正常仕損・正常減損の進捗度＜異常仕損・異常減損の進捗度**

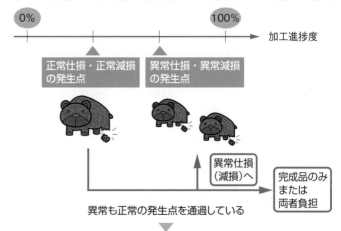

異常仕損(減損)品も正常仕損費・正常減損費を負担する

⑶ **正常仕損・正常減損の進捗度＝異常仕損・異常減損の進捗度**
（同点発生）

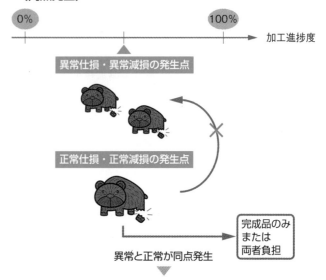

異常仕損(減損)品は正常仕損費・正常減損費を負担しない

以上より、CASE14について正常仕損費の負担関係をみてみると、異常仕損品の発生点（0.4）は、正常仕損品の発生点（0.2）を通過しているので、異常仕損品も正常仕損費を負担します。

　また、月末仕掛品の加工進捗度（0.7）も正常仕損品の発生点（0.2）を通過しているので、月末仕掛品も正常仕損費を負担します。

正常仕損費は完成品、月末仕掛品、異常仕損品の三者に負担させることになります。

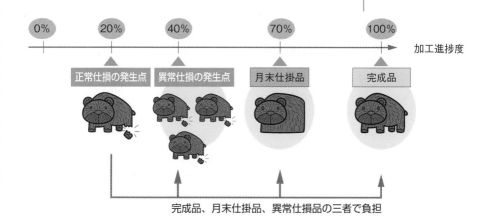

完成品、月末仕掛品、異常仕損品の三者で負担

正常仕損費の追加配賦

　CASE14では非度外視法を採用しているので、まず平均法により完成品、正常仕損品、異常仕損品、月末仕掛品に対し、原価の分離計算をします。

　次に、分離された正常仕損費を三者に追加配賦しますが、CASE14では正常仕損は**定点発生**（進捗度0.2）であるため、正常仕損費は**数量比**で**完成品、月末仕掛品、異常仕損品の三者に負担させます**。

　したがって、CASE14の計算は次のようになります。

CASE14の完成品原価等の計算

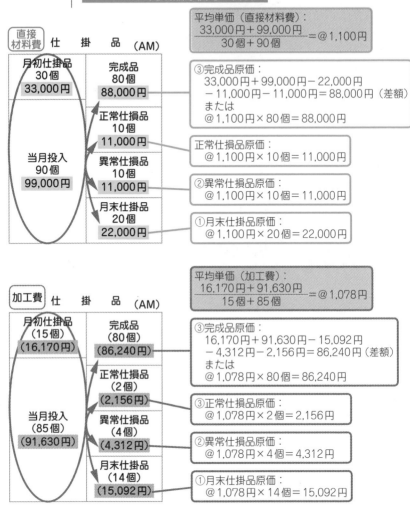

平均単価（直接材料費）：
$$\frac{33,000円+99,000円}{30個+90個}=@1,100円$$

直接材料費 仕 掛 品 （AM）

月初仕掛品 30個 33,000円	完成品 80個 88,000円
当月投入 90個 99,000円	正常仕損品 10個 11,000円
	異常仕損品 10個 11,000円
	月末仕掛品 20個 22,000円

③完成品原価：
33,000円＋99,000円－22,000円
－11,000円－11,000円＝88,000円（差額）
または
@1,100円×80個＝88,000円

正常仕損品原価：
@1,100円×10個＝11,000円

②異常仕損品原価：
@1,100円×10個＝11,000円

①月末仕掛品原価：
@1,100円×20個＝22,000円

平均単価（加工費）：
$$\frac{16,170円+91,630円}{15個+85個}=@1,078円$$

加工費 仕 掛 品 （AM）

月初仕掛品 （15個） （16,170円）	完成品 （80個） （86,240円）
当月投入 （85個） （91,630円）	正常仕損品 （2個） （2,156円）
	異常仕損品 （4個） （4,312円）
	月末仕掛品 （14個） （15,092円）

③完成品原価：
16,170円＋91,630円－15,092円
－4,312円－2,156円＝86,240円（差額）
または
@1,078円×80個＝86,240円

③正常仕損品原価：
@1,078円×2個＝2,156円

②異常仕損品原価：
@1,078円×4個＝4,312円

①月末仕掛品原価：
@1,078円×14個＝15,092円

・正常仕損費： 11,000円 ＋ 2,156円 ＝ 13,156円 …三者に負担
（完成品、月末仕掛品、異常
仕損品に数量比で按分）

・正常仕損費の追加配賦：

$$\frac{13,156\text{円}}{\underbrace{80\text{個}}_{\text{完成品}} + \underbrace{10\text{個}}_{\text{異常仕損品}} + \underbrace{20\text{個}}_{\text{月末仕掛品}}} \times 80\text{個} = 9,568\text{円（完成品負担分）}$$

$$\frac{13,156\text{円}}{80\text{個} + 10\text{個} + 20\text{個}} \times 10\text{個} = 1,196\text{円（異常仕損品負担分）}$$

$$\frac{13,156\text{円}}{80\text{個} + 10\text{個} + 20\text{個}} \times 20\text{個} = 2,392\text{円（月末仕掛品負担分）}$$

①月末仕掛品原価： 22,000円 + 15,092円 + 2,392円 = 39,484円
　　　　　　　　　　　　　　　　　　　　　正常仕損費

②異常仕損品原価： 11,000円 + 4,312円 + 1,196円 = 16,508円
　　　　　　　　　　　　　　　　　　　　正常仕損費

③完成品原価： 88,000円 + 86,240円 + 9,568円 = 183,808円
　　　　　　　　　　　　　　　　　　　正常仕損費

④完成品単位原価： $\dfrac{183,808\text{円}}{80\text{個}} = @\,2,297.6\text{円}$

また、CASE14の仕掛品勘定の記入は次のようになります。

仕　　掛　　品			（単位：円）
前 月 繰 越	49,170	製　　　　　品	183,808
材　　　　料	99,000	異 常 仕 損 費	16,508
加　工　費	91,630	次 月 繰 越	39,484
	239,800		239,800

⇔ 問題編 ⇔
問題9

正常減損率が安定している場合の計算

フーン…

正常減損率が
安定している場合も
あるんだ…。

ネコでもわかる
原価計算

CASE 8、13では減損が平均的に発生している場合を学習しましたが、減損発生率が安定している場合というのもあります。これはどのようなもので、どのように計算していくのでしょう？

例 当工場では150kgを1ロットとした生産を行っており、実際総合原価計算を採用している。次の資料にもとづいて月末仕掛品原価、完成品原価、完成品単位原価を求めなさい。

1. 生産データ

	産　出　量	備　　　　考
完　成　品	270kg	第1ロットと第2ロットが完成している
正　常　減　損	36kg	正常減損率は10%であった
月末仕掛品	144kg	第3ロット。加工費の進捗度は0.4
合　　　計	450kg	

（注1）　原料はすべて工程の始点で投入しており、月初仕掛品はなかった。
（注2）　正常減損は工程を通じて発生し、その発生率は安定している。
（注3）　正常減損費の処理方法として非度外視法を採用している。

2. 原価データ

	原　料　費	加　工　費	合　　　　　計
当月製造費用	729,000円	1,253,151円	1,982,151円

正常減損率が安定している場合

CASE 8、13で学習した**減損の平均的発生**とは、減損が工程のいたるところでランダムに発生し、その発生率も安定してい

ない状態をいいます。そこで、発生した減損の全体を平均すると、ほぼ加工の進行に応じて発生しているとみなせるため、計算の便宜上**進捗度を0.5**として計算を行いました。

それに対して、工程の進行にともなって正常減損の発生量が比例的に増加していき、**減損発生率が安定している**ケースでは、加工の進み具合に応じて**完成品や仕掛品から発生する減損量を個別に把握することができ**、より正確に製品原価の計算を行うことができます。

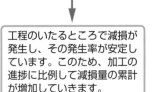

〈通常の平均的発生の場合〉　　　　　　〈正常減損率が安定している場合〉

| 始点　　　　　　　　終点 | 始点　　　　　　　　終点 |

| 工程のいたるところで減損が発生しますが、一定率で発生していません。まばらな定点発生の集合といえ、減損の進捗度は平均して $\frac{1}{2}$ とみなします。 | 工程のいたるところで減損が発生し、その発生率が安定しています。このため、加工の進捗に比例して減損量の累計が増加していきます。 |

（注）×は減損の発生を示しています。

たとえば、工程の始点で原料1,000kgを投入し、正常減損が加工の進み具合に比例して発生し、最終的に工程始点量の10%が正常減損となる場合、各地点の産出量と減損発生量は次のように正確に計算できます。

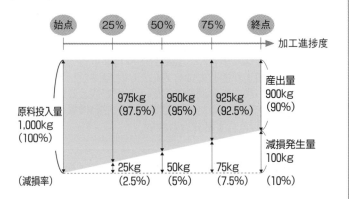

この関係を利用し、完成品と月末仕掛品により発生した正常減損量をそれぞれ計算し、自らの加工により生じた正常減損の

コストをそれぞれに負担させていきます。

とても
重要

完成品より生じた正常減損費→完成品が個別に負担する
月末仕掛品より生じた正常減損費
　　　　　　→月末仕掛品が個別に負担する

以上より、CASE15の計算は次のようになります。

ロットとは、まとめて生産する1回分の量のことであり、バッチということもあります。

CASE15の生産データの整理

(1)　完成品となるロット（第1ロットと第2ロット）

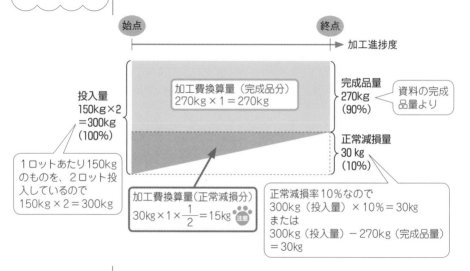

始点　　　　　　　　　　　　　　終点
　　　　　　　　　　　　　　　　　　→ 加工進捗度

投入量
150kg×2
＝300kg
（100%）

加工費換算量（完成品分）
270kg × 1 ＝ 270kg

完成品量
270kg
（90%）

資料の完成品量より

1ロットあたり150kgのものを、2ロット投入しているので150kg × 2 ＝ 300kg

加工費換算量（正常減損分）
$30kg×1×\dfrac{1}{2}=15kg$ 注意

正常減損量
30 kg
（10%）

正常減損率10%なので
300kg（投入量）× 10% ＝ 30kg
または
300kg（投入量）－270kg（完成品量）
＝30kg

注意

加工費の計算では、正常減損分の完成品換算量に注意しなければなりません。減損分の原料は工程の始点では存在し、加工が進むにつれてしだいに目減りして最終的には消失しますが、消失していく過程で残っている部分には加工をしているため、減損分の完成品換算量は通常の計算の$\dfrac{1}{2}$として計算されます。

加工費の完成品換算量（減損分）＝減損量×加工進捗度×$\dfrac{1}{2}$

参考 安定的発生における加工費の完成品換算量の計算

　加工費の完成品換算量の計算は、図の面積計算をしているとみなして計算すると、理解しやすくなります。

完成品分の換算量

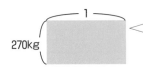

完成品分は長方形なので、縦×横で面積計算すると、270kg×1＝270kgと計算できます。

正常減損分の換算量

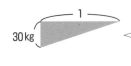

正常減損分は三角形なので、底辺×高さ÷2で面積計算すると、30kg$\times 1 \times \frac{1}{2} = 15$kgと計算できます。

(2) 月末仕掛品となるロット（第3ロット）

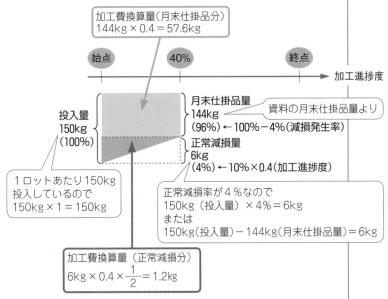

加工費換算量（月末仕掛品分）
144kg×0.4＝57.6kg

始点　　40%　　終点　　　→ 加工進捗度

投入量
150kg
(100%)

月末仕掛品量
144kg
(96%)←100%−4%（減損発生率）

資料の月末仕掛品量より

正常減損量
6kg
(4%)←10%×0.4（加工進捗度）

1ロットあたり150kg投入しているので
150kg×1＝150kg

正常減損率が4％なので
150kg（投入量）×4％＝6kg
または
150kg（投入量）−144kg（月末仕掛品量）＝6kg

加工費換算量（正常減損分）
6kg$\times 0.4 \times \frac{1}{2} = 1.2$kg

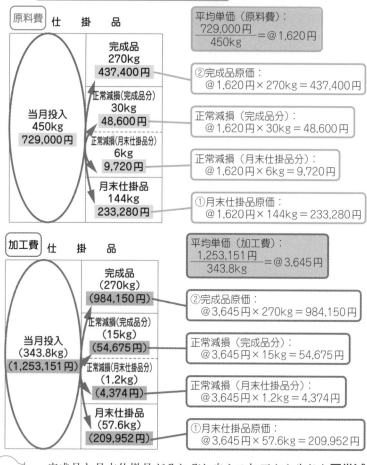

CASE15の完成品原価等の計算

原料費 仕 掛 品

完成品
270kg
437,400円

正常減損(完成品分)
30kg
48,600円

正常減損(月末仕掛品分)
6kg
9,720円

月末仕掛品
144kg
233,280円

当月投入
450kg
729,000円

平均単価（原料費）：
$\dfrac{729,000円}{450kg}$＝@1,620円

②完成品原価：
@1,620円×270kg＝437,400円

正常減損（完成品分）：
@1,620円×30kg＝48,600円

正常減損（月末仕掛品分）：
@1,620円×6kg＝9,720円

①月末仕掛品原価：
@1,620円×144kg＝233,280円

加工費 仕 掛 品

完成品
（270kg）
（984,150円）

正常減損(完成品分)
（15kg）
（54,675円）

正常減損(月末仕掛品分)
（1.2kg）
（4,374円）

月末仕掛品
（57.6kg）
（209,952円）

当月投入
（343.8kg）
（1,253,151円）

平均単価（加工費）：
$\dfrac{1,253,151円}{343.8kg}$＝@3,645円

②完成品原価：
@3,645円×270kg＝984,150円

正常減損（完成品分）：
@3,645円×15kg＝54,675円

正常減損（月末仕掛品分）：
@3,645円×1.2kg＝4,374円

①月末仕掛品原価：
@3,645円×57.6kg＝209,952円

> 平均的発生のように、完成品換算量比で追加配賦する必要はありませんね。

　完成品と月末仕掛品がそれぞれ自らの加工から生じた**正常減損費を個別に負担**するので追加配賦はせず、それぞれに賦課します。

①月末仕掛品原価： 233,280円 ＋ 209,952円 ＋ (9,720円＋4,374円)
＝457,326円
　　　　　　　　　　　　　　　　　　　正常減損費

②完 成 品 原 価：
437,400円 ＋ 984,150円 ＋ (48,600円＋54,675円)＝1,524,825円
　　　　　　　　　　　　　　　　　　正常減損費

③完成品単位原価： $\dfrac{1,524,825円}{270kg}$＝@5,647.5円

⊖ 問題編 ⊖
問題10

第3章

工程別総合原価計算

· · · · ·

工場の規模が大きくなり、製造工程を分けて製品の加工を行うときの
工程別総合原価計算について、2級でも学習したけど、
まだ未学習の計算方法があるみたい。

ここでは、工程別総合原価計算について2級の復習とともに
新しい論点について学習していきましょう。

この章で学習する項目

1. 工程別総合原価計算（累加法）
2. **工程別総合原価計算（非累加法）**
   ①累加法と計算結果が一致する方法
   ②通常の非累加法
3. **加工費工程別総合原価計算**

CASE 16 工程別総合原価計算

累加法

ゴエモン㈱埼玉工場では、切削工程と組立工程を設け、写真立ての製造販売をしています。

このように複数の工程ごとに原価を計算していく工程別総合原価計算について、まずは2級で学習した累加法の計算手続からみていきましょう。

写真立ては2つの工程に分けて作っていこう。

切削工程　組立工程

例 当工場では写真立てを製造・販売し、累加法による実際工程別総合原価計算を採用している。写真立ては第1工程と第2工程を経て完成する。

第1工程では工程始点でA原料を投入して加工する。第2工程では、第1工程の完成品を加工するが、工程始点から工程を通じて平均的にB原料を投入している。以下の資料にもとづいて、各工程の月末仕掛品原価、完成品原価、完成品単位原価を求めなさい。

	生 産 デ ー タ	
	第 1 工 程	第 2 工 程
月初仕掛品	110個(1/2)	100個(3/4)
当 月 投 入	470	500
合 計	580個	600個
月末仕掛品	80 (1/4)	70 (2/5)
正常仕損品	0	30 (1/3)
完 成 品	500個	500個

(注1) （　）内の数値は加工進捗度または正常仕損の発生点の進捗度である。

(注2) 各工程の完成品と月末仕掛品への原価配分は先入先出法を用いて行っている。

(注3) 正常仕損費の処理は度外視法を採用しており、仕損の発生点を通過した良品に対して負担させること。なお、仕損品に処分価値はない。

製造原価データ

	第 1 工程			第 2 工程	
	A 原 料	加 工 費	前工程費	B 原 料	加 工 費
月初仕掛品	208,880円	68,430円	321,000円	30,220円	67,200円
当 月 投 入	940,000円	582,180円	?円	627,405円	419,478円

工程別総合原価計算とは

CASE16の写真立てのように、複数の作業を経て生産される場合で、作業区分ごとに製品の原価を計算する方法を工程別総合原価計算といいます。

この製造作業の区分のことを工程といいます。

> 工程別総合原価計算を行う目的
> ①正確な製品原価を計算する
> ②経営管理者に原価管理に有効な資料を提供する

工程別総合原価計算は部門別計算を総合原価計算に適用したもので、その目的も部門別計算と同様となります。

工程別総合原価計算の分類

工程別総合原価計算は、工程別に集計する原価要素の範囲と原価の集計方法の違いによって次のように分類されます。

〈工程別に集計する原価要素の範囲〉　　〈原価の集計方法〉

全原価要素工程別総合原価計算　　　　　累 加 法

加工費工程別総合原価計算　　　　　　　非累加法

● 累加法とは

　累加法とは、工程ごとに単純総合原価計算を行って完成品原価を計算し、それを前工程費として次工程に振り替えることにより、工程の数だけ原価を順次積み上げて最終完成品原価を計算する工程別計算の方法をいいます。

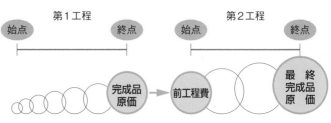

第1工程　　　　　　　第2工程

始点　　　　　終点　　　　始点　　　　　　　終点

完成品原価　→　前工程費　　　最終完成品原価

工程別計算では、第2工程において原材料の追加投入を行う問題が多く出題されます。

　なお、**前工程費**は、工程始点で投入される原材料と同様といえるため、**数量比で完成品と月末仕掛品に按分**します。

　また、累加法では、工程という作業区分ごとに完成品原価を計算するため、**仕掛品勘定は工程単位で設定**されます。

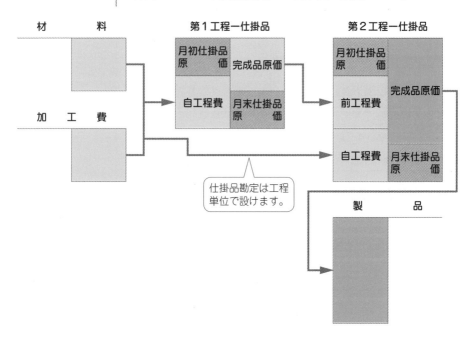

材　　料

加　工　費

第1工程ー仕掛品

月初仕掛品原　　価　　完成品原価
自工程費　　　月末仕掛品原　　価

第2工程ー仕掛品

月初仕掛品原　　価
前工程費　　　完成品原価
自工程費　　　月末仕掛品原　　価

仕掛品勘定は工程単位で設けます。

製　　品

以上より、CASE16の計算は次のようになります。

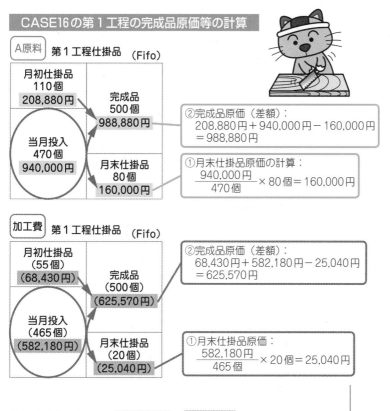

CASE16の第1工程の完成品原価等の計算

A原料　第1工程仕掛品　（Fifo）

月初仕掛品 110個 208,880円	完成品 500個 988,880円
当月投入 470個 940,000円	月末仕掛品 80個 160,000円

②完成品原価（差額）：
208,880円＋940,000円－160,000円
＝988,880円

①月末仕掛品原価の計算：
$\dfrac{940,000円}{470個}×80個＝160,000円$

加工費　第1工程仕掛品　（Fifo）

月初仕掛品 （55個） （68,430円）	完成品 （500個） （625,570円）
当月投入 （465個） （582,180円）	月末仕掛品 （20個） （25,040円）

②完成品原価（差額）：
68,430円＋582,180円－25,040円
＝625,570円

①月末仕掛品原価：
$\dfrac{582,180円}{465個}×20個＝25,040円$

①月末仕掛品原価： 160,000円 ＋ 25,040円 ＝ 185,040円

②完 成 品 原 価： 988,880円 ＋ 625,570円 ＝ 1,614,450円

③完成品単位原価： $\dfrac{1,614,450円}{500個}＝@3,228.9円$

CASE16の第2工程の追加材料の投入状況と正常仕損費の負担関係の把握

　B原料は工程を通じて平均的に投入するため、**完成品換算量の比で按分**します。また、加工進捗度 $\frac{2}{5}$ の月末仕掛品は正常仕損の発生点（進捗度 $\frac{1}{3}$）を通過しているため、**正常仕損費は完成品と月末仕掛品の両者負担**となります。

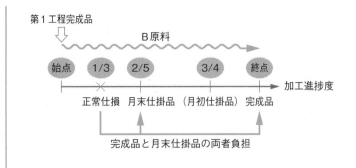

第1工程完成品

B原料

始点　1/3　2/5　3/4　終点

加工進捗度

正常仕損　月末仕掛品　（月初仕掛品）　完成品

完成品と月末仕掛品の両者負担

CASE16の第2工程の完成品原価等の計算

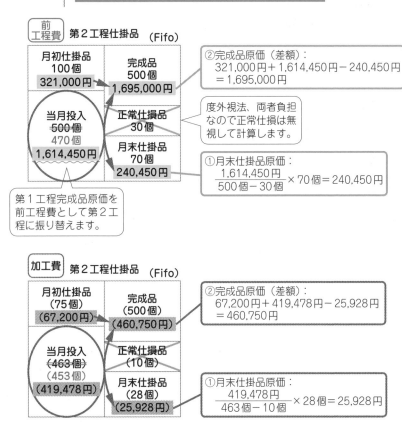

前工程費　第2工程仕掛品　（Fifo）

月初仕掛品 100個 321,000円	完成品 500個 1,695,000円
当月投入 ~~500個~~ 470個 1,614,450円	正常仕損品 30個
	月末仕掛品 70個 240,450円

②完成品原価（差額）：
321,000円＋1,614,450円－240,450円
＝1,695,000円

度外視法、両者負担なので正常仕損は無視して計算します。

①月末仕掛品原価：
$$\frac{1,614,450円}{500個－30個}×70個＝240,450円$$

第1工程完成品原価を前工程費として第2工程に振り替えます。

加工費　第2工程仕掛品　（Fifo）

月初仕掛品 （75個） （67,200円）	完成品 （500個） （460,750円）
当月投入 （~~463個~~） （453個） （419,478円）	正常仕損品 （10個）
	月末仕掛品 （28個） （25,928円）

②完成品原価（差額）：
67,200円＋419,478円－25,928円
＝460,750円

①月末仕掛品原価：
$$\frac{419,478円}{463個－10個}×28個＝25,928円$$

B原料 第2工程仕掛品 （Fifo）

月初仕掛品 75個 30,220円	完成品 500個 618,845円
当月投入 ~~463個~~ 453個 627,405円	正常仕損品 10個
	月末仕掛品 28個 38,780円

②完成品原価（差額）：
30,220円＋627,405円－38,780円
＝618,845円

①月末仕掛品原価：
$$\frac{627,405円}{463個－10個} \times 28個＝38,780円$$

①月末仕掛品原価： 240,450円 ＋ 25,928円 ＋ 38,780円 ＝ 305,158円

②完 成 品 原 価：
1,695,000円 ＋ 460,750円 ＋ 618,845円 ＝ 2,774,595円

③完成品単位原価： $\dfrac{2,774,595円}{500個} ＝ @5,549.19円$

また、CASE16の仕掛品勘定の記入は次のようになります。

第1工程 – 仕掛品 　（単位：円）

月初仕掛品原価	277,310	第2工程 – 仕掛品	1,614,450
A 原 料	940,000	月末仕掛品原価	185,040
加 工 費	582,180		
	1,799,490		1,799,490

第2工程 – 仕掛品 　（単位：円）

月初仕掛品原価	418,420	製 品	2,774,595
第1工程 – 仕掛品	1,614,450	月末仕掛品原価	305,158
B 原 料	627,405		
加 工 費	419,478		
	3,079,753		3,079,753

注意 累加法では仕掛品勘定が工程ごとに設定され、前工程の コストに自工程のコストを積み上げていくことで最終完 成品原価を計算します。

⇔ 問題編 ⇔
問題11、12

CASE 17 工程別総合原価計算

非累加法①
累加法と計算結果が一致する方法

フーン…

非累加法によると
コストの内訳が
わかるのかぁ。

ネコでもわかる
原価計算

CASE16の累加法では実際の作業工程にそって計算し、完成品原価を計算しましたが、最終完成品原価の内訳がわかりません。そこで最終完成品の中に、どの工程で生じたコストがいくら含まれているのか内訳がわかるようにするためにはどうすればよいのでしょうか？

例 当工場では写真立てを製造販売し、非累加法（累加法と計算結果が一致する方法）による実際工程別総合原価計算を採用している。写真立ては第1工程と第2工程を経て完成する。第1工程では、工程始点でA原料を投入して加工する。第2工程では、第1工程の完成品を加工するが、工程始点から工程を通じて平均的にB原料を投入している。以下の資料にもとづいて仕掛品勘定を記入しなさい。

生 産 デ ー タ

	第 1 工 程	第 2 工 程
月初仕掛品	110個(1/2)	100個(3/4)
当 月 投 入	470	500
合 計	580個	600個
月末仕掛品	80　(1/4)	70　(2/5)
正常仕損品	0	30　(1/3)
完 成 品	500個	500個

(注1) （　）内の数値は加工進捗度または正常仕損の発生点の進捗度である。

(注2) 各工程の完成品と月末仕掛品への原価配分は先入先出法を用いて行っている。

(注3) 正常仕損費の処理は度外視法を採用しており、仕損の発生点を通過した良品に対して負担させること。なお、仕損品に処分価値はない。

製造原価データ

	第 1 工程		第 2 工程			
	A原料	加工費	A原料	B原料	加工費 （第1工程）	加工費 （第2工程）
月初仕掛品	208,880円	68,430円	210,000円	30,220円	111,000円	67,200円
当月投入	940,000円	582,180円	？円	627,405円	？円	419,478円

● 非累加法とは

非累加法とは、工程別計算を工夫することにより、完成品原価や仕掛品原価のなかにどの工程で生じたコストがいくら含まれているか、その内訳がわかるように原価の集計を行う工程別計算の方法をいいます。

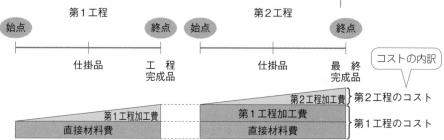

また、非累加法の勘定連絡は、コストの内訳がわかるように原価の集計を行うため作業の区分ではなく、コストの区分（**工程費**といいます）にもとづいて仕掛品勘定を設定していきます。

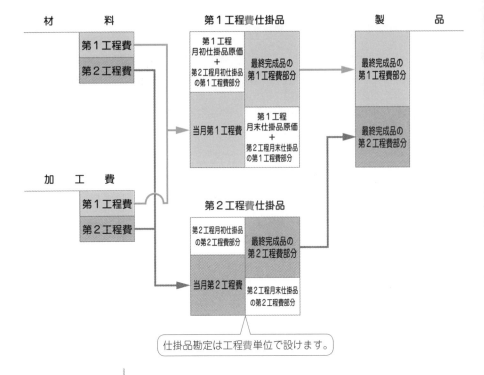

材　料
第1工程費
第2工程費

第1工程費仕掛品
第1工程
月初仕掛品原価
＋
第2工程月初仕掛品
の第1工程費部分
最終完成品の
第1工程費部分

当月第1工程費
第1工程
月末仕掛品原価
＋
第2工程月末仕掛品
の第1工程費部分

製　　品
最終完成品の
第1工程費部分
最終完成品の
第2工程費部分

加　工　費
第1工程費
第2工程費

第2工程費仕掛品
第2工程月初仕掛品
の第2工程費部分
最終完成品の
第2工程費部分

当月第2工程費
第2工程月末仕掛品
の第2工程費部分

仕掛品勘定は工程費単位で設けます。

非累加法の計算方法

　非累加法は原価の集計方法を工夫した工程別計算ですが、完成品原価や月末仕掛品原価など金額の算定方法として①**累加法と計算結果が一致する方法**と②**通常の非累加法**の2つがあります。

累加法と計算結果が一致する方法

　累加法と計算結果が一致する方法とは、CASE16の累加法と同じく、作業の区分ごとに単純総合原価計算を繰り返して行いますが、各工程費を独立させたまま計算を行うことにより、完成品、月末仕掛品の各工程費を算定する方法をいいます。
　つまり、**計算はCASE16の累加法と同じですが、原価の集計方法（＝勘定への記入方法）だけが異なる方法**といえます。

以上より、CASE17の計算は次のようになります。

CASE17の第1工程の完成品原価等の計算

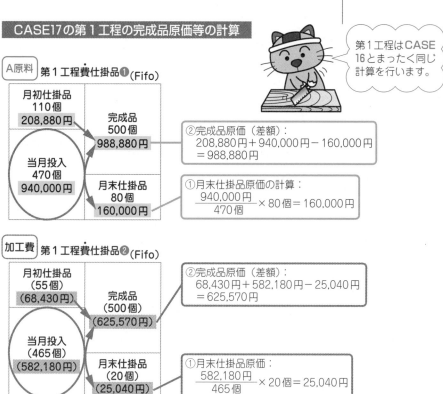

A原料 第1工程費仕掛品❶(Fifo)

| 月初仕掛品 110個 208,880円 | 完成品 500個 988,880円 |
| 当月投入 470個 940,000円 | 月末仕掛品 80個 160,000円 |

②完成品原価(差額):
208,880円＋940,000円－160,000円
＝988,880円

①月末仕掛品原価の計算:
$\dfrac{940,000円}{470個} \times 80個＝160,000円$

加工費 第1工程費仕掛品❷(Fifo)

| 月初仕掛品 (55個) (68,430円) | 完成品 (500個) (625,570円) |
| 当月投入 (465個) (582,180円) | 月末仕掛品 (20個) (25,040円) |

②完成品原価(差額):
68,430円＋582,180円－25,040円
＝625,570円

①月末仕掛品原価:
$\dfrac{582,180円}{465個} \times 20個＝25,040円$

第1工程はCASE 16とまったく同じ計算を行います。

CASE17の第2工程の完成品原価等の計算

CASE16の累加法では第1工程の完成品原価を前工程費として計算しましたが、CASE17の非累加法では前工程費としてまとめずに、第1工程費（A原料）と第1工程費（加工費）に分けて計算していきます。

前工程費

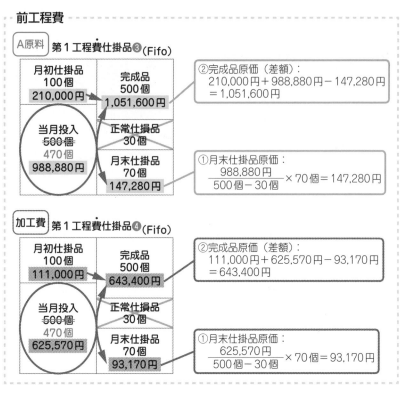

A原料 第1工程費仕掛品❸(Fifo)

月初仕掛品 100個 210,000円	完成品 500個 1,051,600円
当月投入 ~~500個~~ 470個 988,880円	正常仕損品 30個
	月末仕掛品 70個 147,280円

②完成品原価（差額）：
210,000円＋988,880円－147,280円
＝1,051,600円

①月末仕掛品原価：
$\dfrac{988,880円}{500個－30個}×70個＝147,280円$

加工費 第1工程費仕掛品❹(Fifo)

月初仕掛品 100個 111,000円	完成品 500個 643,400円
当月投入 ~~500個~~ 470個 625,570円	正常仕損品 30個
	月末仕掛品 70個 93,170円

②完成品原価（差額）：
111,000円＋625,570円－93,170円
＝643,400円

①月末仕掛品原価：
$\dfrac{625,570円}{500個－30個}×70個＝93,170円$

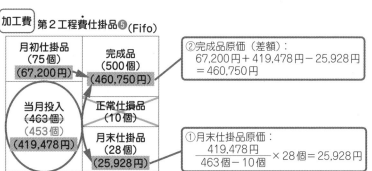

加工費 第2工程費仕掛品❺(Fifo)

月初仕掛品 （75個） （67,200円）	完成品 （500個） （460,750円）
当月投入 （463個） （453個） （419,478円）	正常仕損品 （10個）
	月末仕掛品 （28個） （25,928円）

②完成品原価（差額）：
67,200円＋419,478円－25,928円
＝460,750円

①月末仕掛品原価：
$\dfrac{419,478円}{463個－10個}×28個＝25,928円$

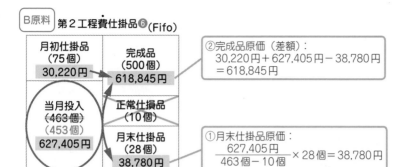

B原料 第2工程費仕掛品❻(Fifo)

月初仕掛品 （75個） 30,220円	完成品 （500個） 618,845円
当月投入 ~~（463個）~~ （453個） 627,405円	正常仕損品 （10個）
	月末仕掛品 （28個） 38,780円

②完成品原価（差額）:
30,220円＋627,405円－38,780円
＝618,845円

①月末仕掛品原価:
$\dfrac{627,405円}{463個－10個} \times 28個 = 38,780円$

　以上の計算から完成品や仕掛品の原価をコストの区分にもとづいて集計します。

　その際、第1工程費（原価ボックスの❶❷❸❹）は「第1工程費－仕掛品」勘定へ集計し、第2工程費（原価ボックスの❺❻）は「第2工程費－仕掛品」勘定へ集計します。

CASE17の仕掛品勘定への記入

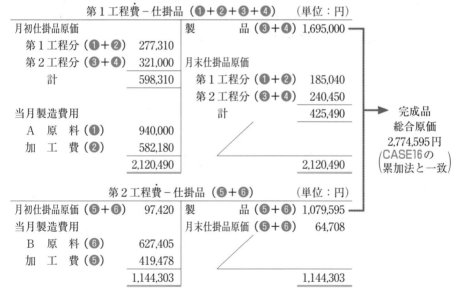

第1工程費－仕掛品（❶＋❷＋❸＋❹）　　（単位：円）

月初仕掛品原価		製　　　品（❸＋❹）	1,695,000
第1工程分（❶＋❷）	277,310		
第2工程分（❸＋❹）	321,000	月末仕掛品原価	
計	598,310	第1工程分（❶＋❷）	185,040
		第2工程分（❸＋❹）	240,450
		計	425,490
当月製造費用			
A　原　料（❶）	940,000		
加　工　費（❷）	582,180		
	2,120,490		2,120,490

第2工程費－仕掛品（❺＋❻）　　（単位：円）

月初仕掛品原価（❺＋❻）	97,420	製　　　品（❺＋❻）	1,079,595
当月製造費用		月末仕掛品原価（❺＋❻）	64,708
B　原　料（❻）	627,405		
加　工　費（❺）	419,478		
	1,144,303		1,144,303

完成品
総合原価
2,774,595円
（CASE16の
累加法と一致）

⇔ 問題編 ⇔
問題13（問1）

非累加法②
通常の非累加法

次は通常の非累加法だね。

非累加法には、CASE17の「累加法と計算結果が一致する方法」のほかに通常の非累加法があるみたい。どのように計算・集計していくのでしょうか？

例 当工場では写真立てを製造販売し、通常の非累加法による実際工程別総合原価計算を採用している。写真立ては第1工程と第2工程を経て完成する。第1工程では工程始点でA原料を投入して加工する。第2工程では第1工程の完成品を加工するが、工程始点から工程を通じて平均的にB原料を投入している。以下の資料にもとづいて仕掛品勘定を記入しなさい。

生 産 デ ー タ

	第 1 工 程	第 2 工 程
月初仕掛品	110個(1/2)	100個(3/4)
当月投入	470	500
合　計	580個	600個
月末仕掛品	80　(1/4)	70　(2/5)
正常仕損品	0	30　(1/3)
完 成 品	500個	500個

(注1) （　）内の数値は加工進捗度または正常仕損の発生点の進捗度である。
(注2) 各工程の完成品と月末仕掛品への原価配分は先入先出法を用いて行っている。
(注3) 正常仕損費の処理は度外視法を採用しており、仕損の発生点を通過した良品に対して負担させる。なお、仕損品に処分価値はない。
(注4) 計算上生じる円未満の端数は四捨五入すること。

製造原価データ						
	第 1 工 程		第 2 工 程			
	A原料	加工費	A原料	B原料	加工費 (第1工程)	加工費 (第2工程)
月初仕掛品	208,880円	68,430円	210,000円	30,220円	111,000円	67,200円
当月投入	940,000円	582,180円	？円	627,405円	？円	419,478円

通常の非累加法

　通常の非累加法とは、複数の工程を単一の工程とみなすことにより、その単一工程のなかに複数の仕掛品が存在すると考えて、工程費ごとに最終完成品をダイレクトに計算する方法をいいます。

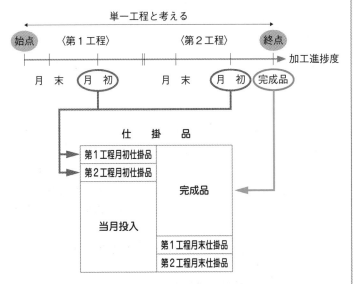

　この「通常の非累加法」は工程ごとに段階をふんで計算を行わないので、CASE17の「累加法と計算結果が一致する方法」とは異なった計算結果となります。

通常の非累加法の計算

　CASE18では第2工程で正常仕損が発生しています。まずは通常の非累加法の正常仕損費の負担関係についてみていきましょう。

CASE18の正常仕損費の負担関係

　正常仕損は第2工程の$\frac{1}{3}$の地点で発生し、その発生点を通過しているのは第2工程の月末仕掛品と完成品なので、正常仕損費は完成品と第2工程月末仕掛品の両者に負担させていきます（第1工程月末仕掛品には負担させません）。

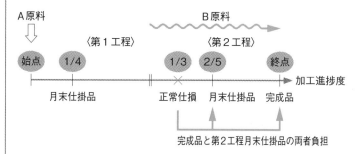

　CASE18では正常仕損費の処理方法として度外視法を採用しており、1つの工程で正常仕損費を負担しないものと負担するものが混在している場合、1度の計算で自動的に良品にだけ負担させるのは不可能です。

　そこで、まず第1段階で、正常仕損費を負担しない第1工程月末仕掛品を正常仕損費を負担しない正味の単価で計算し、分離します。そして第2段階で、残額を正常仕損を無視して完成品と第2工程の月末仕掛品に按分していきます。

　以上より、CASE18の計算は次のようになります。

CASE18の第1工程費の計算

　通常の非累加法では、1つの工程とみなして計算するので、2つの原価ボックスを合算して原価ボックスを作ります。

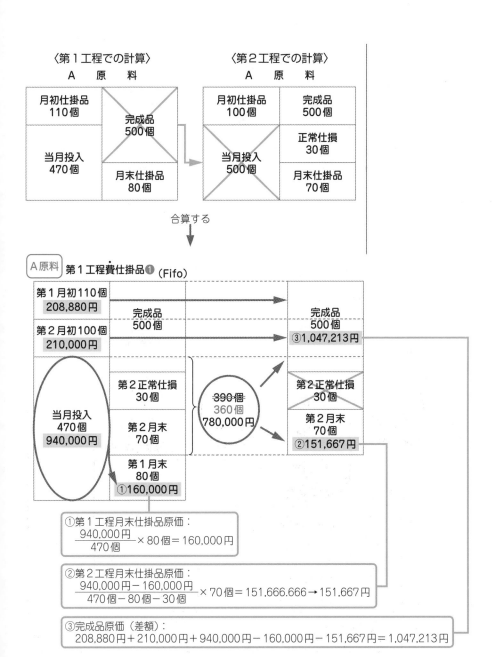

〈第1工程での計算〉　　　　〈第2工程での計算〉

A　原　料　　　　　　　　A　原　料

| 月初仕掛品 110個 | 完成品 500個 |
| 当月投入 470個 | 月末仕掛品 80個 |

月初仕掛品 100個	完成品 500個
当月投入 500個	正常仕損 30個
	月末仕掛品 70個

合算する

A原料　第1工程費仕掛品❶（Fifo）

第1月初110個 208,880円	完成品 500個	完成品 500個 ③1,047,213円
第2月初100個 210,000円		
当月投入 470個 940,000円	第2正常仕損 30個	390個 360個 780,000円	第2正常仕損 30個
	第2月末 70個		第2月末 70個 ②151,667円
	第1月末 80個 ①160,000円		

①第1工程月末仕掛品原価：
$$\frac{940,000円}{470個} \times 80個 = 160,000円$$

②第2工程月末仕掛品原価：
$$\frac{940,000円 - 160,000円}{470個 - 80個 - 30個} \times 70個 = 151,666.666 \rightarrow 151,667円$$

③完成品原価（差額）：
208,880円 + 210,000円 + 940,000円 - 160,000円 - 151,667円 = 1,047,213円

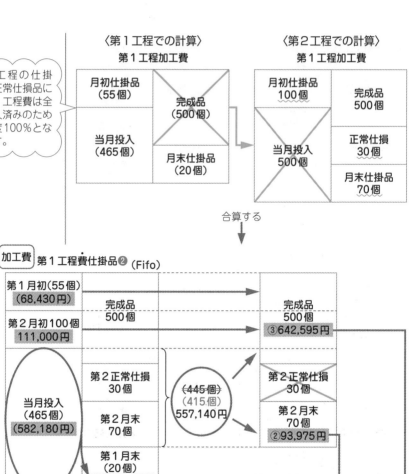

〈第1工程での計算〉
第1工程加工費

| 月初仕掛品
（55個） | 完成品
（500個） |
| 当月投入
（465個） | 月末仕掛品
（20個） |

〈第2工程での計算〉
第1工程加工費

月初仕掛品 100個	完成品 500個
当月投入 500個	正常仕損 30個
	月末仕掛品 70個

第2工程の仕掛品、正常仕損品には第1工程費は全額投入済みのため進捗度100％となります。

合算する

加工費 第1工程費仕掛品❷（Fifo）

第1月初（55個）
（68,430円）

第2月初100個
111,000円

当月投入
（465個）
（582,180円）

完成品
500個

第2正常仕損
30個

第2月末
70個

第1月末
（20個）
①（25,040円）

〈445個〉
（415個）
557,140円

完成品
500個
③642,595円

第2正常仕損
30個

第2月末
70個
②93,975円

①第1工程月末仕掛品原価：
$$\frac{582,180円}{465個} \times 20個 = 25,040円$$

②第2工程月末仕掛品原価：
$$\frac{582,180円 - 25,040円}{465個 - 20個 - 30個} \times 70個 = 93,975.421 \rightarrow 93,975円$$

③完成品原価（差額）：
68,430円＋111,000円＋582,180円－25,040円－93,975円＝642,595円

CASE18の第2工程費の計算

　第2工程費の計算は、CASE17の「累加法と計算結果が一致する方法」と同じになります。

第1工程の仕掛品には、第2工程費は投入されていないので、第2工程費仕掛品のボックスに「第1月初」や「第1月末」は出てきません。

加工費 **第2工程費仕掛品❸**(Fifo)

②完成品原価（差額）:
67,200円＋419,478円－25,928円
＝460,750円

①月末仕掛品原価:
$$\frac{419,478円}{463個-10個} \times 28個 = 25,928円$$

B原料 **第2工程費仕掛品❹**(Fifo)

②完成品原価（差額）:
30,220円＋627,405円－38,780円
＝618,845円

①月末仕掛品原価:
$$\frac{627,405円}{463個-10個} \times 28個 = 38,780円$$

　以上の計算から完成品や仕掛品の原価をコストの区分にもとづいて集計します。

　その際、第1工程費（原価ボックスの❶❷）は「第1工程費－仕掛品」勘定へ集計し、第2工程費（原価ボックスの❸❹）は「第2工程費－仕掛品」勘定へ集計します。

第1工程費 − 仕掛品（**❶**＋**❷**）　　（単位：円）

月初仕掛品原価		製　　品（**❶**＋**❷**）	1,689,808
第1工程分（**❶**＋**❷**）	277,310		
第2工程分（**❶**＋**❷**）	321,000	月末仕掛品原価	
計	598,310	第1工程分（**❶**＋**❷**）	185,040
		第2工程分（**❶**＋**❷**）	245,642
当月製造費用		計	430,682
A　原　料（**❶**）	940,000		
加　工　費（**❷**）	582,180		
	2,120,490		2,120,490

第2工程費 − 仕掛品（**❸**＋**❹**）　　（単位：円）

月初仕掛品原価（**❸**＋**❹**）	97,420	製　　品（**❸**＋**❹**）	1,079,595
当月製造費用		月末仕掛品原価（**❸**＋**❹**）	64,708
B　原　料（**❹**）	627,405		
加　工　費（**❸**）	419,478		
	1,144,303		1,144,303

⇔ 問題編 ⇔
問題13（問2）

加工費工程別総合原価計算

フーン…

業種によっては
計算の簡便化のため
直接材料費の工程別
計算は省略できるのかぁ…。

ネコでもわかる
原価計算

CASE18までは、直接
材料費も加工費も工程
別に原価を計算してきました
が、直接材料費については工
程別計算を行わず、加工費の
みを工程別に計算する方法が
あります。
この場合どのように計算する
のでしょう?

例　当工場では製品Xを製造販売し、累加法による実際工程別総合原
価計算を採用している。製品Xは第1工程の始点でA原料を投入
し、加工して完成するが、原材料はA原料のみであるため、A原
料費についての工程別計算は省略している。以下の資料にもとづ
いて、原価要素別の完成品原価、完成品単位原価および月末仕掛
品原価を計算しなさい。

生　産　デ　ー　タ

	第 1 工 程	第 2 工 程
月初仕掛品	110個(1/2)	100個(3/4)
当 月 投 入	470	500
合　　計	580個	600個
月末仕掛品	80　(1/4)	70　(2/5)
正常仕損品	0	30　(1/3)
完　成　品	500個	500個

(注1)　（　）内の数値は加工進捗度または正常仕損の発生点の進捗度である。
(注2)　各工程の完成品と月末仕掛品への原価配分は先入先出法を用いて行っている。
(注3)　正常仕損費の処理は度外視法を採用しており、加工費から生じる正常仕損
費は仕損の発生点を通過した良品が負担し、原料費から生じる正常仕損費
は最終完成品のみに負担させる。なお、仕損品に処分価値はない。
(注4)　計算上生じる円未満の端数はそのまま計算し、解答数値のみ小数第3位を
四捨五入すること。

製造原価データ

| | 月初仕掛品原価 | | 当月製造費用 |
	第1工程	第2工程	
A原料費	418,880円		940,000円
前工程費	——	111,000円	？円
加 工 費（第1工程）	68,430円	——	582,180円
（第2工程）	——	67,200円	419,478円

直接材料費を最初の工程の始点でのみ投入し、その後の工程では単にこれを加工するにすぎない業種で採用されます。

●加工費工程別総合原価計算とは

加工費工程別総合原価計算とは、加工費のみを工程別に計算する方法をいい、加工費法ともいわれます。

この方法は、直接材料費の計算を簡便に行うため**直接材料費の工程別計算を省略**します。

また、**加工費は累加法または非累加法により工程別計算を行い**ますが、仮に累加法を採用している場合の勘定連絡図は次のようになります。

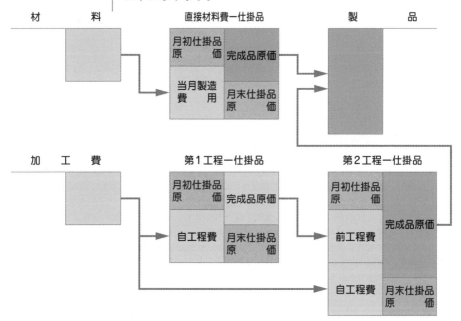

直接材料費の計算方法

　加工費工程別総合原価計算では、直接材料費は工程別計算を省略し、工程全体を1つの工程とみなして計算しますが、仕損・減損の処理については、直接材料費を簡便に計算するという目的から、**仕損・減損の発生点にかかわらず完成品のみに負担**させていきます。

　以上より、直接材料費の計算はCASE18のように単一工程とみなして計算しますが、正常仕損費は、問題文の指示から完成品のみに負担させていきます。

> 問題文の指示によっては、発生点を考慮して仕損・減損を厳密に計算する場合もあります。

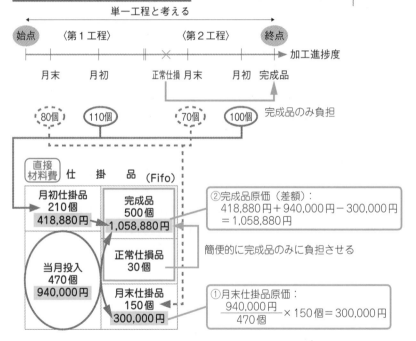

②完成品原価（差額）：
418,880円＋940,000円－300,000円
＝1,058,880円

簡便的に完成品のみに負担させる

①月末仕掛品原価：
$\dfrac{940,000円}{470個}×150個＝300,000円$

CASE19の加工費の計算

加工費は累加法により工程別計算を行います（CASE16と同じです）。

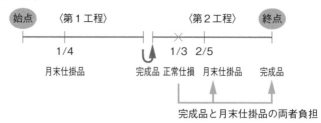

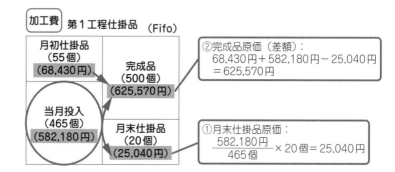

|加工費| 第1工程仕掛品　（Fifo）

②完成品原価（差額）：
68,430円＋582,180円－25,040円
＝625,570円

①月末仕掛品原価：
$\dfrac{582,180円}{465個} \times 20個 ＝ 25,040円$

　CASE19の第2工程では、$\frac{1}{3}$の地点で正常仕損品が発生していますが、完成品、月末仕掛品の両者とも通過しているため、両者負担となります。問題文の指示により正常仕損費は度外視法で処理するため、正常仕損品量を無視して計算します。

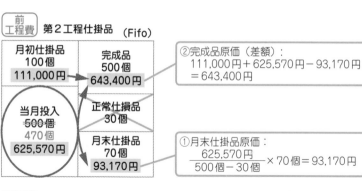

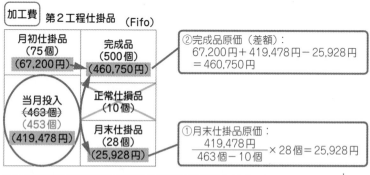

CASE19の原価要素別の完成品原価等の計算

〈直接材料費〉

①月末仕掛品原価： 300,000円

②完 成 品 原 価： 1,058,880円

③完成品単位原価：$\dfrac{1,058,880円}{500個} = @\,2,117.76円$

〈第1工程加工費〉

①月末仕掛品原価： 25,040円

②完 成 品 原 価： 625,570円

③完成品単位原価：$\dfrac{625,570円}{500個} = @\,1,251.14円$

〈第2工程加工費〉

①月末仕掛品原価： 93,170円 ＋ 25,928円 ＝ 119,098円

②完 成 品 原 価： 643,400円 ＋ 460,750円 ＝ 1,104,150円

③完成品単位原価：$\dfrac{1,104,150円}{500個} = @\,2,208.3円$

⇔ 問題編 ⇔

問題14

第4章

組別・等級別総合原価計算

・・・・・・

異なる種類からなる製品を大量生産している場合や、
同種製品でもサイズの違う製品を大量生産している場合について、
2級でも学習したけど、1級ではさらに複雑な形や
新しい計算パターンがあるみたい…。

ここでは、組別総合原価計算・等級別総合原価計算について
2級の復習とともに新しい論点についてみていきましょう。

この章で学習する項目

1. 単一工程組別総合原価計算
2. **工程別組別総合原価計算**
3. 単純総合原価計算に近い等級別総合原価計算
4. **組別総合原価計算に近い等級別総合原価計算**
5. **単純総合原価計算に近い等級別計算に原価要素別
   の等価係数を使用する方法**

1級 新 論点

CASE 20 組別総合原価計算

単一工程組別総合原価計算

組別に原価を集計…ね。

ゴエモン㈱埼玉工場では1つの工程で、写真立てをA組製品、額縁をB組製品として、組別総合原価計算を行っています。

組別総合原価計算は、組間接費の配賦がポイント。まずは2級の復習から…。

例 次の資料にもとづいて、平均法により各組製品の完成品原価を計算しなさい。なお、組間接費は直接作業時間により実際配賦する。

生 産 デ ー タ

	A 組 製 品	B 組 製 品
月 初 仕 掛 品	100個(0.8)	100個(0.6)
当 月 投 入	380	150
合　　計	480個	250個
月 末 仕 掛 品	80　(0.5)	50　(0.8)
完　成　品	400個	200個
直接作業時間	60時間	40時間

(注) (　) 内の数値は加工進捗度である。

製造原価データ

		A 組 製 品	B 組 製 品
月初仕掛品：直接材料費		11,860円	13,700円
	加 工 費	13,880円	13,480円
当 月 投 入：直接材料費		50,540円	21,300円
	加 工 費　組直接費	26,000円	17,000円
	組間接費	45,000円	

(注) 直接材料は工程の始点で投入している。

● 単一工程組別総合原価計算とは

　1つの製造ラインで、写真立てと額縁のように種類の違う製品を大量に生産する場合に用いられる総合原価計算を、単一工程組別総合原価計算といいます。

組別の「組」とは製品種類という意味です。

● 単一工程組別総合原価計算の計算方法

　写真立て（A組製品）と額縁（B組製品）は異なる種類の製品であるため、各組製品別に完成品原価、月末仕掛品原価を計算します。

　具体的には、以下の手続きで原価按分します。

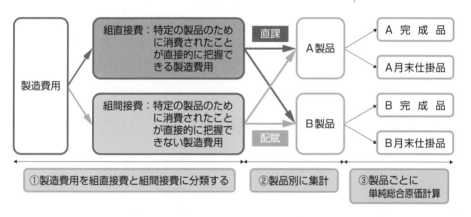

　したがって、CASE20においては、まず組間接費について直接作業時間を基準として各組製品に配賦してから、あとはA、B組製品ごとに第1章で学習した単一工程単純総合原価計算と同じ手順で完成品原価等を計算します。

CASE20の組間接費の配賦

CASE20のA組製品の完成品原価等の計算

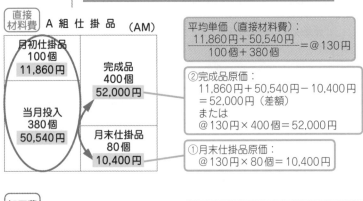

直接材料費 A 組 仕 掛 品 （AM）

| 月初仕掛品 100個 11,860円 | 完成品 400個 52,000円 |
| 当月投入 380個 50,540円 | 月末仕掛品 80個 10,400円 |

平均単価（直接材料費）：
$$\frac{11,860円 + 50,540円}{100個 + 380個} = @130円$$

②完成品原価：
11,860円 + 50,540円 − 10,400円
= 52,000円（差額）
または
@130円 × 400個 = 52,000円

①月末仕掛品原価：
@130円 × 80個 = 10,400円

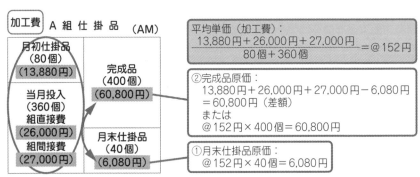

加工費 A 組 仕 掛 品 （AM）

| 月初仕掛品 （80個） （13,880円） | 完成品 （400個） （60,800円） |
| 当月投入 （360個） 組直接費 （26,000円） 組間接費 （27,000円） | 月末仕掛品 （40個） （6,080円） |

平均単価（加工費）：
$$\frac{13,880円 + 26,000円 + 27,000円}{80個 + 360個} = @152円$$

②完成品原価：
13,880円 + 26,000円 + 27,000円 − 6,080円
= 60,800円（差額）
または
@152円 × 400個 = 60,800円

①月末仕掛品原価：
@152円 × 40個 = 6,080円

①月末仕掛品原価： 10,400円 ＋ 6,080円 ＝ 16,480円

②完 成 品 原 価： 52,000円 ＋ 60,800円 ＝ 112,800円

③完成品単位原価： $\dfrac{112,800円}{400個}$ ＝ @282円

CASE20のB組製品の完成品原価等の計算

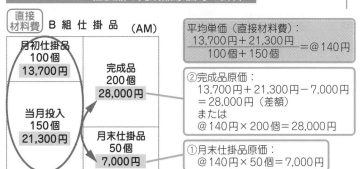

直接材料費 B 組 仕 掛 品 （AM）

| 月初仕掛品 100個 13,700円 | 完成品 200個 28,000円 |
| 当月投入 150個 21,300円 | 月末仕掛品 50個 7,000円 |

平均単価（直接材料費）：
$\dfrac{13,700円＋21,300円}{100個＋150個}$ ＝@140円

②完成品原価：
13,700円＋21,300円－7,000円
＝28,000円（差額）
または
@140円×200個＝28,000円

①月末仕掛品原価：
@140円×50個＝7,000円

加工費 B 組 仕 掛 品 （AM）

| 月初仕掛品 (60個) (13,480円) | 完成品 (200個) (40,400円) |
| 当月投入 (180個) 組直接費 (17,000円) 組間接費 (18,000円) | 月末仕掛品 (40個) (8,080円) |

平均単価（加工費）：
$\dfrac{13,480円＋17,000円＋18,000円}{60個＋180個}$ ＝@202円

②完成品原価：
13,480円＋17,000円＋18,000円－8,080円
＝40,400円（差額）
または
@202円×200個＝40,400円

①月末仕掛品原価：
@202円×40個＝8,080円

①月末仕掛品原価： 7,000円 ＋ 8,080円 ＝ 15,080円

②完 成 品 原 価： 28,000円 ＋ 40,400円 ＝ 68,400円

③完成品単位原価： $\dfrac{68,400円}{200個}$ ＝@342円

工程別組別総合原価計算

木材を切る　組み立てる　完成

CASE20では写真立てを額縁と同じ製造ラインで作っていましたが、木材を切る作業（第1段階）と組み立てる作業（第2段階）に分けて作ることにしました。このような場合、どのように計算したらよいのでしょう？

例 当工場では、異種製品であるA組製品とB組製品を量産しており、全原価要素工程別組別実際総合原価計算（累加法）を採用している。次の資料にもとづいて、平均法により各製品別に各工程の完成品原価、完成品単位原価、月末仕掛品原価を計算しなさい。

	A 組 製 品		B 組 製 品	
	第1工程	第2工程	第1工程	第2工程
月 初 仕 掛 品	40個(0.75)	14個(0.4)	35個(0.2)	20個(0.4)
当 月 投 入	220	200	265	250
合　　　計	260個	214個	300個	270個
月 末 仕 掛 品	50　(0.3)	40　(0.7)	40　(0.8)	70　(0.8)
正 常 仕 損 品	10　(0.2)	24　(1)	10　(0.5)	――
完　成　品	200個	150個	250個	200個

(注1) （　）内の数値は加工進捗度または正常仕損の発生点の進捗度である。
(注2) 原料はすべて第1工程の始点で投入した。
(注3) 第1工程完成品はただちに第2工程に振り替えられ、始点投入された。
(注4) 正常仕損費の処理は度外視法を採用しており、その負担関係は進捗度にもとづいて決定する。なお正常仕損品に処分価値はない。

| | 原 価 デ ー タ | | | |
| | A 組 製 品 | | B 組 製 品 | |
	第1工程	第2工程	第1工程	第2工程
月初仕掛品原価：				
前 工 程 費		8,810円		8,200円
当 工 程 費				
原 料 費	9,000円		5,887円	
加 工 費	3,870円	5,730円	2,256円	1,536円
当月製造費用				
前 工 程 費		?円		?円
当 工 程 費				
原 料 費	33,000円		44,573円	
組直接加工費	21,635円	19,700円	44,524円	2,280円
当月直接作業時間	975時間	922時間	1,400時間	1,240時間

(注)　当月製造費用のうち加工費については、上記以外に組間接加工費が第1工程で59,375円、第2工程で54,050円発生しており、組間接費は各製品の直接作業時間を基準に配賦する。

工程別組別総合原価計算とは

　異なる種類からなる製品別に完成品原価を計算する際、第3章で学習したように工程別に完成品原価を計算する場合があります。また工程別計算を行う原価の範囲も、第3章で学習したように全原価要素の場合と加工費のみの場合に分けられます。

あとはいままで学習してきた論点の組合わせとなります。本試験でも、このような論点の組合わせで出題されるので、1つ1つの論点を正確にマスターしていこう!!

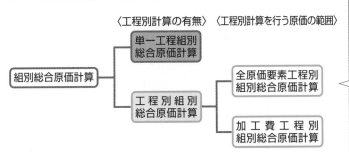

〈工程別計算の有無〉　〈工程別計算を行う原価の範囲〉

組別総合原価計算 ― 単一工程組別総合原価計算

工程別組別総合原価計算 ― 全原価要素工程別組別総合原価計算

加工費工程別組別総合原価計算

CASE21では、全原価要素工程別総合原価計算（累加法）についてみていきます。

　以上より、工程別組別総合原価計算は、①全原価要素、すなわち直接材料費と加工費の両方とも工程別、かつ組別に計算する**全**

さらに原価の集計方法により「累加法」「非累加法」にも分類されます。

原価要素工程別組別総合原価計算と、②直接材料費については組別に単一工程とみなした計算を行い、加工費については組別に工程別計算を行う**加工費工程別組別総合原価計算**に分類されます。

●組間接（加工）費の配賦

CASE20で学習したように、組別総合原価計算においてはまず組間接（加工）費を各組製品に配賦します。CASE21は工程別計算ですので、直接作業時間を基準に組間接（加工）費を各組製品の工程ごとに配賦します。

CASE21の組間接（加工）費の配賦

・第1工程

$$\frac{59,375\text{円}}{975\text{時間} + 1,400\text{時間}} \times 975\text{時間} = 24,375\text{円（A組製品）}$$

$$\frac{59,375\text{円}}{975\text{時間} + 1,400\text{時間}} \times 1,400\text{時間} = 35,000\text{円（B組製品）}$$

・第2工程

$$\frac{54,050\text{円}}{922\text{時間} + 1,240\text{時間}} \times 922\text{時間} = 23,050\text{円（A組製品）}$$

$$\frac{54,050\text{円}}{922\text{時間} + 1,240\text{時間}} \times 1,240\text{時間} = 31,000\text{円（B組製品）}$$

以上より、各組製品の各工程ごとの加工費を集計すると以下のようになります。

〈A組製品〉

	第1工程	第2工程
組 間 接 費	24,375円	23,050円
組 直 接 費	21,635	19,700
加 工 費 合 計	46,010円	42,750円

〈B組製品〉

	第1工程	第2工程
組 間 接 費	35,000円	31,000円
組 直 接 費	44,524	2,280
加 工 費 合 計	79,524円	33,280円

各組製品の計算

組間接（加工）費を各組製品の工程ごとに配賦し終えたら、あとは第3章とCASE20で学習したことを組み合わせ、各組製品ごとに全原価要素工程別総合原価計算（累加法）を行います。

CASE21のA組製品の第1工程の計算

月末仕掛品も正常仕損の発生点を通過しているので、完成品と月末仕掛品の両者が正常仕損費を負担します。

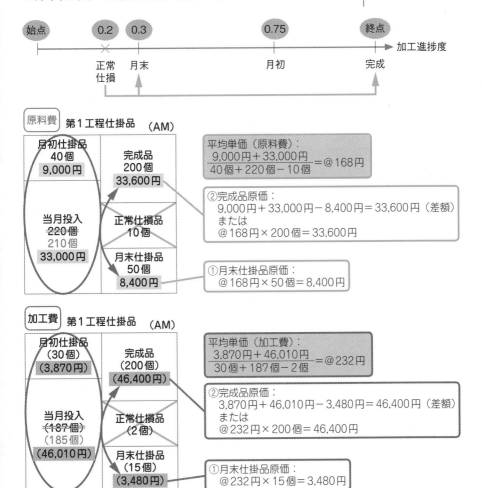

①月末仕掛品原価：8,400円 + 3,480円 = 11,880円

②完 成 品 原 価：33,600円 + 46,400円 = 80,000円

③完成品単位原価：$\dfrac{80,000円}{200個}$ = @400円

CASE21のA組製品の第2工程の計算と完成品原価等

　正常仕損は終点発生なので、完成品だけが正常仕損費を負担します。

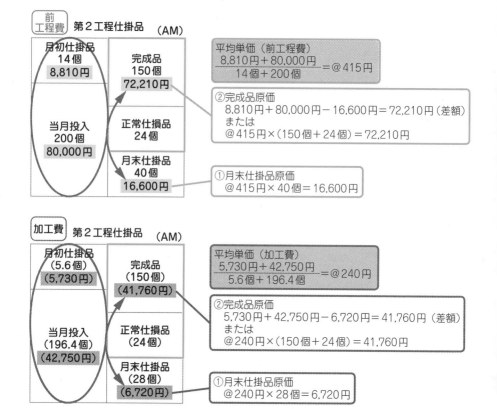

前工程費　第2工程仕掛品　（AM）

月初仕掛品 14個 8,810円	完成品 150個 72,210円
当月投入 200個 80,000円	正常仕損品 24個
	月末仕掛品 40個 16,600円

平均単価（前工程費）
$\dfrac{8,810円+80,000円}{14個+200個}$ = @415円

②完成品原価
8,810円+80,000円−16,600円=72,210円（差額）
または
@415円×（150個+24個）=72,210円

①月末仕掛品原価
@415円×40個=16,600円

加工費　第2工程仕掛品　（AM）

月初仕掛品 （5.6個） （5,730円）	完成品 （150個） （41,760円）
当月投入 （196.4個） （42,750円）	正常仕損品 （24個）
	月末仕掛品 （28個） （6,720円）

平均単価（加工費）
$\dfrac{5,730円+42,750円}{5.6個+196.4個}$ = @240円

②完成品原価
5,730円+42,750円−6,720円=41,760円（差額）
または
@240円×（150個+24個）=41,760円

①月末仕掛品原価
@240円×28個=6,720円

①月末仕掛品原価： 16,600円 ＋ 6,720円 ＝ 23,320円

②完成品原価： 72,210円 ＋ 41,760円 ＝ 113,970円

③完成品単位原価： $\dfrac{113,970円}{150個}$ ＝ @759.8円

　月末仕掛品も正常仕損の発生点を通過しているので、完成品と月末仕掛品の両者が正常仕損費を負担します。

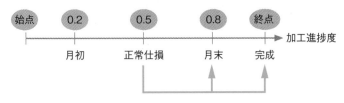

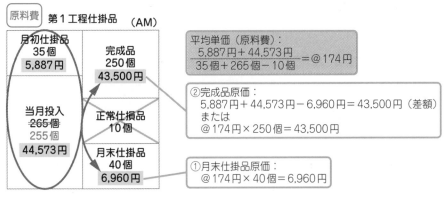

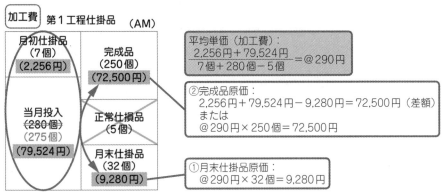

①月末仕掛品原価： 6,960円 ＋ 9,280円 ＝ 16,240円
②完成品原価： 43,500円 ＋ 72,500円 ＝ 116,000円

③完成品単位原価： $\dfrac{116,000円}{250個} = @464円$

CASE21のB組製品の第2工程の計算と完成品原価等

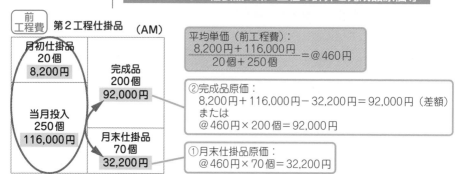

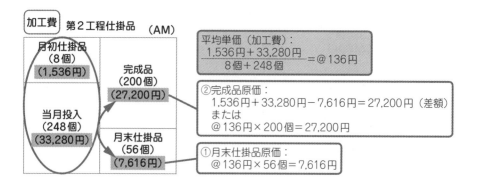

①月末仕掛品原価： 32,200円 ＋ 7,616円 ＝ 39,816円
②完成品原価： 92,000円 ＋ 27,200円 ＝ 119,200円

③完成品単位原価： $\dfrac{119,200円}{200個} = @596円$

⇔ 問題編 ⇔
問題15

単純総合原価計算に近い
等級別総合原価計算

この場合、どう計算するんだった？

Lサイズ

Mサイズ

ゴエモン㈱埼玉工場で製造している木彫りの熊の置物は、LサイズとMサイズの2種類があります。サイズの異なる等級製品の原価計算については、2級でも学習したけど違う計算方法もあるみたい。まずは復習から。

> **例** 次の資料にもとづいて、平均法により各等級製品の完成品原価、完成品単位原価を計算しなさい。なお、材料は工程の始点で投入している。
>
> | 生産データ | | 製造原価データ | |
> |---|---|---|---|
> | 月初仕掛品 | 100個 (0.8) | 月初仕掛品原価 | |
> | 当月投入 | 1,100 | 直接材料費： | 15,200円 |
> | 合計 | 1,200個 | 加工費： | 18,080円 |
> | 月末仕掛品 | 200 (0.6) | 当月製造費用 | |
> | 完成品 | 1,000個 | 直接材料費： | 140,800円 |
> | | | 加工費： | 205,920円 |
>
> (注1) （ ）内の数値は加工進捗度である。
> (注2) 完成品のうち、Lサイズは600個、Mサイズは400個である。
> (注3) 等価係数はLサイズ1、Mサイズ0.5である。

ここに注目！
この資料から等価係数をどのタイミングで使用すべきかを読み取ります。

等級別総合原価計算とは

　LサイズとMサイズの木彫りの熊の置物のように、同じ種類の製品でサイズが異なる製品（等級製品といいます）を同一工

程で大量に生産する場合に用いられる総合原価計算を、等級別総合原価計算といいます。

　ＬサイズとＭサイズでは、同じ木彫りの熊の置物ですが、同じ製品でもサイズが異なるため原価も異なります。したがって正確にそれぞれの原価を計算するには、CASE20で学習した組別総合原価計算を用いればよいのですが、等級製品は同じ種類の製品であり、ただサイズが異なるだけなので、等価係数を利用して、より簡便的に製品の原価を計算していきます。

●等価係数と積数

　等価係数とは、等級製品のいずれかを基準として、基準製品１単位あたりの原価を１とした場合に、ほかの等級製品１単位あたりの原価の割合を１に対する数値で表したものをいいます。

　なお、この等価係数の設定方法には、(1)直接材料費、加工費の原価要素別に区別しない方法と、(2)原価要素別に区別する方法の２つがあります。

　CASE22では（注３）より、(1)の方法であり、単純総合原価計算に近い等級別計算であることが読み取れます。

　また、積数とは各等級製品の生産量に等価係数を掛けた数値のことをいい、各等級製品の生産量を基準製品の生産量に換算したものをいいます。

> 等級別総合原価計算では、等価係数をそのまま使って原価を按分するのではなく、等価係数を利用して算出した積数を使って原価を按分していくことに注意してください。

積数…各等級製品の基準製品への換算量
各等級製品の生産量×等価係数

●単純総合原価計算に近い等級別総合原価計算

> ２級で学習した方法です。

　単純総合原価計算に近い等級別総合原価計算では、まず単純総合原価計算と同様に、完成品原価を計算します。

　その後で、完成品量に等価係数を乗じた積数の比で完成品原価を一括して各等級製品に按分します。この方法は、**原価要素別に区別されない等価係数と結びつく計算方法**であり、簡便性を重視した方法です。

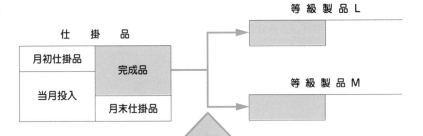

等 級 製 品 L

等 級 製 品 M

等価係数

したがって、まずは単純総合原価計算と同様に完成品原価を計算します。

CASE22の完成品原価等の計算

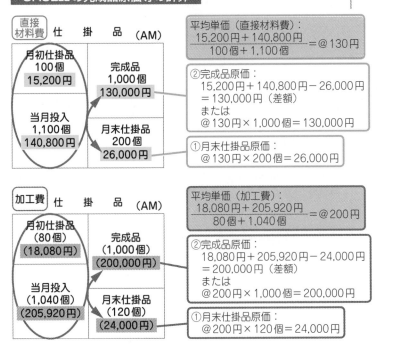

①月末仕掛品原価： 26,000円 + 24,000円 = 50,000円

②完 成 品 原 価： 130,000円 + 200,000円 = 330,000円

完成品原価を計算したら、各等級製品の完成品数量に等価係数を掛けた積数で完成品原価を按分します。

CASE22の積数

- L サイズ：$600\,個 \times 1 = 600\,個$
- M サイズ：$400\,個 \times 0.5 = 200\,個$

CASE22の各等級製品の完成品原価

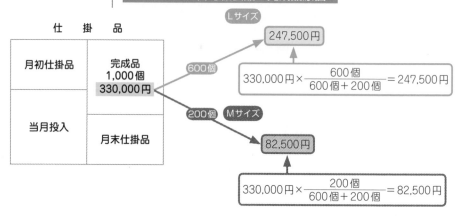

仕　掛　品

月初仕掛品	完成品 1,000個 330,000円
当月投入	月末仕掛品

Lサイズ

247,500円

600個

$330,000\,円 \times \dfrac{600\,個}{600\,個 + 200\,個} = 247,500\,円$

200個　Mサイズ

82,500円

$330,000\,円 \times \dfrac{200\,個}{600\,個 + 200\,個} = 82,500\,円$

- L サイズ：$330,000\,円 \times \dfrac{600\,個}{600\,個 + 200\,個} = 247,500\,円$

- M サイズ：$330,000\,円 \times \dfrac{200\,個}{600\,個 + 200\,個} = 82,500\,円$

> 積数で割らないように注意してください。

　最後は、完成品原価を各等級製品の数量で割って完成品単位原価を計算します。

CASE22の各等級製品の完成品単位原価

- L サイズ：$\dfrac{247,500\,円}{600\,個} = @\,412.5\,円$

- M サイズ：$\dfrac{82,500\,円}{400\,個} = @\,206.25\,円$

組別総合原価計算に近い
等級別総合原価計算

さて、
どう計算しよう？

Lサイズ

Mサイズ

直接材料費　1：0.8
加　工　費　1：0.6

CASE22は等価係数が
原価要素ごとに分けられ
ていなかったけど、等価係
数が原価要素ごとに分けられ
ている場合はどのように計算
していくのでしょうか。
まずは組別総合原価計算に近
い方法からみていきましょう。

例 次の資料にもとづいて、平均法により各等級製品の月末仕掛品原
価、完成品原価、完成品単位原価を計算しなさい。なお、材料は
工程の始点で投入している。

生産データ

	Lサイズ	Mサイズ
月初仕掛品	60個(1/2)	30個(1/3)
当月投入	540	370
合計	600個	400個
月末仕掛品	100 (3/10)	50 (3/5)
完成品	500個	350個

製造原価データ

	Lサイズ	Mサイズ	合計
月初仕掛品			
直接材料費	76,080円	35,440円	111,520円
加工費	96,850円	30,960円	127,810円
当月投入			
直接材料費	——	——	1,036,640円
加工費	——	——	1,119,100円

等価係数データ		
	Lサイズ	Mサイズ
直接材料費	1	0.8
加　工　費	1	0.6

(注1) （　）内の数値は加工進捗度である。
(注2) 等価係数は直接材料費と加工費とを区別して、当月製造費用を等級製品に按分する際に使用している。

ここに注目！
この資料からどのタイミングで等価係数を使用すべきかを読み取ります。

組別総合原価計算に近い等級別総合原価計算とは

　組別総合原価計算に近い等級別総合原価計算とは、当月製造費用を各等級製品に按分し、あとは各等級製品ごとに完成品原価と月末仕掛品原価を計算する方法をいいます。

　その際、**当月製造費用は各等級製品の原価投入量に等価係数を掛けた積数の比で按分します。**この方法は直接材料費と加工費の原価要素別に区別された等価係数と結びつく計算であり、正確性を重視した計算方法です。

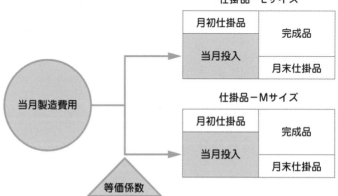

● LサイズとMサイズの計算

　CASE23の等価係数は原価要素別に算定されており、資料（注2）に「等価係数は…当月製造費用を等級製品に按分する際に使用している」とあることから、各等級製品の原価要素別の投入量に等価係数を掛けた積数の比により当月製造費用を按分する「組別総合原価計算に近い等級別計算」を行うことになります。

　この方法では当月製造費用を積数按分してから、各製品ごとに原価按分していくので、まず当月製造費用の按分を行います。

試験では「組別総合原価計算に近い等級別計算を行いなさい」と直接的に問われることはありませんので、問題文から計算方法を読みとれるようにしておこう!!

CASE23の当月製造費用の按分

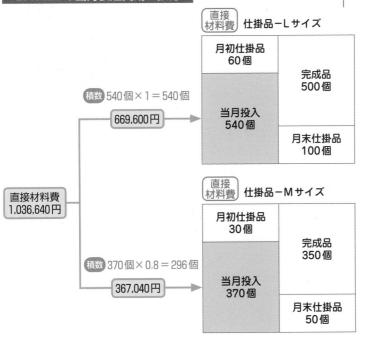

・Lサイズ： $\dfrac{1{,}036{,}640\text{円}}{\underbrace{540\text{個} + 370\text{個} \times 0.8}_{\text{Mサイズ296個}}} \times 540\text{個} = 669{,}600\text{円}$

・Mサイズ： $\dfrac{1{,}036{,}640\text{円}}{540\text{個} + 370\text{個} \times 0.8} \times 296\text{個} = 367{,}040\text{円}$

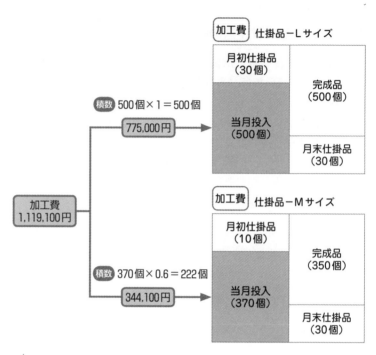

・Lサイズ：$\dfrac{1,119,100円}{\underbrace{500個 + 370個 \times 0.6}_{\text{Mサイズ222個}}} \times 500個 = 775,000円$

・Mサイズ：$\dfrac{1,119,100円}{500個 + 370個 \times 0.6} \times 222個 = 344,100円$

　当月製造費用が各等級製品ごとに按分できたら、あとは各等級製品ごとに平均法により完成品原価、月末仕掛品原価を計算します。

CASE23のLサイズの完成品原価等の計算

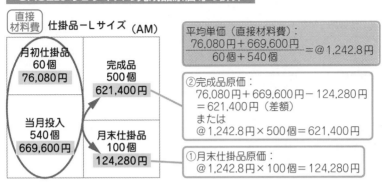

平均単価（直接材料費）:
$$\frac{76,080円 + 669,600円}{60個 + 540個} = @1,242.8円$$

②完成品原価:
76,080円 + 669,600円 - 124,280円
= 621,400円（差額）
または
@1,242.8円 × 500個 = 621,400円

①月末仕掛品原価:
@1,242.8円 × 100個 = 124,280円

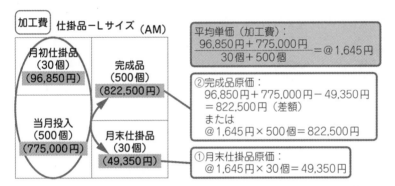

平均単価（加工費）:
$$\frac{96,850円 + 775,000円}{30個 + 500個} = @1,645円$$

②完成品原価:
96,850円 + 775,000円 - 49,350円
= 822,500円（差額）
または
@1,645円 × 500個 = 822,500円

①月末仕掛品原価:
@1,645円 × 30個 = 49,350円

①月末仕掛品原価: 124,280円 + 49,350円 = 173,630円

②完成品原価: 621,400円 + 822,500円 = 1,443,900円

③完成品単位原価: $\dfrac{1,443,900円}{500個}$ = @2,887.8円

CASE23のMサイズの完成品原価等の計算

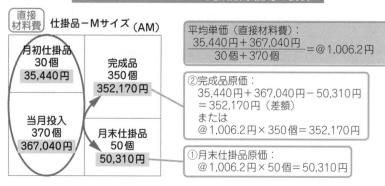

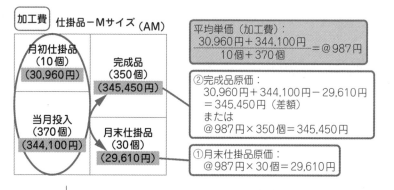

①月末仕掛品原価： 50,310円 ＋ 29,610円 ＝ 79,920円

②完 成 品 原 価： 352,170円 ＋ 345,450円 ＝ 697,620円

③完成品単位原価： $\dfrac{697,620円}{350個}$ ＝ @1,993.2円

⊖ 問題編 ⊖
問題16(問1)、17

単純総合原価計算に近い等級別計算に原価要素別の等価係数を使用する方法

等価係数が原価要素ごとに分けて与えられているなら、すべてLサイズを作っていると仮定することもできるはず！

今度は単純総合原価計算に近い方法についてみていきましょう。
CASE23と同様、等価係数が原価要素ごとに分けて与えられていますが使用するタイミングが異なります。

例　次の資料にもとづいて、平均法により各等級製品の月末仕掛品原価、完成品原価、完成品単位原価を計算しなさい。なお、材料は工程の始点で投入している。

生 産 デ ー タ

	Lサイズ	Mサイズ
月 初 仕 掛 品	60個(1/2)	30個(1/3)
当 月 投 入	540	370
合 計	600個	400個
月 末 仕 掛 品	100 (3/10)	50 (3/5)
完 成 品	500個	350個

製造原価データ

	Lサイズ	Mサイズ	合 計
月 初 仕 掛 品			
直 接 材 料 費	76,080円	35,440円	111,520円
加 工 費	96,850円	30,960円	127,810円
当 月 投 入			
直 接 材 料 費	——	——	1,036,640円
加 工 費	——	——	1,119,100円

ここに注目！
この資料からどのタイミングで等価係数を使用すべきかを読み取ります。

単純総合原価計算に近い等級別計算に原価要素別の等価係数を使用する方法とは

単純総合原価計算に近い等級別計算に原価要素別の等価係数を使用する方法とは、各等級製品の生産データに等価係数を掛けることにより、生産データを原価要素別の積数で一体化し、その積数にもとづいて原価を各等級製品に按分する方法をいいます。

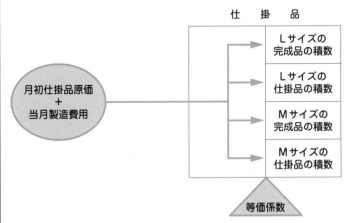

この方法では、単純総合原価に近い計算方法をとるため、CASE22のように1つの原価ボックスで完成品原価、月末仕掛品原価を計算しますが、CASE22と違い直接材料費・加工費の原価要素別に等価係数が与えられるので、上図のように、積数

の割合でLサイズ・Mサイズの完成品原価、月末仕掛品原価に
按分していきます。

Lサイズとmサイズの計算

CASE24の等価係数は原価要素別に算定されており、資料
（注2）に「月初仕掛品原価と当月製造費用を合計し、等価係
数を使用したLサイズとMサイズの完成品量、月末仕掛品量
へ按分する方法による」とあることから、原価要素別の生産
データに各等級製品の等価係数を掛けて積数によるデータに一
体化します。

これは、基準製品であるLサイズへの換算量であり、Lサイ
ズのみを生産しているかのように考えて原価を按分していきま
す。

試験では「単純総
合原価計算に近い
等級別計算に原価
要素別の等価係数
を使用する方法を
行いなさい」とは
直接的に問われる
ことはありません
ので、問題文から
計算方法を読みと
れるようにしてお
こう‼

CASE24の直接材料費の換算

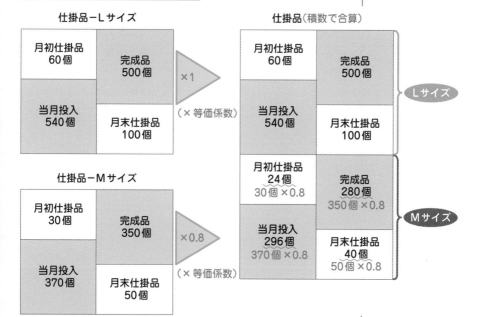

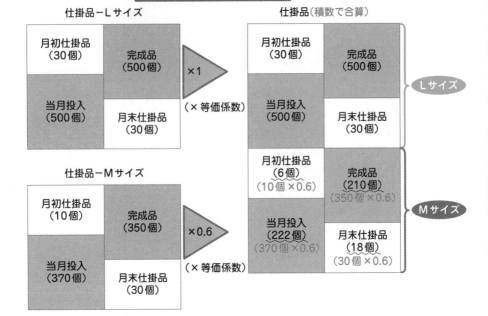

CASE24の加工費の換算

仕掛品－Lサイズ

| 月初仕掛品
（30個） | 完成品
（500個） |
| 当月投入
（500個） | 月末仕掛品
（30個） |

×1

（×等価係数）

仕掛品－Mサイズ

| 月初仕掛品
（10個） | 完成品
（350個） |
| 当月投入
（370個） | 月末仕掛品
（30個） |

×0.6

（×等価係数）

仕掛品（積数で合算）

| 月初仕掛品
（30個） | 完成品
（500個） |
| 当月投入
（500個） | 月末仕掛品
（30個） |

Lサイズ

| 月初仕掛品
（6個）
（10個×0.6） | 完成品
（210個）
（350個×0.6） |
| 当月投入
（222個）
（370個×0.6） | 月末仕掛品
（18個）
（30個×0.6） |

Mサイズ

　あとは、この積数の割合で、平均法によりLサイズ・Mサイズの完成品原価、月末仕掛品原価に原価を按分していきます。

CASE24の完成品原価等の計算

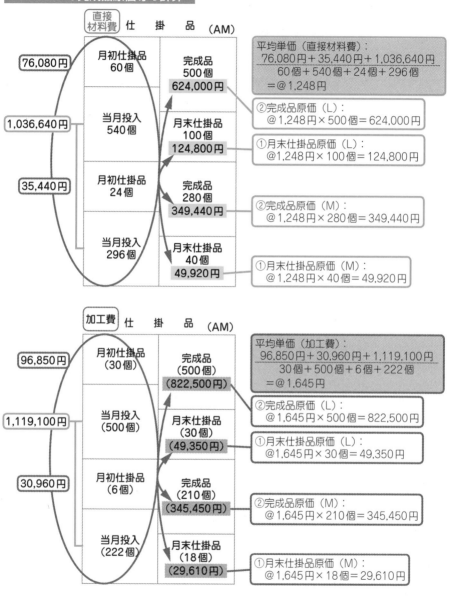

直接材料費 仕 掛 品 （AM）

76,080円 → 月初仕掛品 60個

完成品 500個 624,000円

1,036,640円 → 当月投入 540個

月末仕掛品 100個 124,800円

35,440円 → 月初仕掛品 24個

完成品 280個 349,440円

当月投入 296個

月末仕掛品 40個 49,920円

平均単価（直接材料費）：
$$\frac{76,080円＋35,440円＋1,036,640円}{60個＋540個＋24個＋296個}＝@1,248円$$

②完成品原価（L）：
@1,248円×500個＝624,000円

①月末仕掛品原価（L）：
@1,248円×100個＝124,800円

②完成品原価（M）：
@1,248円×280個＝349,440円

①月末仕掛品原価（M）：
@1,248円×40個＝49,920円

加工費 仕 掛 品 （AM）

96,850円 → 月初仕掛品 （30個）

完成品 （500個） （822,500円）

1,119,100円 → 当月投入 （500個）

月末仕掛品 （30個） （49,350円）

30,960円 → 月初仕掛品 （6個）

完成品 （210個） （345,450円）

当月投入 （222個）

月末仕掛品 （18個） （29,610円）

平均単価（加工費）：
$$\frac{96,850円＋30,960円＋1,119,100円}{30個＋500個＋6個＋222個}＝@1,645円$$

②完成品原価（L）：
@1,645円×500個＝822,500円

①月末仕掛品原価（L）：
@1,645円×30個＝49,350円

②完成品原価（M）：
@1,645円×210個＝345,450円

①月末仕掛品原価（M）：
@1,645円×18個＝29,610円

①月末仕掛品原価：（L）　124,800円 ＋ 49,350円 ＝ 174,150円

　　　　　　　　（M）　49,920円 ＋ 29,610円 ＝ 79,530円

②完成品原価：（L）　624,000円 ＋ 822,500円 ＝ 1,446,500円

　　　　　　　（M）　349,440円 ＋ 345,450円 ＝ 694,890円

③完成品単位原価：（L）　$\dfrac{1,446,500\,円}{500\,個}$ ＝ ＠2,893円

　　　　　　　　　（M）　$\dfrac{694,890\,円}{350\,個}$ ＝ ＠1,985.4円

数量で割ること。
積数で割らないように。

⇔ 問題編 ⇔
問題16（問2）

第5章

連産品の原価計算

第4章の組別総合原価計算では
異なる種類からなる製品の原価の計算を学習しましたが、
これは、複数の材料を加工して製品化している場合です。
しかし、1つの材料から異なる製品が連なって生産される場合もあります。
これを連産品といいますが、この場合はどうやって
原価計算をしていくのでしょうか?

ここでは、連産品および副産物の原価計算についてみていきましょう。

この章で学習する項目

1. 連産品の配賦計算
   ① 追加加工なし
   ② 追加加工あり
2. 副産物の処理

物量基準と市価基準

木綿豆腐

大豆の種

豆乳

どうやって、それぞれの原価を計算するのだろう。

ゴエモン㈱埼玉工場では、空いている土地を畑にし、育てた大豆を原料に、豆腐と豆乳を生産・販売することになりました。そこでタネとなる大豆を購入し、育て、収穫したあとでさまざまな加工を施したのですが…。これらの製品の原価はどのように計算すればよいのでしょうか。

例 ゴエモン㈱埼玉工場では、タネとなる大豆を購入し、育てて収穫してから連産品である豆腐と豆乳を生産販売した。

当月の生産計画および予想されるコスト、市場価格は次のとおりである。なお、月初・月末の仕掛品および製品は存在しないものとする。

［資　料］
1．分離点における生産量と単位あたり市場価格

	生産量	単位あたり市場価格
豆　腐	2,000kg	450円
豆　乳	4,000kg	225円

2．分離点までの製造原価

	金　額
分離点までの製造原価	1,350,000円

上記の資料にもとづいて、次の各問に答えなさい。

[問1] 物量（質量）を基準に連結原価を配賦した場合の、各製品の単位あたりの製造原価と製品別の売上総利益を計算しなさい。

[問2] 市価を基準に連結原価を配賦した場合の、各製品の単位あたりの製造原価と製品別の売上総利益を計算しなさい。

連産品とは

　タネとなる大豆を育て、収穫し、加工することによりできあがる豆腐、豆乳などのように、同一原料から生産される異なる種類の製品であり、すべて経済価値が高く、どちらがメインの製品か、判断のしづらいものを連産品といいます。

大豆の種　木綿豆腐　豆乳

１つの原料から連なって生産される製品ということだね。

連結原価

　タネとなる大豆を購入し、それを育てて収穫し、豆腐や豆乳にするための加工を施すという、一連の連産品を生産する工程を連産品工程といい、その終点で各連産品に分けられます。この終点のことを分離点といい、分離点以前（これを連産品工程といいます）において発生する原価のことを連結原価といいます。

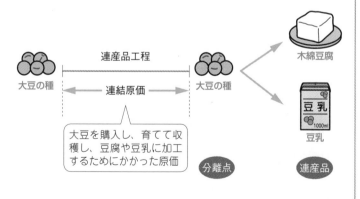

連産品工程

大豆の種　連結原価　大豆の種　木綿豆腐　豆乳

大豆を購入し、育てて収穫し、豆腐や豆乳に加工するためにかかった原価

分離点　連産品

連結原価の配分方法

　各連産品の製造原価を算定するためには連結原価を配分する必要があります。その方法には一般的に次の2つがあります。

> ①物量基準…各連産品の生産量などを基準として按分する方法で、この方法によるとすべての連産品の単位原価は等しくなります。
>
> ②市価基準…各連産品の正常市価による売却価額を基準として按分する方法であり、正常市価とは、各連産品の市価を長期平均的に見積った値をいいます。この方法によると各連産品の売上総利益率は等しくなります。

市価基準に用いる正常市価による売却価額の算定方法は、本試験においては問題文の指示にしたがってください。

　まずは、①物量基準からみていきましょう。

　物量基準は、分離点における各連産品の物量数値（CASE25では質量）によって連結原価を配賦します。

CASE25 ［問1］ 物量基準による配賦計算

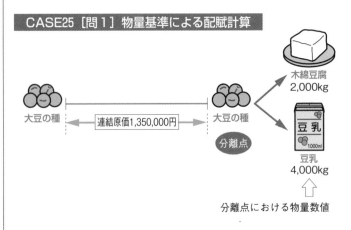

木綿豆腐
2,000kg

豆乳
4,000kg

大豆の種 ←連結原価1,350,000円→ 大豆の種

分離点

⇧
分離点における物量数値

CASE25 ［問1］ 連結原価の配賦

・豆腐への配賦額：$\dfrac{1,350,000\,円}{2,000\text{kg} + 4,000\text{kg}} \times 2,000\text{kg} = 450,000\,円$

・豆乳への配賦額：$\dfrac{1,350,000\,円}{2,000\text{kg} + 4,000\text{kg}} \times 4,000\text{kg} = 900,000\,円$

・豆腐：450,000円 ÷ 2,000kg ＝＠225円
・豆乳：900,000円 ÷ 4,000kg ＝＠225円

> 物量基準では、連産品の単位原価は等しくなります。

CASE25 [問1] 売上総利益

	豆　腐	豆　乳	合　計
売　上　高	900,000円	900,000円	1,800,000円
売　上　原　価			
連　結　原　価	450,000円	900,000円	1,350,000円
売　上　総　利　益	450,000円	0円	450,000円
（売上総利益率）	（50％）	（0％）	（25％）

　ここで売上総利益率（＝売上総利益÷売上高）を計算してみると、豆腐は50％、豆乳は0％となり、豆乳はまったく収益性のない製品であるかのようにみえます。

　しかし、連産品は、特定の製品を選んで生産することができないため、各製品間の収益性が異なってしまうような配賦計算は望ましくありません。

　そこで、次に各連産品の売上総利益率が等しくなる②市価基準による配賦をみていきましょう。

　市価基準では、各連産品の正常市価に生産量を掛けた売却価額によって連結原価を配賦します。

CASE25 [問2] 市価基準による配賦計算

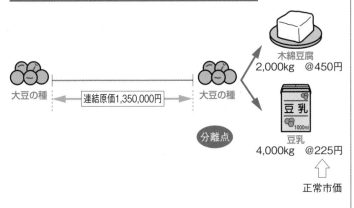

木綿豆腐
2,000kg　＠450円

大豆の種　◀━[連結原価1,350,000円]━▶　大豆の種

分離点

豆乳
4,000kg　＠225円

↑ 正常市価

CASE25 [問2] 売却価額

・豆腐：@450円 × 2,000kg = 900,000円

・豆乳：@225円 × 4,000kg = 900,000円

CASE25 [問2] 連結原価の配賦

・豆腐への配賦額：$\dfrac{1,350,000\text{円}}{900,000\text{円} + 900,000\text{円}} \times 900,000\text{円}$

$= 675,000\text{円}$

・豆乳への配賦額：$\dfrac{1,350,000\text{円}}{900,000\text{円} + 900,000\text{円}} \times 900,000\text{円}$

$= 675,000\text{円}$

CASE25 [問2] 製品単位あたりの製造原価

・豆腐：675,000円 ÷ 2,000kg = @337.5円

・豆乳：675,000円 ÷ 4,000kg = @168.75円

CASE25 [問2] 売上総利益

	豆 腐	豆 乳	合 計
売 上 高	900,000円	900,000円	1,800,000円
売 上 原 価			
連 結 原 価	675,000円	675,000円	1,350,000円
売 上 総 利 益	225,000円	225,000円	450,000円
（売上総利益率）	（25%）	（25%）	（25%）

この方法では、すべての製品の
売上総利益率は等しくなります。

連産品の原価計算

追加加工を行う場合

油あげにして
販売してみよう！

木綿豆腐

油あげ

今度は、豆腐や豆乳を
そのまま販売するので
はなく、豆腐を加工して油あ
げ、豆乳を加工して湯葉にし
て販売することにしました。
このように追加加工を行う場
合の連結原価は、どのように
配分して計算すればよいので
しょうか。

例 CASE25に次の条件を追加する。豆腐も豆乳もそのまま販売せず、
それぞれ加工を加え、油あげと湯葉にして販売する。当月の生産
計画および予想されるコスト、市場価格は次のとおりである。な
お、月初・月末の仕掛品および製品は存在しないものとする。

〔資　料〕

1．分離点における生産量と単位あたり市場価格

	生産量	単位あたり市場価格
豆　腐	2,000kg	450円
豆　乳	4,000kg	225円

2．分離点までの製造原価と分離後の追加加工費（個別費）

	金　額
分離点までの製造原価	1,350,000円
豆腐の追加加工費	25,000円
豆乳の追加加工費	100,000円

3．最終製品の生産量と単位あたり市場価格

	生産量	単位あたり市場価格
油あげ	2,000kg	500円
湯　葉	4,000kg	250円

上記の資料にもとづいて、次の問いに答えなさい。

[問] 豆腐と豆乳には外部市場があるものの、そのまま販売しないため、分離点における市価は利用できないものとする。そこで、分離点における見積正味実現可能価額を基準に連結原価を配賦し、最終製品である油あげと湯葉の単位あたりの製造原価と、製品別の売上総利益を計算しなさい。

● 追加加工を行う場合

連産品は、分離されたままの状態で販売されるとは限りません。分離後に追加加工を行う場合があります。

この追加加工は製品ごとに行うので、それに要する原価である追加加工費は製品ごとに把握できる個別費となります。したがって各製品の原価は、連結原価の按分額に追加加工費を加えて計算します。

物量基準の場合は、分離点における生産量がわかるので、CASE25と同様、これを基準に配賦していきます。

ここで問題となるのが、追加加工を行うときの連結原価の按分方法です。追加加工を行う場合、分離点における市価が明らかでなく、連結原価の配賦計算に利用できない場合が多いので、この場合は、次の見積正味実現可能価額にもとづいて連結原価を配賦します。

見積正味実現 ＝ 最終製品の正常市価 － 見積分離後個別費
可能価額
　　　　　　　　　　　　　　　　　追加加工費＋販管費

ここで、見積正味実現可能価額とは**最終製品の正常市価から見積分離後個別費を差し引いた金額**をいい、連結原価に対応する分離点での市価を最終製品の市価から逆算して求めたものを

いいます。

以上より、CASE26の計算は次のようになります。

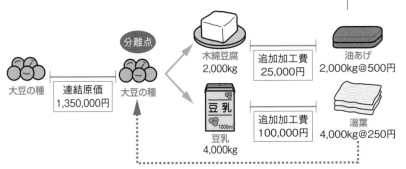

分離点における見積正味実現可能価額

分離点における見積正味実現可能価額

・豆腐：＠500円 × 2,000kg − 25,000円 = 975,000円
・豆乳：＠250円 × 4,000kg − 100,000円 = 900,000円

連結原価の配賦

・豆腐への配賦額：$\dfrac{1350,000円}{975,000円 + 900,000円} × 975,000円$

$= 702,000円$

・豆乳への配賦額：$\dfrac{1350,000円}{975,000円 + 900,000円} × 900,000円$

$= 648,000円$

CASE26の最終製品の完成品原価等の計算

〈油あげ〉

完 成 品 原 価：702,000円 + 25,000円 = 727,000円
　　　　　　　　　連結原価配賦額　分離後個別加工費

完成品単位原価：727,000円 ÷ 2,000kg = ＠363.5円

追加加工を行う場合、最終完成品原価は連結原価配賦額に、分離後の実際追加加工費を加算して算定します。このとき、「見積」と「実際」が別々に与えられることもあるので注意しましょう。

〈湯葉〉

完 成 品 原 価：648,000円 + 100,000円 = 748,000円

連結原価配賦額　分離後個別加工費

完成品単位原価：748,000円 ÷ 4,000kg = @187円

CASE26の売上総利益

	油あげ	湯　葉	合　計
売　上　高	1,000,000円	1,000,000円	2,000,000円
売　上　原　価			
連　結　原　価	702,000円	648,000円	1,350,000円
追　加　加　工　費	25,000円	100,000円	125,000円
合　　　計	727,000円	748,000円	1,475,000円
売 上 総 利 益	273,000円	252,000円	525,000円
売 上 総 利 益 率	(27.3%)	(25.2%)	(26.25%)

この方法も正常市価基準ですが、各製品の売上総利益
率は異なっています。これは、販売価格に対する個別
費の比率が製品ごとに異なるためです。

副産物の処理

おからって
お金かかって…る？

大豆の種
木綿豆腐
豆乳
おから

ゴエモン㈱埼玉工場で
は、豆腐と豆乳を生産
する過程で産出されるおから
も販売することにしました。
しかし、おからは豆腐・豆乳
を作る過程でできてしまうも
ので、作ろうと思って作って
いるものではありません。こ
のおからの原価はどのように
処理すればよいのでしょうか。

例 ゴエモン㈱埼玉工場では、豆腐を主製品として量産を行っており、
豆腐の生産工程では必ずおから（副産物）が生じている。
次のデータにもとづいて、主製品の完成品原価と月末仕掛品原価、
および副産物評価額を計算しなさい。

1. 生産データ

月 初 仕 掛 品	80kg	（加工進捗度40%）
当 月 投 入	400	
合 計	480kg	
月 末 仕 掛 品	60	（加工進捗度50%）
副 産 物	20	（工程の終点で発生）
完 成 品	400kg	

2. 原価データ

	直接材料費	加 工 費
月 初 仕 掛 品	35,200円	17,400円
当 月 投 入	176,000	216,600
合 計	211,200円	234,000円

3. その他

①副産物は@160円で外部に売却できる見込みである。

②原価の配分方法は平均法による。

副産物とは

　ゴエモン㈱では、大豆を加工して豆腐・豆乳を製造する過程でおからも産出されるため、これを販売することになりました。しかし、豆腐・豆乳と比べるとおからの売却価値は低いものとなります。このように、主製品の製造過程から必ず生産される物品で、主製品と比較して売却価値が低いものを副産物といいます。

副産物の処理と評価

　副産物は、主製品に比べて売却価値が低いので、手間をかけて製造原価を計算することはせず、評価額（見積売却価値）によって測定し、主製品の製造原価から控除していきます。

　具体的には、副産物の分離点の進捗度によって以下のように計算していきます。

副産物の処理は、正常仕損の度外視法と同様の処理となります（CASE 9、10参照）。

(1)　副産物の分離点の進捗度 ≦ 月末仕掛品の進捗度

　この場合には、製造費用の合計から副産物の評価額を先に控除しておき、残りの製造費用を完成品と月末仕掛品に按分します。

(2) 副産物の分離点の進捗度 ＞ 月末仕掛品の進捗度

　この場合には、まず月末仕掛品原価を計算しておき、残りの製造費用より副産物の評価額を控除して、完成品原価を計算します。

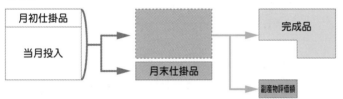

　なお、副産物の評価額（見積売却価値）は、次のように算定します。

そのまま売却する場合	：見積売却価額－見積販管費
加工してから売却する場合	：見積売却価額－見積加工費－見積販管費

> 副産物の見積売却価額や見積加工費・見積販管費の額は、本試験では問題文の指示にしたがってください。

　以上より、CASE27の副産物評価額は次のようになります。

CASE27の副産物評価額

@160円×20kg ＝ 3,200円

　次に、完成品原価および月末仕掛品原価の計算ですが、副産物は工程の終点で発生するため、まず月末仕掛品原価を計算しておき、残りの原価から副産物の評価額を控除したものが完成品原価となります。

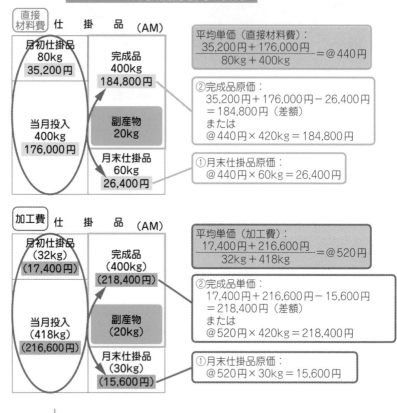

CASE27の完成品原価等の計算

直接材料費 仕　掛　品　（AM）

月初仕掛品 80kg 35,200円	完成品 400kg 184,800円
当月投入 400kg 176,000円	副産物 20kg
	月末仕掛品 60kg 26,400円

平均単価（直接材料費）:
$$\frac{35,200円 + 176,000円}{80kg + 400kg} = @440円$$

②完成品原価:
35,200円 + 176,000円 − 26,400円
＝ 184,800円（差額）
または
@440円 × 420kg ＝ 184,800円

①月末仕掛品原価:
@440円 × 60kg ＝ 26,400円

加工費 仕　掛　品　（AM）

月初仕掛品 （32kg） （17,400円）	完成品 （400kg） （218,400円）
当月投入 （418kg） （216,600円）	副産物 （20kg）
	月末仕掛品 （30kg） （15,600円）

平均単価（加工費）:
$$\frac{17,400円 + 216,600円}{32kg + 418kg} = @520円$$

②完成品単価:
17,400円 + 216,600円 − 15,600円
＝ 218,400円（差額）
または
@520円 × 420kg ＝ 218,400円

①月末仕掛品原価:
@520円 × 30kg ＝ 15,600円

①月末仕掛品原価: 26,400円 ＋ 15,600円 ＝ 42,000円
②完成品原価: 184,800円 ＋ 218,400円 − 3,200円 ＝ 400,000円
　　　　　　　　　　　　　　　　　　　副産物評価額

注意 副産物は単体として出題されることはあまりなく、連産品と関連して出題されることが多いので、その場合、この完成品原価400,000円が連結原価となり、それ以降、物量基準や市価基準で按分していくことになります。

問題編
問題18

第6章

標準原価計算の基礎

．．．．．

うちの会社がこれからの競争社会を生き抜いていくためには、
製品原価をできるだけ抑えて、
少しでも多くの利益を上げていかなくてはいけないんだよなあ。
製品原価を引き下げるためには、製造工程での無駄を省かないと。
これって確か、「標準原価計算」が有効だったよね…。

まずは、2級で学習した標準原価計算の復習から始めていきましょう!

この章で学習する項目

1. 標準原価計算とは
2. 標準原価計算の計算手続
3. 標準原価計算の勘定記入
   : シングル・プラン
   : パーシャル・プラン
   : 修正パーシャル・プラン <u>1級 新論点</u>
4. 材料受入価格差異

標準原価計算とは?

ムダや非効率を改善し、原価を低くおさえないと…。

目標原価…500円
↕
実際原価…550円

今までは、実際原価計算について学習してきましたが、これからは原価管理目的に有用な標準原価計算について学習していきます。
1級では、出題頻度の高い重要な論点ですので、まずは2級の復習をかねて、標準原価計算の意義からみていきましょう。

標準原価計算とは?

これまでは、実際原価によって製品原価を計算してきました。これを実際原価計算といいます。

これに対してここからは標準原価によって製品原価を計算する標準原価計算について学習していきます。

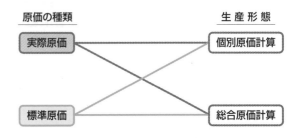

原価の種類　　　　　　　　生産形態

実際原価　　　　　　　　個別原価計算

標準原価　　　　　　　　総合原価計算

この標準原価計算の目的は、製造工程におけるムダを省いて、製品の生産に要する原価を引き下げること、つまり**原価管理に役立てる**ことにあります。

今までは正確な製品原価計算が目的の中心でしたが、これからの学習ではこの原価管理が目的の中心となってきます。

標準原価計算の流れ

標準原価計算においては、会計年度のはじめに、原価の目標値である**原価標準**を算定しておきます。

ゴエモン㈱埼玉工場で製造している木彫りの熊の置物は、ムダを省けば500円で作ることができるとします。そうするとその原価標準は500円となります。

次に各原価計算期間においては、製品1個あたりの標準原価を示す原価標準に生産量を掛けてその月の**標準原価**を計算し、これを**実際原価**と比べます。

両者の差を**標準原価差異**といい、製造工程におけるムダの大きさを示します。

> 有利差異であれば節約の大きさを示しますね。

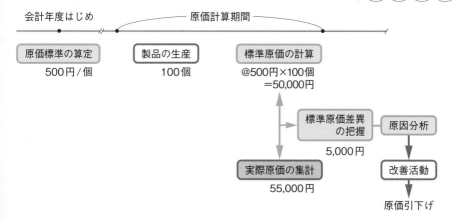

会計年度はじめ ――― 原価計算期間 ―――

原価標準の算定
500円/個

製品の生産
100個

標準原価の計算
@500円×100個
=50,000円

標準原価差異
の把握
5,000円

原因分析

実際原価の集計
55,000円

改善活動

原価引下げ

たとえば、5,000円の標準原価差異が生じたとすれば材料の使い過ぎや加工時間のかかりすぎなど、何らかの原因によって、余計な原価が5,000円だけかかったことになります。

そこで、その原因を調べて適切な対策を講じ、次からはそうしたムダが生じないように改善していきます。

標準原価計算の計算手続

2級の復習だ！

資料

CASE28では標準原価計算の意義について復習しましたが、CASE29では数値例を使って、具体的な手順と計算方法について復習していきましょう。
特に差異分析が重要となりますが覚えていますか？

例　ゴエモン㈱埼玉工場では木彫りの熊の置物を製造・販売しており、標準原価計算制度を採用している。下記の資料にもとづいて、(1)完成品、(2)月末仕掛品、(3)月初仕掛品、それぞれの標準原価を計算しなさい。さらに、(4)直接材料費差異を価格・数量差異に、(5)直接労務費差異を賃率・時間差異に、(6)製造間接費差異を予算差異・能率差異（変動費・固定費）・操業度差異に分析しなさい。

［資　料］
1. 標準原価カード（製品1個あたり）

> 直接材料費：20円/kg×10kg/個　　= 200円
> 直接労務費：70円/時間×2時間/個 = 140円
> 製造間接費：80円/時間×2時間/個 = 160円
> 　　製品1個あたりの標準原価　　　 500円

2. 製造間接費の月次予算
   製造間接費の月次予算額　20,000円
   基準操業度　250時間
   　（変動費率　30円/時間、固定費予算額　12,500円）
   (注) 製造間接費は直接作業時間を基準に配賦している。

３．生産データ

月初仕掛品　　　20個(0.5)
当月投入　　　　120
　合　　　計　　140個
月末仕掛品　　　40　(0.5)
完　成　品　　　100個

（注1）直接材料はすべて工程の始点で投入している。
（注2）（　　）内の数値は加工費進捗度を示す。

４．当月の実績データ

直接材料費：21円/kg × 1,230kg = 25,830円
直接労務費：72円/時間 × 210時間 = 15,120円
製造間接費：19,500円

原価標準の設定と製品原価の計算

　原価標準とは、製品1個あたりの目標原価であり、直接材料費、直接労務費、製造間接費の3つの原価要素に分けて設定され、標準原価カードにまとめられます。

> 原価標準は直接材料費と加工費に分けて設定される場合もあり、通常は問題文の資料に与えられます。

　標準原価計算では製品原価を標準原価により計算します。つまり、**標準原価カード**にまとめられた製品1個あたりの標準原価（原価標準）に生産量を掛けて製品原価を求めていきます。

> （完成品や仕掛品の）標準原価＝原価標準×製品生産量

 注意　仕掛品の標準原価は、原価要素別の進捗度を加味して計算します。

　以上よりCASE29の完成品原価等の計算は次のようになります。

CASE29(1)～(3)の完成品原価等の計算

(1)　**完成品原価**

　　@500円 × 100個 = 50,000円

(2) **月末仕掛品原価**

直接材料費：@200円×40個 ＝ 8,000円
直接労務費：@140円×40個×0.5 ＝ 2,800円
製造間接費：@160円×40個×0.5 ＝ 3,200円
合　計 14,000円

(3) **月初仕掛品原価**

直接材料費：@200円×20個 ＝4,000円
直接労務費：@140円×20個×0.5 ＝1,400円
製造間接費：@160円×20個×0.5 ＝1,600円
合　計 7,000円

標準原価計算における差異分析

> 生産活動における能率の良否などを把握し、是正措置を講ずるための資料を経営管理者に提供します。

標準原価計算においては、標準原価と実際原価を比較して原価差異を把握し、その原価差異が生じた原因を分析します。

なお、原価差異は、原価要素の当月消費額（**当月投入分の原価**）より生じます。つまり当月分の製造費用として「発生すべき原価」と「発生した原価」の差額が原価差異となります。

原価差異＝(当月投入分の)標準原価 － 原価の実際発生額
　　　　　　「発生すべき原価」　　　　「発生した原価」
(注) 標準原価から実際原価を差し引き、プラスなら有利差異、マイナスなら不利差異を示します。

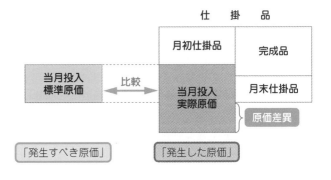

直接材料費の差異分析

直接材料費差異とは、標準直接材料費と実際直接材料費との差額をいい、これを材料の種類別に**価格差異**と**数量差異**に分析します。

数量差異を消費量差異とよぶこともあります。

直接材料費差異＝標準直接材料費（①）－実際直接材料費（②）
〈内　訳〉
　価格差異　（③）＝（標準価格－実際価格）×実際消費量
　数量差異　（④）＝標準価格×（標準消費量－実際消費量）
（注）　上記式による数値がプラスなら有利差異、マイナスなら不利差異を示します。

〈差異分析図〉

②実際直接材料費（実際価格×実際消費量）

実際価格

標準価格

③価格差異

①標準直接材料費
（標準価格×標準消費量）

④数量差異

標準消費量 ⟶ 実際消費量

差異分析も2級で学習しましたね。1級でも当然のように出題されるのですばやく正確に分析できるようにしておこう。

差異分析にあたっては、正しく有利差異・不利差異を判断できるように「⟶」の順でマイナスして計算するようにしましょう

以上より CASE29 の直接材料費の差異分析は次のようになります。

実際単価
@21円

↑

標準単価
@20円

実際直接材料費@21円×1,230kg=25,830円

価格差異　（@20円−@21円）×1,230kg=△1,230円

標準直接材料費
@20円×1,200kg
＝24,000円

数量差異
@20円×(1,200kg−1,230kg)
＝△600円

標準消費量
1,200kg

実際消費量
1,230kg

製品1個あたりの標準消費
量が10kg、当月投入120
個なので、目標とすべき
標準消費量は10kg×120
個＝1,200kgとなります。

仕 掛 品	
月初仕掛品 20個	完成品 100個
当月投入 120個	月末仕掛品 40個

10kg×120個＝1,200kg

CASE29では、標
準（@20円）よ
りも高い（@21
円）材料を使っ
たため不利差異が生
じています。

・価格差異

$(@20円 − @21円) × 1,230kg = △1,230円$

借方・不利差異

CASE29では、
1,200kgで作れる
ところ1,230kg
も使ったので不利
差異が生じていま
す。

・数量差異

$@20円 × (1,200kg − 1,230kg) = △600円$

借方・不利差異

● 直接労務費の差異分析

　直接労務費差異とは、標準直接労務費と実際直接労務費との
差額をいい、これを部門別または作業種類別に**賃率差異**と**時間
差異**に分析します。

時間差異は労働能
率差異とよぶこと
もあります。

直接労務費差異＝標準直接労務費（①）−実際直接労務費（②）
〈内　訳〉
　賃率差異（③）＝（標準賃率−実際賃率）×実際直接作業時間
　時間差異（④）＝標準賃率×（標準直接作業時間−実際直接作業時間）
（注）　上記式による数値がプラスなら有利差異、マイナスなら不利
　　　差異を示します。

〈差異分析図〉

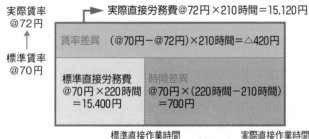

② 実際直接労務費(実際賃率×実際直接作業時間)

実際賃率

③賃率差異

標準賃率

①標準直接労務費
(標準賃率×
標準直接作業時間)

④時間差異

標準直接　　　実際直接
作業時間　　　作業時間

> 計算式で覚えると
> 忘れやすいので図
> 解で覚えるように
> しよう。

　以上よりCASE29の直接労務費の差異分析は次のようになります。

CASE29⑸の直接労務費の差異分析

実際賃率
@72円

実際直接労務費@72円×210時間＝15,120円

賃率差異　（@70円－@72円）×210時間＝△420円

標準賃率
@70円

標準直接労務費
@70円×220時間
＝15,400円

時間差異
@70円×(220時間－210時間)
＝700円

標準直接作業時間
220時間

実際直接作業時間
210時間

製品1個あたりの標準直接
作業時間が2時間、当月投
入（換算量）110個なの
で目標とすべき標準直接
作業時間は2時間×110
個＝220時間となります。
なお、生産データの（ ）
内は加工費の完成品換算
量を示します。

仕　掛　品

月初仕掛品 （10個）	完成品 （100個）
当月投入 （110個）	月末仕掛品 （20個）

2時間×110個＝220時間

 注意　標準直接作業時間のほうが実際直接作業時間より多くて
　　　も、必ず内側（左側）に標準直接作業時間を書いてくだ
　　　さい。

CASE29では標準
賃率(@70円)よ
りも実際の賃率
(@72円)が高かっ
たため、不利差異
が生じています。

・賃率差異

$(@70円 - 72円) \times 210時間 = \triangle 420円$

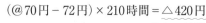

借方・不利差異

CASE29では220
時間かかると予定
していたところ、
210時間ですんだ
ので有利差異が生
じています。

・時間差異

$@70円 \times (220時間 - 210時間) = 700円$

貸方・有利差異

製造間接費の差異分析（公式法変動予算）

製造間接費差異とは標準製造間接費と実際製造間接費との差額をいい、これを原則として部門別に**予算差異、能率差異、操業度差異**に分析します。

製造間接費の差異分析については、いろいろな方法がありますが、ここでは出題可能性の高い**公式法変動予算**による差異分析についてみていきます。

①〜⑥はシュラッ
ター図と対応して
います。

> 製造間接費差異＝標準配賦額（❶）－実際発生額（❷）
> 〈内　訳〉
> 　予算差異（❸）＝変動費率×実際操業度＋固定費予算額－実際発生額
> 　　　　　　　　　実際操業度における予算許容額
> 　能率差異（❹、❺）＝標準配賦率×（標準操業度－実際操業度）
> 　操業度差異（❻）＝固定費率×（実際操業度－基準操業度）
> （注）　上記式による数値がプラスなら有利差異、マイナスなら不利
> 　　　　差異を示します。

また、能率差異はさらに、**変動費能率差異**（❹）と**固定費能率差異**（❺）に分けることができます。

> 変動費能率差異（❹）＝変動費率×（標準操業度－実際操業度）
> 固定費能率差異（❺）＝固定費率×（標準操業度－実際操業度）

なお、差異の計算式をテキストⅠで学習したシュラッター図で表すと次のようになります。

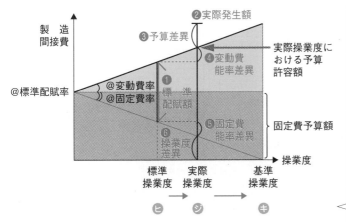

頭文字をとって❷、❸、❹の順に内側から書くと覚えましょう。

また、公式法変動予算による製造間接費差異の分析方法は、下記に示すように二分法から四分法に分類することができますが、これは差異分析により計算される各差異を把握するうえで、どのようにまとめるかの違いにすぎません。

❸～❻はシュラッター図と対応しています。

公式法変動予算による製造間接費の差異分析

	四分法	三分法(1)*1	三分法(2)*2	二分法
❸	予算差異*3	予算差異*3	予算差異*3	管理可能差異
❹	変動費能率差異	能率差異	能率差異	
❺	固定費能率差異			
❻	操業度差異*4	操業度差異*4	操業度差異	操業度差異

* 1 能率差異を変動費および固定費の両方から算出する三分法ともいいます。
* 2 能率差異を変動費のみから算出する三分法ともいいます。
* 3 支出差異または消費差異とよぶこともあります。
* 4 不働能力差異とよぶこともあります。

以上より CASE29 の製造間接費の差異分析は次のようになります。

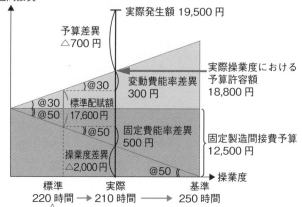

CASE29⑹の製造間接費の差異分析

製造間接費

実際発生額 19,500 円

予算差異 △700 円

実際操業度における
予算許容額 18,800 円

）@30

変動費能率差異 300 円

）@30
）@50

標準配賦額 17,600 円

）@50

固定費能率差異 500 円

固定製造間接費予算 12,500 円

操業度差異 △2,000 円

@50 《

操業度

標準 220 時間 → 実際 210 時間 → 基準 250 時間

ヨコは必ずヒ ジ キ の順ダヨ!!

製品1個あたりの標準直接作業時間が2時間、当月投入（換算量）110個なので、目標とすべき標準直接作業時間（標準操業度）は、2時間×110個＝220時間となります。
なお、生産データの（ ）内は加工費の完成品換算量を示します。

仕 掛 品

月初仕掛品 （10個）	完成品 （100個）
当月投入 （110個）	月末仕掛品 （20個）

2時間×110個＝220時間

変動費率：30円/時間（資料2より）

固定費率：12,500円÷250時間＝50円/時間

または

$\underset{\text{標準配賦率}}{80\text{円/時間}} - \underset{\text{変動費率}}{30\text{円/時間}} = 50\text{円/時間}$

CASE29 では予算オーバーなので不利差異ですね。

・予算差異

$\underset{\text{予算許容額}}{@30\text{円} \times 210\text{時間} + 12,500\text{円}} - \underset{\text{実際発生額}}{19,500\text{円}} = \underset{\text{借方・不利差異}}{\triangle 700\text{円}}$

CASE29 では250時間使えるところ、210時間しか使わなかったので不利差異ですね。

・操業度差異

$\underset{\text{固定費率}}{@50\text{円}} \times (\underset{\text{実際操業度}}{210\text{時間}} - \underset{\text{基準操業度}}{250\text{時間}}) = \underset{\text{借方・不利差異}}{\triangle 2,000\text{円}}$

CASE29 では220時間かかる予定のところ、210時間でできたので有利差異です。

・能率差異

$\underset{\text{標準配賦率}}{@80\text{円}} \times (\underset{\text{標準操業度}}{220\text{時間}} - \underset{\text{実際操業度}}{210\text{時間}}) = \underset{\text{貸方・有利差異}}{800\text{円}}$

・変動費能率差異

@30円×（220時間 − 210時間）= 300円

変動費率　　　　　　　　　　貸方・有利差異

・固定費能率差異

@50円×（220時間 − 210時間）= 500円

固定費率　　　　　　　　　　貸方・有利差異

変動費予算差異と固定費予算差異

テキストⅠで学習したように、標準原価計算でも予算差異を変動費と固定費に分けて把握する場合があります。

CASE29の製造間接費実際発生額19,500円のうち、変動費が6,500円、固定費が13,000円だったとすると差異分析は次のようになります。

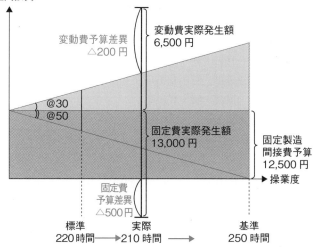

・変動費予算差異

@30 × 210時間 − 6,500円 = △200円

予算許容額　　実際発生額　借方・不利差異

・固定費予算差異

12,500円 − 13,000円 = △500円

予算許容額　実際発生額　借方・不利差異
＝予算額

・合計（予算差異）

△200円 + △500円 = △700円

借方・不利差異

標準原価計算の勘定記入

実際原価で記入？

それとも標準原価？

2級ではパーシャル・プランによる勘定記入を中心に学習してきたけど、さらに修正パーシャル・プランっていうものもあるんだって。どのように勘定記入していくのかみていきましょう。

例　次の資料にもとづいて、シングル・プラン、パーシャル・プラン、修正パーシャル・プランにより仕掛品勘定の記入を行いなさい。

［資　料］

1．原価標準（製品1個あたり）

　　直接材料費：@20円× 10kg/個 = 200円

　　直接労務費：@70円×2時間/個 = 140円

　　製造間接費：@80円×2時間/個 = 160円

　　　製品1個あたりの標準原価　　 500円

　（注）製造間接費の配賦率@80円は直接作業時間にもとづく予定配賦率である。

2．生産データ

月 初 仕 掛 品	20個(0.5)
当 月 投 入	120
合　　　計	140個
月 末 仕 掛 品	40　(0.5)
完 　成　 品	100個

（注1）直接材料は工程の始点ですべて投入している。

（注2）（　）内の数値は加工費の進捗度である。

3．当月の実際原価データ

　　直接材料費：@21円× 1,230kg = 25,830円

　　直接労務費：@72円×210時間 = 15,120円

　　製造間接費：19,500円

3つの勘定記入の方法

標準原価計算では仕掛品勘定の**月初仕掛品原価、完成品原価、月末仕掛品原価**は標準原価で記入します。

一方、当月製造費用については、実際原価と標準原価のどちらを記入するかにより、**シングル・プラン、パーシャル・プラン、修正パーシャル・プラン**の３つの記入方法があります。

なお、**製品勘定はすべて標準原価**で記入します。

実際原価で記入するか標準原価で記入するかの差が出てくるのは当月製造費用のみです。

仕　掛　品		製　　　品	
月初仕掛品 標準原価	完　成　品 標準原価	月初製品 標準原価	売上原価 標準原価
当月投入 標準原価 または 実際原価	月末仕掛品 標準原価	完　成　品 標準原価	月末製品 標準原価

ここを標準原価で記入するか、実際原価で記入するかが違うだけです。

 注意 どの記入方法によっても算定される原価差異の金額は同じであり、単に原価差異が把握される場所（勘定科目名）が異なるだけであることに注意してください。

シングル・プラン

シングル・プランでは仕掛品勘定の当月製造費用（直接材料費、直接労務費、製造間接費）を標準原価で記入します。したがって、シングル・プランでは仕掛品勘定の記入はすべて標準原価で行われ、**原価差異は各原価要素の勘定**（材料勘定、賃金勘定、製造間接費勘定）**で把握**されることになります。

シングルとは「たった１つ」という意味であり、仕掛品勘定がすべて標準原価で記入されるため、シングル・プランとよばれます。

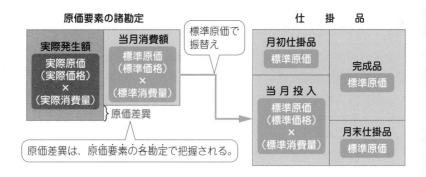

原価差異は、原価要素の各勘定で把握される。

以上より、CASE30の仕掛品勘定をシングル・プランで記入すると次のようになります。

CASE30のシングル・プランによる仕掛品勘定の記入

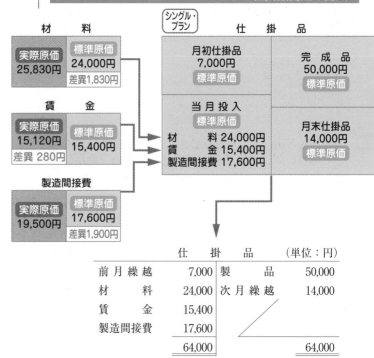

仕 掛 品			（単位：円）
前 月 繰 越	7,000	製　　　品	50,000
材　　　料	24,000	次 月 繰 越	14,000
賃　　　金	15,400		
製 造 間 接 費	17,600		
	64,000		64,000

● パーシャル・プラン

パーシャル・プランでは、仕掛品勘定の当月製造費用（直接材料費、直接労務費、製造間接費）を実際原価で記入します。

したがって、パーシャル・プランでは、**原価差異は、仕掛品勘定で把握**されることになります。

パーシャルとは「一部分、部分的に」という意味であり、仕掛品勘定の一部分が標準原価、一部分が実際原価で記入されるためパーシャル・プランとよばれます。

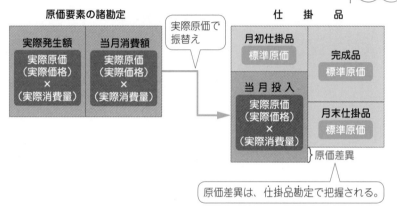

以上より、CASE30の仕掛品勘定をパーシャル・プランで記入すると次のようになります。

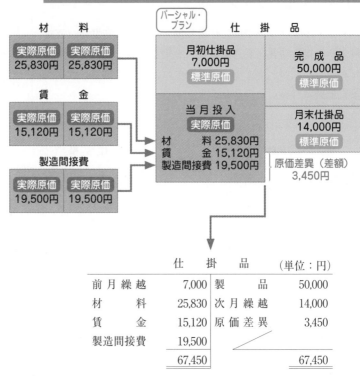

CASE30のパーシャル・プランによる仕掛品勘定の記入

仕　掛　品		（単位：円）	
前 月 繰 越	7,000	製　　　　品	50,000
材　　　料	25,830	次 月 繰 越	14,000
賃　　　金	15,120	原 価 差 異	3,450
製造間接費	19,500		
	67,450		67,450

● 修正パーシャル・プラン

　修正パーシャル・プランでは、原価要素の消費額のうち、直接材料費と直接労務費については、「標準価格×実際消費量」で仕掛品勘定に振り替え、製造間接費については実際発生額を仕掛品勘定に振り替えます。したがって、修正パーシャル・プランでは、**価格要因にもとづく差異（価格差異、賃率差異）は原価要素の勘定にて把握**し、**物量要因にもとづく差異（数量差異、時間差異）および製造間接費差異は仕掛品勘定にて把握**されます。

とても
重要

> 直接材料費と直接労務費→(標準価格)×(実際消費量)で振替え
> 製造間接費　　　　　　→実際発生額で振替え

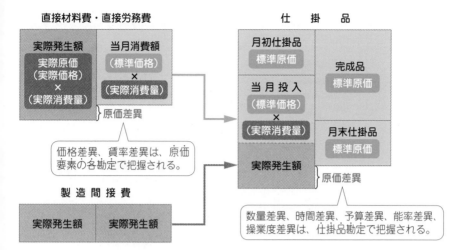

直接材料費・直接労務費

実際発生額	当月消費額
実際原価 （実際価格） × （実際消費量）	（標準価格） × （実際消費量）

⎬原価差異

価格差異、賃率差異は、原価
要素の各勘定で把握される。

製 造 間 接 費

実際発生額	実際発生額

仕 掛 品

月初仕掛品 標準原価	完成品 標準原価
当 月 投 入 （標準価格） × （実際消費量）	月末仕掛品 標準原価
実際発生額	

⎬原価差異

数量差異、時間差異、予算差異、能率差異、
操業度差異は、仕掛品勘定で把握される。

　以上より、CASE30の仕掛品勘定を修正パーシャル・プラン
で記入すると次のようになります。

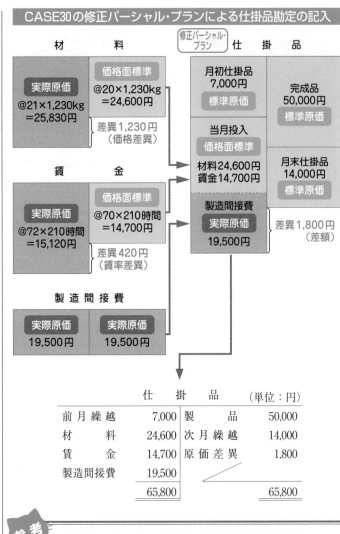

CASE30の修正パーシャル・プランによる仕掛品勘定の記入

材　料

実際原価
@21×1,230kg
=25,830円

価格面標準
@20×1,230kg
=24,600円

差異1,230円
（価格差異）

賃　金

実際原価
@72×210時間
=15,120円

価格面標準
@70×210時間
=14,700円

差異420円
（賃率差異）

製 造 間 接 費

実際原価
19,500円

実際原価
19,500円

修正パーシャル・プラン　仕　掛　品

月初仕掛品
7,000円
標準原価

当月投入
価格面標準
材料24,600円
賃金14,700円

製造間接費
実際原価
19,500円

完成品
50,000円
標準原価

月末仕掛品
14,000円
標準原価

差異1,800円
（差額）

	仕　掛　品		（単位：円）
前 月 繰 越	7,000	製　　　品	50,000
材　　　料	24,600	次 月 繰 越	14,000
賃　　　金	14,700	原 価 差 異	1,800
製 造 間 接 費	19,500		
	65,800		65,800

修正パーシャル・プランの差異の把握の根拠

　　材料の消費量・工具の作業時間は製造責任者が管理することが
できます。そのため、これにもとづく数量差異・時間差異は仕掛
品勘定で把握します。一方、材料の購入価格・工具の賃率は外部
要因によって影響を受けるため、製造責任者が管理することがで
きません。そのため、これにもとづく価格差異・賃率差異は仕掛
品勘定ではなく各原価要素の勘定で把握していきます。

問題編
問題19

材料受入価格差異の把握と勘定記入

差異といえばほかに
テキストⅠで学習した
材料受入価格差異が
あったなあ。
どのように勘定記入
していくのだろう…

テキストⅠの材料費会
計で学習した材料受入
価格差異は、標準原価計算でも材料の購入原価を予定価格から標準価格に置き換えることで把握できるとのこと。
それでは、この材料受入価格差異の把握と勘定記入法の組み合わせをみていきましょう。

例 当社では、製品Aを生産、販売しており、パーシャル・プランの標準原価計算制度を採用している。また材料は、標準価格で材料勘定に借記している。下記の資料にもとづいて材料、材料受入価格差異、材料数量差異、仕掛品－直接材料費の各勘定への記入を示しなさい。

［資　料］

1．原価標準（直接材料費のみ）

　　直接材料費：400円/kg×10kg/個＝4,000円

2．当月の生産データ

　　月　初　仕　掛　品　　1,000個（0.3）
　　当　月　投　入　　3,800
　　　合　　　計　　4,800個
　　月　末　仕　掛　品　　　800　（0.5）
　　完　　成　　品　　4,000個

　　直接材料は工程の始点で投入され、（　　）内の数値は加工費の進捗度を示す。

3. 当月の実際原価データ

直接材料の当月購入高(掛買い)40,000kg（実際購入価格405円/kg）

月末在庫量　　　　　　　　1,000kg

また、月初材料はなく、棚卸減耗も発生していない。

材料受入価格差異の把握

標準原価計算では材料受入価格差異はよく出題されるので、正確に計算できるようにしておきましょう。

テキストⅠの材料費会計でも学習したように、材料の購入原価は、予定価格または標準価格を用いて計算することができます。この場合には、材料購入時において**材料受入価格差異**が把握されます。

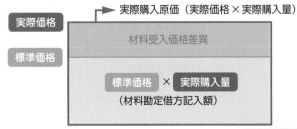

材料受入価格差異を把握している場合の勘定記入

材料受入価格差異を把握している場合、CASE30で学習したいずれの勘定記入法とも結びつきます。したがって、差異の把握と勘定記入法との組み合わせは以下のようになります。

(1) シングル・プランを採用している場合

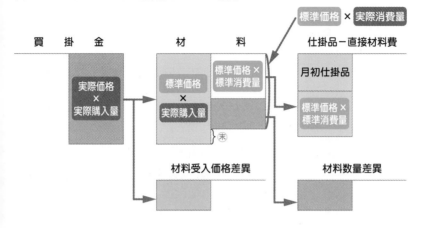

（注）借方差異の場合

(2) パーシャル・プラン、修正パーシャル・プランを採用している場合

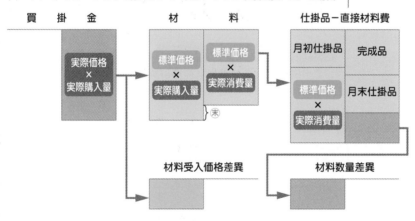

（注）借方差異の場合

　パーシャル・プランと修正パーシャル・プランでは数量差異はともに仕掛品勘定で把握されることになるので、結果としての勘定記入は同じになります。

　以上よりCASE31について材料受入価格差異の把握と勘定記入についてみていきましょう。

CASE31の材料勘定と材料受入価格差異勘定の記入

　材料の購入時に標準価格400円/kgで借記しているため、材料勘定の記入はすべて標準価格を用いて計算します。

　　　　　　　　　　　材　　料　　　　　（単位：円）

買　掛　金	16,000,000[*1]	仕掛品－直接材料費	15,600,000[*2]
		次　月　繰　越	400,000[*3]
	16,000,000		16,000,000

* 1　@400円×40,000kg＝16,000,000円
* 2　@400円×39,000kg＝15,600,000円
* 3　@400円×1,000kg＝400,000円

　　　　　　　　　材料受入価格差異　　　　（単位：円）

買　掛　金	200,000[*]	

*　材料受入価格差異：(@400円－@405円)×40,000kg＝△200,000円
　　　　　　　　　　　　　　　　　　　　　　　（借方差異）

　なお、材料購入時の仕訳を示すと次のとおりになります。

（材　　　　料）16,000,000　　（買　　掛　　金）16,200,000
（材料受入価格差異）　200,000

CASE31の生産データの整理

　まず生産データの整理と標準消費量を計算すると、次のようになります。

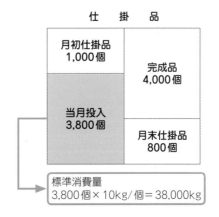

　次にパーシャル・プランにより仕掛品－直接材料費勘定を記入します。

CASE31の仕掛品-直接材料費勘定と材料数量差異勘定の記入

仕掛品-直接材料費　　　　（単位：円）

前 月 繰 越	4,000,000 *1	製　　　　　品	16,000,000 *3
材　　　　料	15,600,000 *2	材 料 数 量 差 異	400,000 *5
		次 月 繰 越	3,200,000 *4
	19,600,000		19,600,000

* 1　@4,000円×1,000個＝4,000,000円
* 2　材料勘定から振替え
* 3　@4,000円×4,000個＝16,000,000円
* 4　@4,000円×800個＝3,200,000円
* 5　@400円×(38,000kg − 39,000kg)＝△400,000円（借方）

材料数量差異　　　　（単位：円）

仕掛品-直接材料費	400,000

また材料受入価格差異と数量差異の差異分析図は次のようになります。

⇔ 問題編 ⇔
問題20

第7章

標準原価計算の応用

うちではいろいろな製造方法で製品を作っているんだけど
原価管理に役立つ標準原価計算って
総合原価計算とか、個別原価計算とも組み合わせられるのかなあ…。

ここでは、「標準工程別総合原価計算」と「標準個別原価計算」について、
問題演習の形式でみていきましょう。

この章で学習する項目

1. 標準工程別総合原価計算
2. 標準個別原価計算

標準工程別総合原価計算

切削工程　組立工程

標準原価計算＋
工程別総合原価計算
にチャレンジ!!

ゴエモン㈱埼玉工場で
は、切削工程と組立工
程により、工程別に写真立て
を製造・販売しています。そ
こで、原価管理に役立つ情報
を入手するため、これまで学
習してきた標準原価計算を導
入し、第3章で学習した工程
別原価計算と組み合わせてみ
ることにしました。

例　当社では、製品Aを製造、販売しており、パーシャル・プランの
標準総合原価計算を行っている。製品Aは第1工程と第2工程を
経て完成する。

まず第1工程では原料Xを工程の始点で投入し、これを加工して
半製品Bを生産する。第2工程では半製品Bを加工して最終製品
Aを完成させるが、工程の50％の地点で買入部品Cを投入してい
る。

以下の資料にもとづいて、次の問いに答えなさい。

［資　料］

1. 原料および買入部品の標準単価と製品A1個あたりの標準消費量

	標 準 単 価	標準消費量
原 料 X	760円/kg	10kg
買入部品C	300円/個	4個

2. 標準賃率・標準製造間接費配賦率および製品A1個あたりの標準
直接作業時間

	標 準 賃 率	標 準 配 賦 率	標準直接作業時間
第 1 工 程	1,500円/時	1,600円/時	4時間/個
第 2 工 程	1,600円/時	2,000円/時	3時間/個

(注) 製造間接費配賦基準は直接作業時間とする。

3．月間製造間接費予算と月間正常直接作業時間（基準操業度）

	変動製造間接費	固定製造間接費	正常直接作業時間
第 1 工 程	12,600,000円	21,000,000円	21,000時間
第 2 工 程	10,560,000円	15,840,000円	13,200時間

4．当月の生産データ

	第 1 工 程	第 2 工 程
月初仕掛品	400個（0.3）	800個（0.8）
当 月 投 入	5,200個	5,000個
合 計	5,600個	5,800個
月 末 仕 掛 品	600個（0.5）	1,000個（0.2）
完 成 品	5,000個	4,800個

（注）（　）内の数値は仕掛品の加工費進捗度を示す。

5．当月の実績原価データ

	第 1 工 程	第 2 工 程
原 料 Ｘ	42,112,000円（52,640kg）	—
買 入 部 品 Ｃ	—	4,824,000円（16,080個）
直 接 労 務 費	30,784,000円（20,800時間）	21,060,000円（13,000時間）
変 動 製 造 間 接 費	12,592,000円	10,328,000円
固 定 製 造 間 接 費	21,120,000円	15,840,000円

[問1] 半製品Bと最終製品Aの原価標準を計算しなさい。

[問2] 各工程の仕掛品勘定を完成させなさい。

[問3] 各工程の仕掛品勘定の総差異を分析しなさい。ただし製造間接費の能率差異は変動費と固定費の合計で計算すること。

　今までは、単一工程単純総合原価計算を前提にした標準原価計算を学習してきましたが、CASE32では、**標準工程別単純総合原価計算**についてみていきます。

　すでに学習したように、原価を工程別に計算する目的は、正確な製品原価の計算と原価管理です。このうち、原価管理の目的に重点を置き、かつ、原価を正確に計算するためには、標準原価計算を併せて適用することが最も有効な手段であることから標準工程別（単純）総合原価計算が考えだされました。

CASE32のような標準原価計算の総合問題は、次の手順で解答していきます。

推定すべき数値があってもとりあえず書けるところまで書いてしまいましょう。

$\left(\begin{array}{c}\text{Step}\\1\end{array}\right)$ **原価標準（標準原価カード）の整理**

標準消費量はStep 4で使用します。

$\left(\begin{array}{c}\text{Step}\\2\end{array}\right)$ **生産データのまとめ**
標準消費量の算定（当月投入量をベースに計算）をしておく

$\left(\begin{array}{c}\text{Step}\\3\end{array}\right)$ **完成品原価、仕掛品原価の計算**

$\left(\begin{array}{c}\text{Step}\\4\end{array}\right)$ **原価差異の分析（差異分析図の作成）**

$\left(\begin{array}{c}\text{Step}\\5\end{array}\right)$ **勘定記入**
記入方法：シングル・パーシャル・修正パーシャル

したがって、この手順により、CASE32について具体的に解答していきましょう。

$\left(\begin{array}{c}\text{Step}\\1\end{array}\right)$ 原価標準（標準原価カード）の整理

工程別単純総合原価計算に標準原価計算を適用する場合、**原価標準は工程別に集計**し、その原価標準を用いて各工程の完成品原価および仕掛品原価を計算します。

資料1、2で与えられている原価要素別の原価標準を工程別に整理していきましょう。

第 1 工 程

原 料 X	760円/kg×10kg/個=	7,600円
直接労務費	1,500円/時×4時/個=	6,000円
製造間接費	1,600円/時×4時/個=	6,400円
合計(半製品B)		20,000円

第 2 工 程

前 工 程 費	20,000円/個×1個=	20,000円
買入部品C	300円/個×4個=	1,200円
直接労務費	1,600円/時×3時/個=	4,800円
製造間接費	2,000円/時×3時/個=	6,000円
合計(最終製品A)		32,000円

CASE32 [問1] の原価標準

・半製品Bの原価標準:20,000円/個
・最終製品Aの原価標準:32,000円/個

(Step 2) 生産データのまとめ

(1) 第1工程

原料X	第1工程仕掛品	
月初仕掛品 400個	完成品 5,000個
当月投入 5,200個	月末仕掛品 600個

当月標準消費量
5,200個×10kg/個=52,000kg

加工費	第1工程仕掛品	
月初仕掛品 (120個)	完成品 (5,000個)
当月投入 (5,180個)	月末仕掛品 (300個)

当月標準直接作業時間
5,180個×4時間/個=20,720時間

注意 CASE29で学習したように原価差異は当月標準製造費用と実際製造費用の差額で計算するので、あらかじめ当月の標準消費量、標準直接作業時間をこの段階で計算しておきます。

(2) 第2工程

CASE32の第2工程では、工程の途中（進捗度50%）で追加材料（買入部品C）を投入しています。月末仕掛品は加工費進捗度20%の地点にあり、追加材料の投入点をまだ通過していないので、月末仕掛品は買入部品Cの投入を受けておらず、この買入部品費は負担しないことになります。

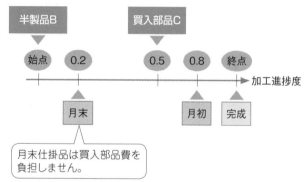

当月標準消費量
～～～

第1工程完成品原価が標準原価で振り替えられるため前工程費から原価差異は生じません。

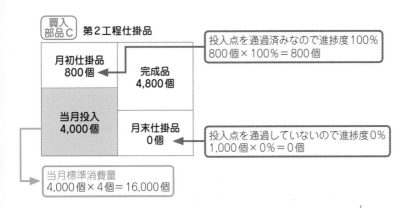

投入点を通過済みなので進捗度100%
800個×100%＝800個

投入点を通過していないので進捗度0%
1,000個×0%＝0個

当月標準消費量
4,000個×4個＝16,000個

Step 3 完成品原価、仕掛品原価の計算

　標準原価計算では完成品原価、仕掛品原価は必ず標準原価で計算するので、（Step 1の原価標準）×（Step 2の生産データ）により完成品原価、仕掛品原価を計算します。

(1)　第1工程

①完成品原価

　　@20,000円×5,000個＝100,000,000円（→第2工程－仕掛品へ）

②月初仕掛品原価

　　原　料　X：@7,600円×400個＝3,040,000円

　　直接労務費：@6,000円×120個＝　720,000円

　　製造間接費：@6,400円×120個＝　768,000円

　　合　　計　　　　　　　　　　4,528,000円

③月末仕掛品原価

　　原　料　X：@7,600円×600個＝4,560,000円

　　直接労務費：@6,000円×300個＝1,800,000円

　　製造間接費：@6,400円×300個＝1,920,000円

　　合　　計　　　　　　　　　　8,280,000円

(2)　第2工程

①完成品原価

　　@32,000円×4,800個＝153,600,000円　（→製品勘定へ）

②月初仕掛品原価

前 工 程 費：＠20,000円 × 800個 ＝ 16,000,000円

買入部品Ｃ：＠1,200円 × 800個 ＝　960,000円

直接労務費：＠4,800円 × 640個 ＝ 3,072,000円

製造間接費：＠6,000円 × 640個 ＝ 3,840,000円

　合　　計　　　　　　　　　　23,872,000円

③月末仕掛品原価

前 工 程 費：＠20,000円 × 1,000個 ＝ 20,000,000円

買入部品Ｃ：＠1,200円 ×　　0個 ＝　　　　0円

直接労務費：＠4,800円 ×　200個 ＝　960,000円

製造間接費：＠6,000円 ×　200個 ＝ 1,200,000円

　合　　計　　　　　　　　　　22,160,000円

(Step 4) 原価差異の分析

　CASE29で学習した、差異分析図により直接材料費、直接労務費、製造間接費の差異を分析していきます。

(1) 第1工程

①原料Ｘ

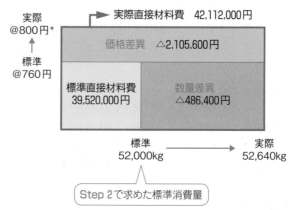

＊　42,112,000円 ÷ 52,640kg ＝ 800円/kg

　したがって、第1工程の直接材料費差異は、次のようになります。

- 価格差異

  $(@760円 - @800円) \times 52,640kg = \triangle 2,105,600円$ （借方）

- 数量差異

  $@760円 \times (52,000kg - 52,640kg) = \triangle 486,400円$ （借方）

②直接労務費

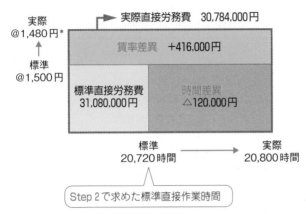

実際
@1,480円*

標準
@1,500円

実際直接労務費　30,784,000円

賃率差異　+416,000円

標準直接労務費
31,080,000円

時間差異
△120,000円

標準
20,720時間

実際
20,800時間

Step 2で求めた標準直接作業時間

* 　30,784,000円 ÷ 20,800時間 = 1,480円／時間

したがって、第1工程の直接労務費差異は、次のようになります。

- 賃率差異

  $(@1,500円 - @1,480円) \times 20,800時間 = +416,000円$（貸方）

- 時間差異

  $@1,500円 \times (20,720時間 - 20,800時間) = \triangle 120,000円$（借方）

③製造間接費

資料3より変動費率、固定費率を求めると次のようになります。

変動費率：$\dfrac{12,600,000円}{21,000時間} = @600円$

固定費率：$\dfrac{21,000,000円}{21,000時間} = @1,000円$

あとはシュラッター図により、製造間接費差異を変動費予算差異、固定費予算差異、操業度差異、能率差異（変動費と固定費の合計）に分析します。

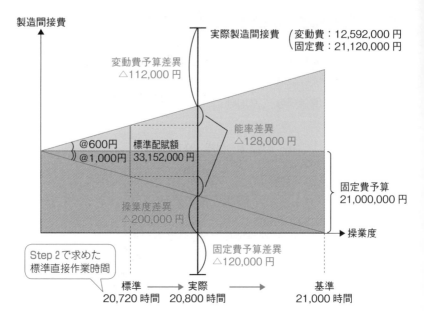

したがって、第1工程の製造間接費差異は次のようになります。

CASE32 [問3] 第1工程の製造間接費差異の分析

・変動費予算差異

　@600円×20,800時間 − 12,592,000円 = △112,000円（借方）

　　　　予算許容額　　　　　実際発生額

・固定費予算差異

　21,000,000円 − 21,120,000円 = △120,000円（借方）

　予算額＝予算許容額　　実際発生額

・能率差異

　（@600円 + @1,000円）×（20,720時間 − 20,800時間）= △128,000円（借方）

・操業度差異

　@1,000円 ×（20,800時間 − 21,000時間）= △200,000円（借方）

(2) 第2工程

①前工程費

前工程費は、第1工程完成品原価が標準原価で振り替えられるので原価差異は発生しません。

②買入部品C

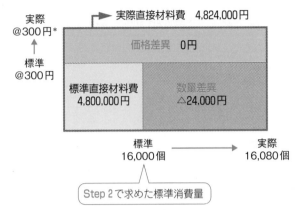

* 4,824,000円÷16,080個 = 300円/個

したがって、第2工程の直接材料費差異は次のようになります。

CASE32 ［問3］第2工程の直接材料費差異の分析

・価格差異

（@300円 − @300円）× 16,080個 = 0円（—）

・数量差異

@300円 × （16,000個 − 16,080個）= △24,000円（借方）

③直接労務費

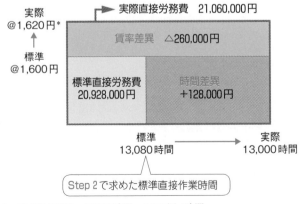

* 21,060,000円÷13,000時間 = 1,620円/時間

したがって、第2工程の直接労務費差異は次のようになります。

CASE32［問3］第2工程の直接労務費差異の分析

・賃率差異

$(@1,600円－@1,620円)×13,000時間＝△260,000円（借方）$

・時間差異

$@1,600円×(13,080時間－13,000時間)＝＋128,000円（貸方）$

④製造間接費

資料3より変動費率、固定費率を求めると次のようになります。

$$変動費率：\frac{10,560,000円}{13,200時間}＝@800円$$

$$固定費率：\frac{15,840,000円}{13,200時間}＝@1,200円$$

あとはシュラッター図により、製造間接費差異を変動費予算差異、固定費予算差異、操業度差異、能率差異（変動費と固定費の合計）に分析します。

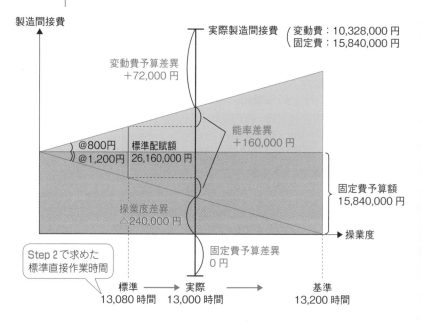

したがって、第2工程の製造間接費差異は次のようになります。

CASE32 ［問3］第2工程の製造間接費差異の分析

・変動費予算差異

$@800円 \times 13{,}000時間 - 10{,}328{,}000円 = +72{,}000円$（貸方）

　　　予算許容額　　　　実際発生額

・固定費予算差異

$15{,}840{,}000円 - 15{,}840{,}000円 = 0円$（－）

予算額＝予算許容額　　実際発生額

・能率差異

$(@800円 + @1{,}200円) \times (13{,}080時間 - 13{,}000時間)$

$= +160{,}000円$（貸方）

・操業度差異

$@1{,}200円 \times (13{,}000時間 - 13{,}200時間) = \triangle240{,}000円$（借方）

Step5 パーシャル・プランによる勘定記入

　最後は問題文の指示により勘定記入を行います。CASE32は、問題文で「パーシャル・プランの標準総合原価計算を行っている」とあるのでパーシャル・プランによる勘定記入を行います。

　したがって、［問2］の勘定記入は次のようになります。

CASE32 ［問2］の仕掛品勘定の記入

第1工程－仕掛品　　　　（単位：円）

標準	月初仕掛品原価	4,528,000	標準 第2工程－仕掛品	100,000,000	標準
実際	X 原 料 費	42,112,000	月末仕掛品原価	8,280,000	標準
実際	直 接 労 務 費	30,784,000	総　差　異	2,856,000	貸借差額
実際	製 造 間 接 費	33,712,000			
		111,136,000		111,136,000	

第2工程－仕掛品　　　　（単位：円）

標準	月初仕掛品原価	23,872,000	製　　　品	153,600,000	標準
標準	第1工程－仕掛品	100,000,000	月末仕掛品原価	22,160,000	標準
実際	買 入 部 品 C	4,824,000	総　差　異	164,000	貸借差額
実際	直 接 労 務 費	21,060,000			
実際	製 造 間 接 費	26,168,000			
		175,924,000		175,924,000	

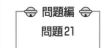

問題編
問題21

標準個別原価計算

今度は標準原価計算＋個別原価計算にチャレンジしてみよう!!

ゴエモン㈱埼玉工場では、ピアノ型、星型の小物入れを個別受注生産により製造・販売しています。そこで、原価管理に役立つ情報を入手するため、これまで学習してきた標準原価計算を導入し、テキストⅠで学習した個別原価計算と組み合わせてみることにしました。

例 次の資料にもとづいて製造指図書別原価計算表、仕掛品勘定および標準原価差異勘定の記入を行いなさい。

［資　料］

1．指図書別原価標準

	No.1	No.2	No.3
直接材料費	50円/kg×55kg＝2,750円	50円/kg×50kg＝2,500円	50円/kg×75kg＝3,750円
直接労務費	60円/時×50時＝3,000円	60円/時×90時＝5,400円	60円/時×60時＝3,600円
製造間接費	90円/時×50時＝4,500円	90円/時×90時＝8,100円	90円/時×60時＝5,400円
合　計	10,250円	16,000円	12,750円

2．製造間接費月次予算（公式法変動予算）

変 動 費 率　40円/時

固 定 費　9,500円（基準操業度は190直接作業時間）

3．作業進捗状況

No.1：前月にNo.1の製品1個の製造に着手し、前月末までに加工作業の20%が終了した。なお、当月中にすべての作業が完了した。

No.2：当月にNo.2の製品1個の製造に着手し、当月中に完成した。

No.3：当月にNo.3の製品1個の製造に着手し、当月末までに作業の70%が終了した。

（注）直接材料は各指図書をもとに製造着手時にすべて投入されている。

4．指図書別の当月直接材料実際消費量および実際直接作業時間

	No.1	No.2	No.3	合計
直接材料消費量	—	52kg	76kg	128kg
直接作業時間	38時	94時	43時	175時

5．当月の実際原価データ

直接材料実際消費単価：49円/kg

実 際 消 費 賃 率：61円/時

製造間接費実際発生額：16,950円

6．製造間接費の差異は、公式法変動予算と三分法（能率差異は変動
費と固定費の両方から算出する）によって分析している。

標準個別原価計算であっても、その解き方はCASE32の標準
工程別総合原価計算と同じとなります。

Step1 原価標準（標準原価カード）の整理

個別原価計算では、特定の製造指図書別に製品原価の計算が
行われます。したがって個別原価計算に標準原価計算を適用す
る場合、原価標準は個別の製造指図書に指示された製品ごとに
設定されます。

なお、CASE33では資料1にまとめられているのでそのまま
活用していきます。

Step2 生産データのまとめ

資料3より、製造指図書ごとに生産データをまとめていきま
す。

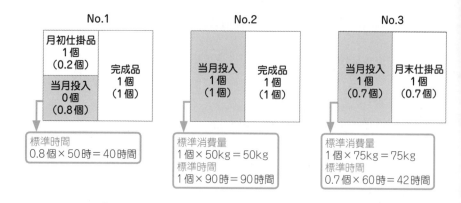

Step3 完成品原価、仕掛品原価の計算と仕掛品勘定の記入

　標準原価計算では、完成品原価や月末仕掛品原価は標準原価により計算されるため、標準個別原価計算では、製造原価の内訳明細表である**製造指図書別原価計算表も標準原価により記録**されることになります。したがって、製造指図書別原価計算表と対応する仕掛品勘定の記入は借方、貸方ともに標準原価で記録するシングル・プランと結びつきます。

　以上より、製造指図書別原価計算表の作成と仕掛品勘定の記入は次のようになります。

CASE33の製造指図書別原価計算表

製造指図書別原価計算表　　（単位：円）

	No.1	No.2	No.3	合　計
月初仕掛品原価	4,250	—	—	4,250
直接材料費	—	2,500	3,750	6,250
直接労務費	2,400	5,400	2,520	10,320
製造間接費	3,600	8,100	3,780	15,480
合　計	10,250	16,000	10,050	36,300
備　考	完成	完成	仕掛中	

⑴　**月初仕掛品原価（No.1）…仕掛品勘定借方へ**

　　直接材料費：2,750円 × 1個　　　　＝ 2,750円

　　直接労務費：3,000円 × 1個 × 20％ ＝　600円

製造間接費：4,500円 × 1個 × 20% = 900円

　　合　計　　　　　　　　　　4,250円

(2) **直接材料費…仕掛品勘定借方へ**

　　No.1　　　　　　　　　　　　　— 円

　　No.2：2,500円 × 1個 × 100% = 2,500円

　　No.3：3,750円 × 1個 × 100% = 3,750円

　　　　合　計　　　　　　　　　　6,250円

(3) **直接労務費…仕掛品勘定借方へ**

　　No.1：3,000円 × 1個 × (100% − 20%) = 2,400円

　　No.2：5,400円 × 1個 × 100%　　　 = 5,400円

　　No.3：3,600円 × 1個 × 70%　　　　= 2,520円

　　　　合　計　　　　　　　　　　　　10,320円

(4) **製造間接費…仕掛品勘定借方へ**

　　No.1：4,500円 × 1個 × (100% − 20%) = 3,600円

　　No.2：8,100円 × 1個 × 100%　　　 = 8,100円

　　No.3：5,400円 × 1個 × 70%　　　　= 3,780円

　　　　合　計　　　　　　　　　　　　15,480円

(5) **完成品原価と月末仕掛品原価…仕掛品勘定貸方へ**

　　完 成 品 原 価：10,250円〈No.1〉+ 16,000円〈No.2〉

　　　　　　　　　　= 26,250円

　　月末仕掛品原価：10,050円〈No.3〉

CASE33の仕掛品勘定の記入

仕　　掛　　品　　（単位：円）

前 月 繰 越	4,250	製　　　　品	26,250
材　　　料	6,250	次 月 繰 越	10,050
賃　　　金	10,320		
製造間接費	15,480		
	36,300		36,300

　原価計算表の横集計
　原価計算表の縦集計

Step 4 原価差異の分析

原価差異は差異分析図により計算していきます。

(1) 直接材料費

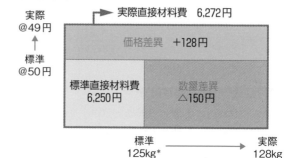

* 直接材料標準消費量：50kg〈No.2〉+ 75kg〈No.3〉= 125kg

・価格差異

$$（@50円 － @49円）× 128kg ＝ ＋128円（貸方）$$

・数量差異

$$@50円 ×（125kg － 128kg）＝ △150円（借方）$$

(2) 直接労務費

* 標準直接作業時間：50時間 × 80%〈No.1〉+ 90時間 × 100%〈No.2〉
+ 60時間 × 70%〈No.3〉= 172時間

・賃率差異

$$（@60円 － @61円）× 175時間 ＝ △175円（借方）$$

・時間差異

$$@60円 ×（172時間 － 175時間）＝ △180円（借方）$$

(3) 製造間接費

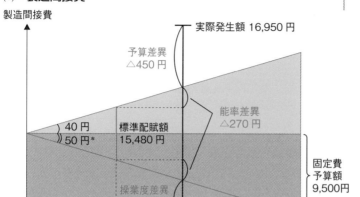

* 固定費率：9,500円 ÷ 190時間 = @50円

・予算差異

  $(@40円 × 175時間 + 9,500円) - 16,950円 = △450円（借方）$

  予算許容額

・能率差異

  $@90円 × (172時間 - 175時間) = △270円 （借方）$

・操業度差異

  $@50円 × (175時間 - 190時間) = △750円 （借方）$

以上より、標準原価差異勘定の記入は次のようになります。

CASE33の標準原価差異勘定の記入

（単位：円）

価　格　差　異		数　量　差　異	
(　　　　　)	(　　128　　)	(　　150　　)	(　　　　　)

賃　率　差　異		時　間　差　異	
(　　175　　)	(　　　　　)	(　　180　　)	(　　　　　)

予　算　差　異		能　率　差　異	
(　　450　　)	(　　　　　)	(　　270　　)	(　　　　　)

操　業　度　差　異	
(　　750　　)	(　　　　　)

⊜ 問題編 ⊜
問題22

第8章

標準原価計算における仕損・減損①

製造作業中に失敗作が出てしまったり、
原料の一部が蒸発などによって消失してしまった場合
どのように計算するんだったっけ？
実際原価での計算方法は学習したけど
標準原価ではどうしたらいいのかな…。

ここでは、標準原価計算における
仕損・減損の処理についてみていきましょう。

この章で学習する項目

1. 原価標準の設定
   ：第1法
   ：第2法
2. 第1法による計算と勘定記入
3. 第2法による計算と勘定記入
   （仕損品評価額なし）
4. 第2法による計算と勘定記入
   （仕損品評価額あり）

1級 新 論点

仕損・減損が発生する場合の原価標準の設定

最後の作業のひび割れ
どうしよう？

直接材料費

製造間接費

直接労務費

ゴエモン㈱では、標準原価計算を行うため、製品（写真立て）1個あたりの目標原価を設定することにしました。しかし、毎月2%の製品には、工程の終点で仕損が発生してしまいます。
さて、どのように目標原価を設定すればよいのでしょうか？

例 次の資料にもとづいて、正常仕損費を組み込んだ原価標準を2とおりの方法で示しなさい。

［資　料］

1．原価標準（製品1個あたり）

直 接 材 料 費：＠20円 × 10kg/個 ＝　200円
　　　　　　　　　　標準単価　　標準消費量

直 接 労 務 費：＠70円 × 2時間/個 ＝ 140円
　　　　　　　　　　標準賃率　　標準直接作業時間

変動製造間接費：＠30円 × 2時間/個 ＝　60円
　　　　　　　　　　標準配賦率　標準直接作業時間

固定製造間接費：＠50円 × 2時間/個 ＝ 100円
　　　　　　　　　　標準配賦率　標準直接作業時間

　　合　　計　　　　　　　　　　　　500円

（注1）固定製造間接費の予算は12,500円（月額）である。
（注2）上記の原価標準には仕損費は含まれていない。

2．製品の生産には、工程の終点で正常仕損が発生する。正常仕損率は良品に対し2％である。なお、仕損品に売却価値はない。

標準原価計算と仕損・減損

標準原価計算を行っている場合において、製品の製造の際、いつも仕損や減損が発生する場合には、これらの通常発生する仕損や減損を考慮に入れて原価標準を設定し、仕損や減損の発生も含めて原価管理を行う必要があります。

なお、仕損や減損は実際総合原価計算と同様に、その発生が正常か異常かによって次のように原価計算上の処理が異なります。

正常と異常の処理

正常仕損（減損）費…正常仕損（減損）の発生点を通過した良品に負担させる。たとえば、工程の終点で発生する場合、完成品のみに負担させることになる。

異常仕損（減損）費…非原価項目として処理する。

正常仕損（減損）量と異常仕損（減損）量の把握

標準原価計算の場合、あらかじめ、**正常仕損（減損）率**を定めておき、この正常仕損（減損）率を超えて仕損、減損が発生しているかどうかによって正常と異常に分けていきます。

つまり、正常仕損（減損）率を超えて発生した分が異常仕損（減損）となり、これに対応する異常仕損（減損）費は非原価項目として処理していきます。

> 正常仕損率とは目標とする仕損の発生割合のことです。

$$\text{正常仕損（減損）量} = \text{仕損（減損）の発生点を通過した良品} \times \text{正常仕損（減損）率}^*$$

$$* \quad \text{正常仕損（減損）率} = \frac{\text{標準仕損（減損）量}}{\text{標準良品量}}$$

$$\text{異常仕損（減損）量} = \text{実際仕損（減損）量} - \text{正常仕損（減損）量}$$

仕損、減損が発生する場合の原価標準の設定

　常に仕損や減損が発生する場合、その正常仕損（減損）費を含めた原価標準を設定すべきであり、この場合の設定方法には、①各原価要素別標準消費量を正常仕損（減損）率の分だけ増やす（以下、**第1法**とよぶ）方法と、②仕損（減損）費を含まない単位あたりの正味標準製造原価に、正常仕損（減損）費を特別費として加算する（以下、**第2法**とよぶ）方法の2つがあります。

第1法の原価標準

標準単価、標準賃率の価格面は増やしません。

　この方法は、正常仕損（減損）が含まれていない標準消費量（10kg/個）、標準直接作業時間（2時間/個）を正常仕損（減損）率の分だけ増やして原価標準を設定する方法です。

　つまり、完成品1個作るために、どうしても仕損（減損）が発生してしまうと、その分多くの原料や労働力が必要となります。

　そのため、物量面に対して正常仕損（減損）率の分だけ上乗せして、原価標準を設定していくのです。

　以上より、CASE34の第1法の原価標準は次のようになります。

CASE34の第1法の原価標準

直 接 材 料 費：@20円×10.2kg/個*1	=	204円
直 接 労 務 費：@70円×2.04時間/個*2	=	142.8円
変動製造間接費：@30円×2.04時間/個*2	=	61.2円
固定製造間接費：@50円×2.04時間/個*2	=	102円
製品1個あたり総標準製造原価		510円

ここで正常仕損の2%分を加算します。

＊1　10kg/個×1.02 = 10.2kg/個
＊2　2時間/個×1.02 = 2.04時間/個

第2法の原価標準

　この方法は、正常仕損（減損）が含まれていない原価標準（製品1個あたりの**正味標準製造原価**といいます）に、正常仕損（減損）費を特別費として加算していく方法です。

　つまり、CASE34では、工程の終点で良品に対して2％の正常仕損が発生するので、完成品1個に対して正常仕損品は0.02個（1個×2％＝0.02個）発生することになります。

　また、正常仕損品は、工程の終点で発生しているので、完成品1個分と正常仕損品1個分の原価（直接材料費と加工費の合計）は同じく500円になります。

　そこで、正常仕損0.02個分の原価10円（＠500円×0.02個＝10円）を正味標準製造原価に加算することで原価標準を設定していきます。

　以上よりCASE34の第2法による原価標準は次のようになります。

<figure>
工程の途中で正常仕損が発生する、途中点発生の場合には、その時点までにかかった直接材料費と加工費の合計額が正常仕損品1個分の原価になります。
</figure>

CASE34の第2法の原価標準

直 接 材 料 費：＠20円×10kg/個　＝	200円
直 接 労 務 費：＠70円×2時間/個 ＝	140円
変動製造間接費：＠30円×2時間/個 ＝	60円
固定製造間接費：＠50円×2時間/個 ＝	100円
製品1個あたり正味標準製造原価	500円
正 常 仕 損 費：＠500円×2％　　＝	10円
製品1個あたり総標準製造原価	510円

<figure>
ここで正常仕損の2％分を加算します。
</figure>

CASE 35

第1法による標準原価の計算と勘定記入

完成品や仕損品をどう計算しよう。

完成品

仕掛品

第1法

CASE34で学習した第1法による原価標準を採用した場合、完成品、仕掛品をとのように計算し、原価差異をとのように分析したらいいのでしょうか？

例 当社では、製品A（写真立て）を量産しており、パーシャル・プランの標準総合原価計算を行っている。

次の資料にもとづき(1)第1法により仕掛品勘定を完成させ、(2)第1法によって完成した仕掛品勘定における総差異を分析しなさい。

［資　料］

1．製品Aの原価標準

直 接 材 料 費：@20円×10kg/個　＝200円
直 接 労 務 費：@70円× 2時間/個＝140円
変動製造間接費：@30円× 2時間/個＝ 60円
固定製造間接費：@50円× 2時間/個＝100円
　　　　　　　　　　　　　　　　　　500円

（注1）製造間接費は直接作業時間を基準に配賦している。
（注2）固定製造間接費の予算は21,500円（月額）である。
（注3）上記の原価標準には仕損費は含まれていない。

2．製品Aの生産には工程の終点で正常仕損が発生する。正常仕損率は良品に対して2％であり、それ以上発生した仕損は異常仕損である。

正常仕損費は異常仕損品に負担させないものとする。正常仕損品および異常仕損品には売却価値はない。

3．生産データ

月初仕掛品　　50個(0.3)
当月投入　　　195
　合　　計　　245個
月末仕掛品　　40　(0.5)
仕　損　品　　　5
完　成　品　　200個

(注1)　直接材料はすべて工程の始点
　　　で投入される。
(注2)　(　)内の数値は加工費の進
　　　捗度である。

4．当月の実際総製造費用

直接材料費：@23円×1,954kg＝44,942円
直接労務費：@68円×422時間＝28,696円
変動製造間接費：　　　　　　　　12,740円
固定製造間接費：　　　　　　　　21,050円
　合　　計　　　　　　　　　　　107,428円

5．製造間接費の差異は、公式法変動予算と三分法（能率差異は変動費と固定費の両方から算出する）によって分析している。

第1法の原価標準による計算と勘定記入

　第1法の原価標準では、CASE34で学習したように原価要素別の標準消費量を、あらかじめ正常仕損の分だけ増やしておきます（CASE35では2％分）。

　そのため、正常仕損費を分離して把握することができず、正常仕損の発生点に応じた正常仕損費の負担計算を行うのは難しく、完成品原価のみならず月初・月末仕掛品原価の中にも自動的に正常仕損費が算入されることになります。

　そのため、月初・月末仕掛品原価は、適切な負担計算を反映しない不正確な金額となってしまいます。

第1法は正常仕損費を自動的に良品に負担させることになるので、度外視法に対応した原価標準といえます。

(1)　完成品原価の計算

　完成品原価は正常仕損分（CASE35では2％分）を含んだ原価標準に完成品量を掛けて求めます。したがって、完成品原価には自動的に正常仕損費が算入されることになります。

$$完成品原価＝（正常仕損費を含む）原価標準×完成品量$$

内訳
- 直接材料費分:
  （正常仕損費を含む）
  製品1個あたりの標準直接材料費×完成品量
- 直接労務費分:
  （正常仕損費を含む）
  製品1個あたりの標準直接労務費×完成品量
- 製造間接費分:
  （正常仕損費を含む）
  製品1個あたりの標準製造間接費×完成品量

(2) 月末仕掛品原価の計算

　　正常仕損の分（CASE35では2％）を含んだ原価標準に月末仕掛品数量（換算量）を掛けることによって計算します。したがって、月末仕掛品原価は正常仕損の発生点に関係なく、常に正常仕損費が算入されることになります。

$$月末仕掛品原価＝\frac{（正常仕損費を含む）}{原価標準}×\frac{月末仕掛品数量}{（および換算量）}$$

内訳
- 直接材料費分:
  （正常仕損費を含む）
  製品1個あたりの標準直接材料費×月末仕掛品数量
- 直接労務費分:
  （正常仕損費を含む）
  製品1個あたりの標準直接労務費×月末仕掛品換算量
- 製造間接費分:
  （正常仕損費を含む）
  製品1個あたりの標準製造間接費×月末仕掛品換算量

（注）直接材料費についても、直接材料が加工に応じて平均的に投入される場合には、完成品換算量を用いて計算します。

試験では、前月と今月の原価標準は一定という前提で出題されます。

　　なお、月初仕掛品原価は前月においては月末仕掛品原価です。
　　よって、月末仕掛品原価と同様の計算方法となります。

(3) 異常仕損費

　　正常仕損率を超えて発生した仕損である異常仕損は、非原価項目として処理します。第1法の原価標準を採用している場

合、異常仕損分の標準原価を計算してしまうと、その異常仕損品原価には良品が負担すべき正常仕損費が自動的に算入されてしまいます。そのため、**異常仕損費は計算せず、標準原価差異に含めて処理**します。

（吹き出し）第1法の原価標準では正常仕損率の分だけ標準消費量や標準直接作業時間を増やしておくんでしたよね。

> 異常仕損費…標準原価差異に含めて把握する

以上より、CASE35 の仕掛品勘定の記入と差異分析は次のようになります。

（吹き出し）CASE32で学習した手順で解答していこう。

Step 1 原価標準の整理

まずは、資料１の原価標準を、第１法により、正常仕損分（CASE35 では２％分）を含んだ標準消費量、標準直接作業時間に修正し、原価標準を整理します。

直 接 材 料 費：@20円×10.2kg/個[*1]	= 204円
直 接 労 務 費：@70円×2.04時間/個[*2]	= 142.8円
変動製造間接費：@30円×2.04時間/個[*2]	= 61.2円
固定製造間接費：@50円×2.04時間/個[*2]	= 102円
製品Ａ１個あたり総標準製造原価	510円

* 1　10kg/個×1.02 = 10.2kg/個
* 2　2時間/個×1.02 = 2.04時間/個

Step 2 生産データの整理

第１法は正常仕損費を自動的に良品に負担させることになるため、度外視法・両者負担と同様に、**正常仕損量は生産データから除外**（無視）します。

また、正常仕損費を負担しない異常仕損費は計算することができないため、異常仕損費は標準原価差異に含めて処理します。そのため、**異常仕損費も計算しませんので、生産データから除外**します。

（ページ下部）第8章　標準原価計算における仕損・減損① 185

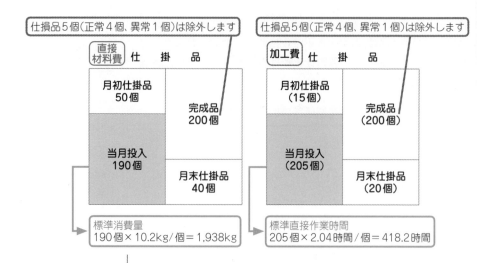

仕損品5個（正常4個、異常1個）は除外します

直接材料費	仕　掛　品
月初仕掛品 50個	完成品 200個
当月投入 190個	月末仕掛品 40個

標準消費量
190個×10.2kg/個＝1,938kg

仕損品5個（正常4個、異常1個）は除外します

加工費	仕　掛　品
月初仕掛品 （15個）	完成品 （200個）
当月投入 （205個）	月末仕掛品 （20個）

標準直接作業時間
205個×2.04時間/個＝418.2時間

Step 3 完成品原価、仕掛品原価の計算

・完成品原価

　@510円×200個＝102,000円

・月末仕掛品原価

直接材料費：@204円×40個	＝　8,160円
直接労務費：@142.8円×20個	＝　2,856円
製造間接費：（@61.2円＋@102円）×20個	＝　3,264円
合　計	14,280円

・月初仕掛品原価

直接材料費：@204円×50個	＝10,200円
直接労務費：@142.8円×15個	＝　2,142円
製造間接費：（@61.2円＋@102円）×15個	＝　2,448円
合　計	14,790円

(Step 4) 原価差異の分析

CASE35⑵の差異分析

⑴ 直接材料費

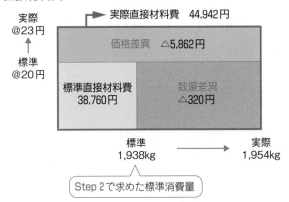

- ・価格差異：

  $(@20円 - @23円) \times 1,954kg = \triangle 5,862円$（借方）

- ・数量差異：

  $@20円 \times (1,938kg - 1,954kg) = \triangle 320円$（借方）

⑵ 直接労務費

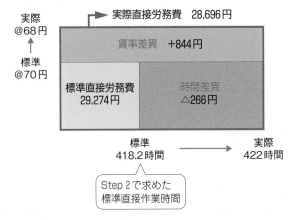

- ・賃率差異：

  $(@70円 - @68円) \times 422時間 = +844円$（貸方）

・時間差異：

@70円×（418.2時間 − 422時間）＝△266円（借方）

(3) 製造間接費

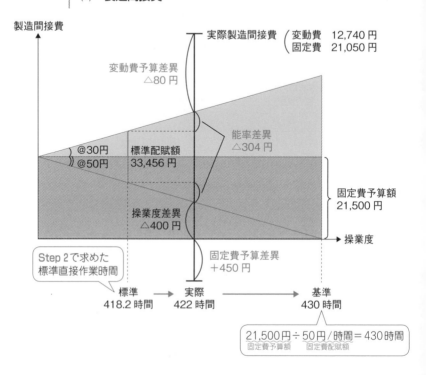

・変動費予算差異

@30円×422時間 − 12,740円 ＝△80円（借方）
予算許容額　　　　　実際発生額

・固定費予算差異

21,500円 − 21,050円 ＝ ＋450円（貸方）
予算額＝予算許容額

・能率差異（変動費と固定費の合計）

（@30円＋@50円）×（418.2時間 − 422時間）＝△304円（借方）

・操業度差異

@50円×（422時間 − 430時間）＝△400円（借方）

Step 5 仕掛品勘定の記入

　問題文の指示により、パーシャル・プランによって仕掛品勘定を記入します。

CASE35(1)の仕掛品勘定の記入

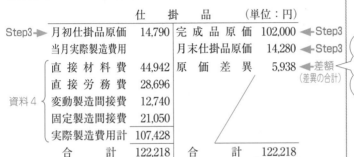

	仕　掛　品	（単位：円）	
Step3→ 月初仕掛品原価	14,790	完成品原価 102,000	←Step3
当月実際製造費用		月末仕掛品原価 14,280	←Step3
〔直接材料費	44,942	原価差異 5,938	←差額 （差異の合計）
直接労務費	28,696		
資料4〈変動製造間接費	12,740		
固定製造間接費	21,050		
〔実際製造費用計	107,428		
合　計	122,218	合　計 122,218	

> 第1法では異常仕損品の原価も原価差異に含まれます。

⇔ 問題編 ⇔
問題23

第2法による標準原価の計算と勘定記入（仕損品評価額なし）

次は第2法による計算

今度は、CASE34で学習した第2法による原価標準を採用した場合をみていきましょう。

完成品、仕掛品の計算や原価の差異分析が第1法と異なってきます。

例 当社では、製品A（写真立て）を量産しており、パーシャル・プランの標準総合原価計算を行っている。

次の資料にもとづき(1)第2法による仕掛品勘定を完成させ、(2)第2法によって完成した仕掛品勘定における総差異を分析しなさい。

［資　料］

1．製品Aの原価標準

直 接 材 料 費：＠20円×10kg/個　＝200円

直 接 労 務 費：＠70円×2時間/個＝140円

変動製造間接費：＠30円×2時間/個＝ 60円

固定製造間接費：＠50円×2時間/個＝100円

500円

（注1）製造間接費は直接作業時間を基準に配賦している。

（注2）固定製造間接費の予算は21,500円（月額）である。

（注3）上記の原価標準には仕損費は含まれていない。

2．製品Aの生産には、工程の終点で正常仕損が発生する。正常仕損率は良品に対して2％であり、それ以上発生した仕損は異常仕損である。

正常仕損費は異常仕損品に負担させないものとする。正常仕損品および異常仕損品には売却価値はない。

3．生産データ

月初仕掛品	50個(0.3)
当 月 投 入	195
合　　計	245個
月末仕掛品	40　(0.5)
仕　損　品	5
完　成　品	200個

（注１）直接材料はすべて工程の始点で投入される。

（注２）（　）内の数値は加工費の進捗度である。

4．当月の実際総製造費用

直 接 材 料 費：＠23円×1,954kg ＝　　44,942円

直 接 労 務 費：＠68円×422時間 ＝　　28,696円

変動製造間接費：　　　　　　　　　　　12,740円

固定製造間接費：　　　　　　　　　　　21,050円

　　　　　　　　　　　　　　　　　　107,428円

5．製造間接費の差異は、公式法変動予算と三分法（能率差異は変動費と固定費の両方から算出する）によって分析している。

第2法の原価標準による計算と勘定記入

第2法による原価標準では、CASE34で学習したように、正常仕損を含まない正味原価標準とそれに特別費として加算する正常仕損費が区別されているので、正常仕損を分離して把握することができます。

したがって、第1法とは異なり、正常仕損の発生点に応じた適切な正常仕損費の負担計算を行うことができます。

> 第2法は正常仕損費を分離して把握することができるので非度外視法に対応した原価標準といえます。

(1)　完成品原価の計算

正常仕損費を負担する完成品原価は、正常仕損費を特別費として加算した原価標準に完成品量を掛けることによって計算します。

$$完成品原価＝総原価標準^{*}×完成品量$$

＊　総原価標準：正常仕損費を特別費として加算した原価標準

内訳
- 直接材料費分：製品1個あたりの正味標準直接材料費 ×完成品量
- 直接労務費分：製品1個あたりの正味標準直接労務費 ×完成品量
- 製造間接費分：製品1個あたりの正味標準製造間接費 ×完成品量
- 正常仕損費分：製品1個あたりの正常仕損費 ×完成品量

⑵　**月末仕掛品原価の計算（月末仕掛品が正常仕損の発生点を通過している場合）**

　正常仕損費を負担する月末仕掛品原価は、正常仕損を特別費として加算した原価標準に月末仕掛品数量（換算量）を掛けることによって計算します。

$$月末仕掛品原価＝総原価標準^{*}×\begin{matrix}月末仕掛品数量\\（および換算量）\end{matrix}$$

＊　総原価標準：正常仕損費を特別費として加算した原価標準

内訳
- 直接材料費分：製品1個あたりの正味標準直接材料費 ×月末仕掛品数量
- 直接労務費分：製品1個あたりの正味標準直接労務費 ×月末仕掛品換算量
- 製造間接費分：製品1個あたりの正味標準製造間接費 ×月末仕掛品換算量
- 正常仕損費分：製品1個あたりの正常仕損費 ×月末仕掛品数量

⑶　**月末仕掛品原価の計算（月末仕掛品が正常仕損の発生点を通過していない場合）**

　正常仕損費を負担しない月末仕掛品原価は、正常仕損費を特別費として加算する前の正味の原価標準に月末仕掛品数量（換算量）を掛けることによって計算します。

$$月末仕掛品原価 = 正味原価標準^* \times \frac{月末仕掛品数量}{（および換算量）}$$

* 正味原価標準：正常仕損費を特別費として加算する前の原価標準

内訳
- 直接材料費分：製品1個あたりの正味標準直接材料費 × 月末仕掛品数量
- 直接労務費分：製品1個あたりの正味標準直接労務費 × 月末仕掛品換算量
- 製造間接費分：製品1個あたりの正味標準製造間接費 × 月末仕掛品換算量

(4) 異常仕損費の計算

　正常仕損費を負担しない異常仕損費は、正常仕損費を特別費として加算する前の正味の原価標準に異常仕損品数量（換算量）を掛けることによって計算します。

$$異常仕損費 = 正味原価標準^* \times \frac{異常仕損品数量}{（および換算量）}$$

* 正味原価標準：正常仕損を特別費として加算する前の原価標準

内訳
- 直接材料費分：製品1個あたりの正味標準直接材料費 × 異常仕損品数量
- 直接労務費分：製品1個あたりの正味標準直接労務費 × 異常仕損品換算量
- 製造間接費分：製品1個あたりの正味標準製造間接費 × 異常仕損品換算量

標準原価計算における仕損では正常仕損と異常仕損の同点発生を前提とし、量的異常の問題のみを考えていきます。よって、異常仕損費は正常仕損費を負担しません。仕損の負担関係についてはCASE14で確認してください。

　以上より、CASE36の仕掛品勘定の記入と差異分析は次のようになります。

Step 1 原価標準の整理

　まずは、資料1の原価標準（正味原価標準）に、正常仕損費を特別費として加算し、第2法による原価標準を整理します。

直 接 材 料 費：@20円×10kg/個	＝200円
直 接 労 務 費：@70円×2時間/個	＝140円
変動製造間接費：@30円×2時間/個	＝ 60円
固定製造間接費：@50円×2時間/個	＝100円
製品A1個あたり正味標準製造原価	500円
正 常 仕 損 費：@500円×2％	＝ 10円
製品A1個あたり総標準製造原価	510円

(Step 2) 生産データの整理

　第2法の原価標準による計算の場合、正常仕損の発生点に応じた適切な正常仕損費の負担計算を行うので、まずは正常仕損費の負担関係を把握します。

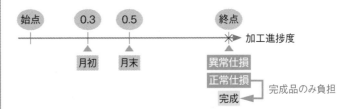

　CASE36において正常仕損は終点で発生しているので、正常仕損費は完成品のみに負担させます。

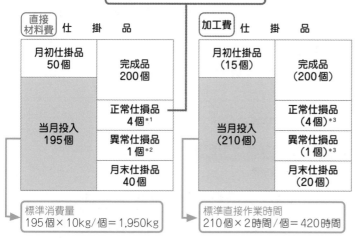

第2法は非度外視法に対応した原価標準といえるので、仕損品数量（換算量）は無視せず、正常・異常に分けて書き入れていきます。

直接材料費 仕 掛 品

月初仕掛品 50個	完成品 200個
当月投入 195個	正常仕損品 4個*1
	異常仕損品 1個*2
	月末仕掛品 40個

標準消費量
195個 × 10kg/個 = 1,950kg

加工費 仕 掛 品

月初仕掛品 （15個）	完成品 （200個）
当月投入 （210個）	正常仕損品 （4個）*3
	異常仕損品 （1個）*3
	月末仕掛品 （20個）

標準直接作業時間
210個 × 2時間/個 = 420時間

＊1　正常仕損品は終点で2％発生していることから完成品200個×2％＝4個が正常仕損品数量となります。

＊2　資料3の生産データより仕損品は合計5個発生しており、＊1より正常仕損品が4個であることから、異常仕損品数量は5個−4個＝1個となります。

＊3　CASE36の仕損は終点で発生するので、加工進捗度は100％となります。したがって、正常仕損品完成品換算量は4個×100％＝4個となります。また異常仕損品完成品換算量は1個×100％＝1個となります。

Step 3 **完成品原価、仕掛品原価の計算**

・完成品原価

　@510円 × 200個 = 102,000円

・月末仕掛品原価

直接材料費：@200円 × 40個	=	8,000円
直接労務費：@140円 × 20個	=	2,800円
製造間接費：（@60円 + @100円）× 20個	=	3,200円
合　計		14,000円

> 月末、月初仕掛品、異常仕損品は正常仕損費を負担しないので、正味原価標準により計算します。

・月初仕掛品原価

$$直接材料費：@200円 \times 50個 = 10,000円$$

$$直接労務費：@140円 \times 15個 = 2,100円$$

$$製造間接費：(@60円 + @100円) \times 15個 = 2,400円$$

合　計　　　　　　　　14,500円

・異常仕損費

$$@500円 \times 1個 = 500円$$

 原価差異の分析

CASE36(2)の差異分析

(1) **直接材料費**

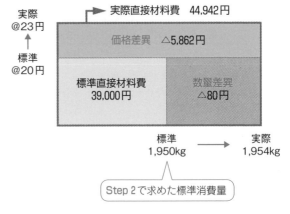

・価格差異：

$$(@20円 - @23円) \times 1,954kg = \triangle 5,862円（借方）$$

・数量差異：

$$@20円 \times (1,950kg - 1,954kg) = \triangle 80円（借方）$$

(2) 直接労務費

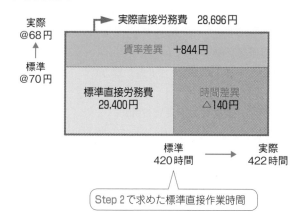

- 賃率差異：

 （@70円 − @68円）× 422時間 ＝ ＋844円（貸方）

- 時間差異：

 @70円 ×（420時間 − 422時間）＝△140円（借方）

(3) 製造間接費

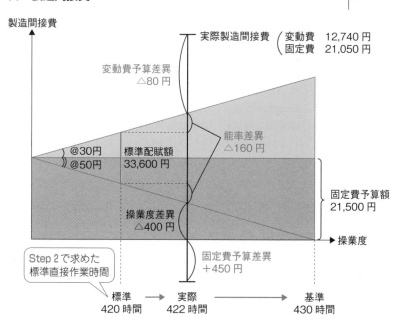

・変動費予算差異：

@30円×422時間 − 12,740円 ＝△80円（借方）

　　予算許容額　　　　実際発生額

・固定費予算差異：

21,500円 − 21,050円 ＝ ＋450円（貸方）

　予算額＝予算許容額

・能率差異（変動費と固定費合計）：

（@30円＋@50円）×（420時間−422時間）＝△160円（借方）

・操業度差異：

@50円×（422時間−430時間）＝△400円（借方）

Step 5 仕掛品勘定の記入

問題文の指示によりパーシャル・プランによって仕掛品勘定を記入します。

CASE36(1)の仕掛品勘定の記入

	仕 掛 品	（単位：円）		
Step3→ 月初仕掛品原価	14,500	完 成 品 原 価	102,000	◀Step3
当月実際製造費用		異 常 仕 損 費	500	◀Step3
┌ 直 接 材 料 費	44,942	月末仕掛品原価	14,000	◀Step3
│ 直 接 労 務 費	28,696	原 価 差 異	5,428	◀差額（差異の合計）
資料4 ┤ 変動製造間接費	12,740			
│ 固定製造間接費	21,050			
└ 実際製造費用計	107,428			
合　　　計	121,928	合　　　計	121,928	

仕損（減損）差異について

標準原価計算においては異常仕損費を分離せず、原価要素ごとに消費量差異（能率差異）の分析に含めて計算することがあり、その差異を**仕損差異**とよびます。

具体的には、仕損差異は標準仕損量と実際仕損量の差に標準価格を掛けて計算します。

CASE36で把握した異常仕損費について、材・労・間ごとの仕損差異としてよりくわしく分析・把握していきます。

〈直接材料費の仕損差異〉

標準価格 × (標準仕損にもとづく標準材料消費量 − 実際仕損にもとづく標準材料消費量)

〈直接労務費の仕損差異〉

標準賃率 × (標準仕損にもとづく標準直接作業時間 − 実際仕損にもとづく標準直接作業時間)

〈製造間接費の仕損差異〉

標準配賦率 × (標準仕損にもとづく標準操業度 − 実際仕損にもとづく標準操業度)

仕損差異を組み込んだ場合の差異分析図は次のようになります。

(1) 直接材料費差異

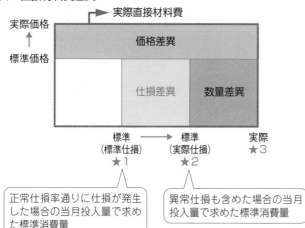

★1と★2については「通常の原価ボックス」と「異常仕損品を除いた原価ボックス」の2つを書いて計算します。
くわしくはStep 2でみていきます。

正常仕損率通りに仕損が発生した場合の当月投入量で求めた標準消費量

異常仕損も含めた場合の当月投入量で求めた標準消費量

(2) **直接労務費差異**

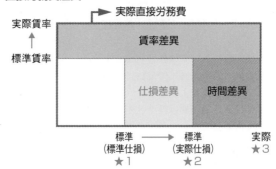

(3) **製造間接費差異**

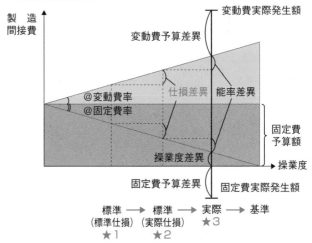

　CASE36の異常仕損費を原価要素ごとに仕損差異として把握する場合、仕掛品勘定の記入と差異分析は次のようになります。

Step 1 原価標準の整理

　CASE36と同じとなります（第2法）。

Step 2 生産データの整理

　異常仕損費を原価要素ごとの仕損差異として把握する場合、CASE36と同じ原価ボックスと、そこから異常仕損品を除外した原価ボックスの2つを用意します。

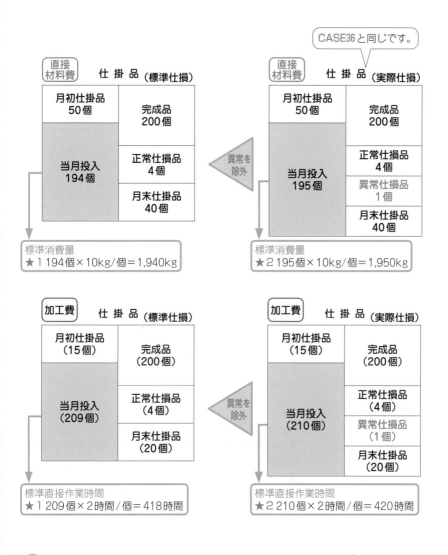

CASE36と同じです。

直接材料費 仕掛品（標準仕損）

月初仕掛品 50個	完成品 200個
当月投入 194個	正常仕損品 4個
	月末仕掛品 40個

標準消費量
★1 194個×10kg/個=1,940kg

直接材料費 仕掛品（実際仕損）

月初仕掛品 50個	完成品 200個
当月投入 195個	正常仕損品 4個
	異常仕損品 1個
	月末仕掛品 40個

標準消費量
★2 195個×10kg/個=1,950kg

異常を除外

加工費 仕掛品（標準仕損）

月初仕掛品 （15個）	完成品 （200個）
当月投入 （209個）	正常仕損品 （4個）
	月末仕掛品 （20個）

標準直接作業時間
★1 209個×2時間/個=418時間

加工費 仕掛品（実際仕損）

月初仕掛品 （15個）	完成品 （200個）
当月投入 （210個）	正常仕損品 （4個）
	異常仕損品 （1個）
	月末仕掛品 （20個）

標準直接作業時間
★2 210個×2時間/個=420時間

異常を除外

(Step 3) **完成品原価、仕掛品原価の計算**

完成品原価、月初仕掛品原価、月末仕掛品原価はCASE36と同じになります。

異常仕損費は、原価要素ごとに仕損差異として把握するため、計算しません。

Step 4　原価差異の分析

(1)　直接材料費

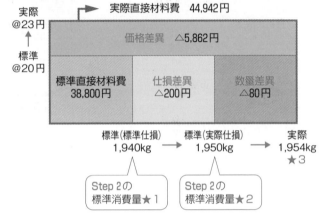

・価格差異：

(@20円－@23円)×1,954kg＝△5,862円（借方）

・数量差異：

@20円×(1,950kg－1,954kg)＝△80円（借方）

・仕損差異：

@20円×(1,940kg－1,950kg)＝△200円（借方）

 両者の差額は、異常仕損品1個分を標準直接材料消費量（10kg）に直したものであり、異常が発生していない標準材料消費量（1,940kg）から異常が発生している標準材料消費量（1,950kg）を差し引くので、必ず借方（不利）差異となります。

(2) 直接労務費

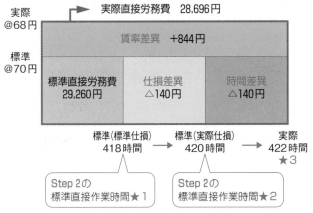

・賃率差異：

$(@70円 - @68円) \times 422時間 = +844円$ （貸方）

・時間差異：

$@70円 \times (420時間 - 422時間) = \triangle 140円$ （借方）

・仕損差異：

$@70円 \times (418時間 - 420時間) = \triangle 140円$ （借方）

(3) 製造間接費

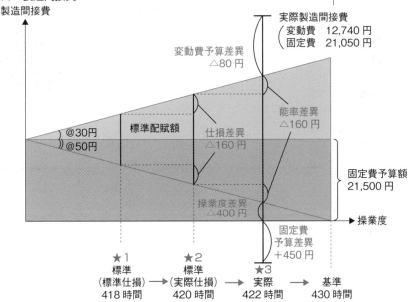

- 変動費予算差異：

  @30円×422時間－12,740円＝△80円（借方）
- 固定費予算差異：

  21,500円－21,050円＝＋450円（貸方）
- 能率差異（変動費と固定費合計）：

  （@30円＋@50円）×（420時間－422時間）＝△160円（借方）
- 操業度差異：

  @50円×（422時間－430時間）＝△400円（借方）
- 仕損差異（変動費と固定費合計）：

  （@30円＋@50円）×（418時間－420時間）＝△160円（借方）

⑷　**仕損差異合計**

直接材料費：△200円
直接労務費：△140円
製造間接費：△160円
合　　計　△500円

CASE36の異常仕損費と一致します。

(Step 5) 勘定記入

パーシャル・プランにより勘定記入します。

仕　　　掛　　　品		（単位：円）	
月初仕掛品原価	14,500	完 成 品 原 価	102,000
当月実際製造費用		月末仕掛品原価	14,000
直 接 材 料 費	44,942	原 価 差 異	5,928
直 接 労 務 費	28,696		
変動製造間接費	12,740		
固定製造間接費	21,050		
実際製造費用計	107,428		
合　　　計	121,928	合　　　計	121,928

CASE36の原価差異に仕損差異合計（CASE36では異常仕損費）を加算したものになります。

第2法による標準原価の計算と勘定記入（仕損品評価額あり）

この場合は？

1個50円
仕損品評価額

CASE36では仕損品に評価額がありませんでしたが、仕損品に評価額がある場合、CASE36と比べて何が変わってくるのでしょうか？

例　当社では、製品A（写真立て）を量産しており、パーシャル・プランの標準総合原価計算を行っている。

次の資料にもとづき、(1)第2法による仕掛品勘定を完成させ、(2)第2法によって完成した仕掛品勘定における総差異を分析しなさい。

［資　料］

1．製品Aの原価標準

直 接 材 料 費：＠20円×10kg／個　＝200円
直 接 労 務 費：＠70円×2時間／個　＝140円
変動製造間接費：＠30円×2時間／個　＝ 60円
固定製造間接費：＠50円×2時間／個　＝100円
　　　　　　　　　　　　　　　　　　　　500円

（注1）製造間接費は直接作業時間を基準に配賦している。
（注2）固定製造間接費の予算は21,500円（月額）である。
（注3）上記の原価標準には仕損費は含まれていない。

2．製品Aの生産には工程の終点で正常仕損が発生する。正常仕損率は良品に対して2％であり、それ以上発生した仕損は異常仕損である。

正常仕損費は異常仕損品に負担させないものとする。正常仕損品および異常仕損品には1個あたり50円の売却処分価値がある。

3．生産データ

月 初 仕 掛 品　　　50個(0.3)

当 月 投 入　　　　195

　合　　　計　　　245個

月 末 仕 掛 品　　　40　(0.5)

仕　損　品　　　　　5

完　成　品　　　200個

（注1）直接材料はすべて工程の始点で投入される。

（注2）（　）内の数値は加工費の進捗度である。

4．当月の実際総製造費用

直 接 材 料 費：@23円×1,954kg ＝ 44,942円

直 接 労 務 費：@68円×422時間 ＝ 28,696円

変動製造間接費：　　　　　　　　 12,740円

固定製造間接費：　　　　　　　　 21,050円

　　　　　　　　　　　　　　　　107,428円

5．製造間接費の差異は、公式法変動予算と三分法（能率差異は変動費と固定費の両方から算出する）によって分析している。

● 仕損品に評価額がある場合

　第2法による原価標準において仕損品に評価額がある場合、正常仕損品評価額を控除した正常仕損品1単位あたりの原価に、正常仕損率を掛けて求めた正常仕損費を特別費として加算します。

$$正常仕損費＝\left(\begin{array}{c}正常仕損品\\1単位の原価\end{array}－\begin{array}{c}仕損品\\1単位の評価額\end{array}\right)×\begin{array}{c}良品に対する\\正常仕損率\end{array}$$

　なお、異常仕損品にも評価額がある場合には、正常仕損費を負担しない異常仕損費は正常仕損費を特別費として加算する前の正味原価標準に異常仕損品数量（換算量）を掛けて、そこから、異常仕損品の評価額を控除することによって計算します。

$$異常仕損費 = 正味原価標準 \times \genfrac{}{}{0pt}{}{異常仕損品数量}{（および換算量）} - 異常仕損品評価額$$

　あとは、CASE36と同様に計算していくので、CASE37の仕掛品勘定の記入と差異分析は次のようになります。

Step 1 原価標準の整理

　CASE36と同様に第2法により原価標準を整理しますが、正常仕損品には1個あたり50円の処分価値があるので、その分を差し引いた残額により、特別費として加算する仕損費を計算します。

直 接 材 料 費：@20円×10kg/個	=	200円
直 接 労 務 費：@70円×2時間/個	=	140円
変動製造間接費：@30円×2時間/個	=	60円
固定製造間接費：@50円×2時間/個	=	100円
製品A1個あたり正味標準製造原価		500円
正 常 仕 損 費：(@500円−@50円)×2%=		9円
製品A1個あたり総標準製造原価		509円

50円の仕損品評価額をマイナスしたうえで、正常仕損率をかけて正常仕損費を求めます。総標準製造原価がCASE36とは異なっていることを確認してください。

Step 2 生産データの整理

　CASE36と同様に、正常仕損は終点で発生しているので、正常仕損費は完成品のみに負担させます。

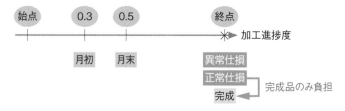

　また生産データもCASE36と同様の資料なので、CASE36と同じになります。

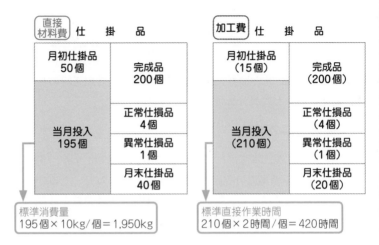

標準消費量
195個 × 10kg/個 = 1,950kg

標準直接作業時間
210個 × 2時間/個 = 420時間

Step3 完成品原価、仕掛品原価の計算

・完成品原価

　@509円 × 200個 = 101,800円

・月末仕掛品原価

　　直接材料費：@200円 × 40個 　　　　　　 = 　8,000円

　　直接労務費：@140円 × 20個 　　　　　　 = 　2,800円

　　製造間接費：(@60円 + @100円) × 20個 = 　3,200円

　　　合　計 　　　　　　　　　　　　　　　　 14,000円

・月初仕掛品原価

　　直接材料費：@200円 × 50個 　　　　　　 = 10,000円

　　直接労務費：@140円 × 15個 　　　　　　 = 　2,100円

　　製造間接費：(@60円 + @100円) × 15個 = 　2,400円

　　　合　計 　　　　　　　　　　　　　　　　 14,500円

・異常仕損費

　@500円 × 1個 　　 = 　500円

　評価額@50円 × 1個 = △50円

　　　　　　　　　　　　 　450円

正常仕損費を特別費として加算する前の正味の原価標準から、仕損品評価額をマイナスして求めます。

CASE36と同様の
分析となります。

Step 4 原価差異の分析

CASE37(2)の差異分析

(1) 直接材料費

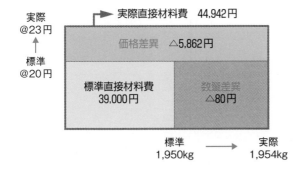

・価格差異：

$(@20円 - @23円) \times 1,954kg = \triangle 5,862円$（借方）

・数量差異：

$@20円 \times (1,950kg - 1,954kg) = \triangle 80円$（借方）

(2) 直接労務費

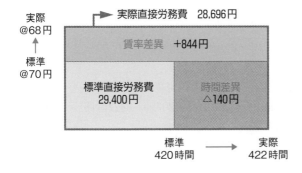

・賃率差異：

$(@70円 - @68円) \times 422時間 = +844円$（貸方）

・時間差異：

$@70円 \times (420時間 - 422時間) = \triangle 140円$（借方）

(3) 製造間接費

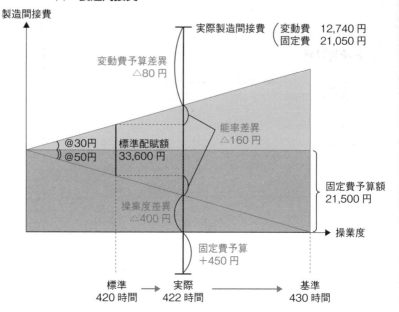

・変動費予算差異：

@30円 × 422時間 − 12,740円 ＝ △80円（借方）
予算許容額　　　　実際発生額

・固定費予算差異：

21,500円 − 21,050円 ＝ ＋450円（貸方）
予算額＝予算許容額　実際発生額

・能率差異（変動費と固定費合計）：

（@30円 ＋ @50円）×（420時間 − 422時間）＝ △160円（借方）

・操業度差異：

@50円 ×（422時間 − 430時間）＝ △400円（借方）

仕掛品勘定の記入

　問題文の指示によりパーシャル・プランによって仕掛品勘定を記入します。

CASE37⑴の仕掛品勘定の記入

	仕　　掛　　品		（単位：円）	
Step3▶ 月初仕掛品原価	14,500	完　成　品	101,800	◀Step3
当月実際製造費用		仕損品評価額	250	@50円×5個
直接材料費	44,942	異常仕損費	450	◀Step3
直接労務費	28,696	月末仕掛品原価	14,000	◀Step3
資料4 変動製造間接費	12,740	原　価　差　異	5,428	◀差額 （差異の合計）
固定製造間接費	21,050			
実際製造費用計	107,428			
合　　計	121,928	合　　計	121,928	

⇔ 問題編 ⇔
問題24

第9章

標準原価計算における仕損・減損②

これまで学習してきた標準原価計算の仕損・減損では
1種類の材料を投入した場合をみてきたんだけど
ゴエモン㈱の製品の中には
複数の材料を使っている場合もあるんだよね。
何が違ってくるのかなあ。

ここでは、複数の材料が投入されている場合における
差異分析についてみていきましょう。

この章で学習する項目

1. 原料費の配合・歩留差異分析
   : 原料別の標準価格を使う方法（通常の方法）
   : 加重平均標準価格を使う方法
2. 加工費の歩留差異分析

配合差異と歩留差異

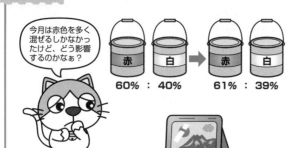

今月は赤色を多く混ぜるしかなかったけど、どう影響するのかなぁ？

赤 60% ： 白 40%　→　赤 61% ： 白 39%

ゴエモン㈱では、赤ペンキと白ペンキを6：4の割合で混ぜてピンク色のペンキを作り、ピンク色の写真立てを製造販売しています。ところが今月は、赤色61%白色39%の配合割合でしかピンク色のペンキはできませんでした。これがコストにどう影響するのでしょうか。

例　当社では製品Aを量産し、パーシャル・プランの全部標準総合原価計算を採用している。製品Aは原料Xと原料Yを工程の始点で配合投入することにより生産され、その標準配合割合はX：Y＝6：4と定められている。
　以下の資料にもとづき、(1)原料勘定、仕掛品－原料費勘定を完成させるとともに、(2)各原料ごとの原料受入価格差異を把握し、(3)各原料ごとの原料数量差異を把握し、さらにそれを原料配合差異と原料歩留差異に分析しなさい。

［資　料］
1．製品 8 kg製造に必要な各原料の標準単価および標準消費量

　　　原料X　70円/kg × 6 kg = 420円
　　　原料Y　45円/kg × 4 kg = 180円
　　　合　計　　　　10kg　　600円

2．原料Xおよび原料Yの当月実績データ

原料	月初在庫量	当月購入量	実際購入単価	月末在庫量	実際消費量
X	50kg	800kg	71円/kg	57kg	793kg
Y	50kg	500kg	47円/kg	43kg	507kg
	100kg	1,300kg		100kg	1,300kg

3．当月の製品Aの実際完成品量は1,000kgであった。

4．月初および月末仕掛品はなかった。

5．当社では、正常減損費を含まない正味標準製造原価に正常減損費を特別費として加算する方法により原価標準を設定している。

●配合差異と歩留差異とは

　今まで学習してきた標準原価計算では、製品の製造に必要な原料が1種類であることが前提でした。これに対してCASE38では、何種類かの代替可能な原料を配合することで製品が製造される場合をみていきます。このとき、それぞれの原料の価格が異なれば、原料間で生じる代替関係がコストに影響を及ぼすことになります。この影響を分析するため、原料の数量差異をさらに**配合差異**と**歩留差異**に分析していきます。

ペンキの配合割合を変えても製品である写真立ての品質に影響が生じない関係を代替可能であるといいます。

(1)　配合差異

　製品製造に必要な原料の配合割合は、あらかじめ技術的テストによって定められており、これを**標準配合割合**といいます。

　ゴエモン㈱では、ピンク色の写真立てをつくる際、赤ペンキと白ペンキの配合割合を60％：40％と定めていました（標準配合割合）。

　しかし、当月は季節や市場相場等の理由により、61％：39％の配合割合でピンク色を作り、写真立てを製造することになりました。

　このように、投入したペンキの実際の配合割合と標準配合割合が食い違うことにより生じる数量差異を配合差異といいます。

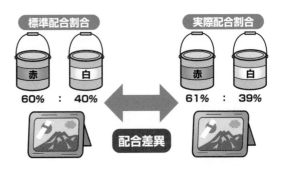

10kgの原料を投入して、8kgの完成品ができたとしたら、歩留率は80%ということになるね！

(2) 歩留差異

原料の**歩留率**とは、製造過程で投入された原料のうち、製品として完成される割合を示します。

$$原料の歩留率＝\frac{製品産出量}{原料投入量}×100$$

製品製造上、原料の歩留率についてもあらかじめ技術的テストによって定められており、これを**標準歩留率**といいます。

しかし、実際の歩留率は、標準歩留率と食い違うことが多くあり、この歩留率の違いから生じる数量差異を特に**歩留差異**といいます。

この歩留差異はCASE36の参考で学習した異常減損費（減損差異）と同じです。なぜなら、標準歩留率と実際歩留率の食い違いは、同じ投入量に対する産出量のズレになってあらわれ、これは減損量のズレに等しいからです。

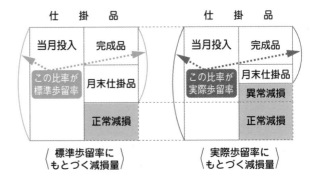

以上まとめると、原料Xと原料Yを配合してA製品を生産

している当社で、1,000kgのＡ製品の生産に対して原料Ｘの消費量が多すぎたとすると、それは全体としての原料の歩留まりが低かった（材料をムダにした）か、とくに原料Ｘの配合率が高かったかのいずれか（または両方）となります。

そこで数量差異がいずれの要因によって生じたかを明らかにするために、あらかじめ設定した配合率と歩留率についての標準を用いて、数量差異を配合差異と歩留差異とに分析していくのです。

ここでCASE38の標準原料消費量のデータを整理すると以下のようになります。

CASE38の製品Ａ8kgを製造するのに必要な標準原料消費量

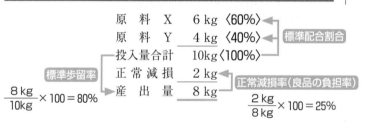

 注意 標準歩留率と正常減損率

問題の資料より、製品8kgを製造するために、原料Ｘ、Ｙを10kg投入していることから、標準歩留率は80％と求められます。

しかし、問題を解く際に必要となるのは、産出量8kgに対する正常減損2kgの割合である正常減損率25％のほうになりますので、問題の資料より正常減損率を求められるようにしておきましょう。

配合差異と歩留差異の計算

配合差異は、当月の原料実際投入量について配合割合のズレを数量差異として計算したものであり、**当月の原料実際投入量合計にもとづき標準配合割合で計算した各原料の消費量と、実際消費量を比較して**計算します。

また歩留差異は、異常減損の発生によってどれほどの原料を

浪費したかを示す数量差異であり、**当月の原料実際消費量合計にもとづき標準配合割合で計算した各原料の消費量**と、**当月完成品産出量を基準にして標準減損率・標準配合割合で計算した各原料消費量を比較**して計算します。

$$原料配合差異 = \frac{各原料の}{標準価格} \times \left(\frac{実際投入量にもとづく}{標準消費量} - 実際消費量 \right)$$

$$原料歩留差異 = \frac{各原料の}{標準価格} \times \left(\frac{標準投入量にもとづく}{標準消費量} - \frac{実際投入量にもとづく}{標準消費量} \right)$$

仕　掛　品

| 当月投入
X 標準配合
Y 標準配合

標準投入量合計
★1 | ←減損の差→ | 当月投入
X 標準配合
Y 標準配合

実際投入量合計
★2 | ←配合割合の差→ | 当月投入
X 実際配合
Y 実際配合

実際投入量合計
★3 | 完成品

正常減損

異常減損 |

×正常減損率

各原料の実際価格

各原料の標準価格

	価格差異	
	原料歩留差異	原料配合差異

| 標準(標準投入)
★1 | 標準(実際投入)
★2 | 実際
★3 |

> 数量差異を配合・歩留差異に分析していくので、差異分析図の横軸の各数値をしっかりと求められるようにしておこう!

以上よりCASE38の具体例についてみていきましょう。

CASE38の原価標準の整理

まずは、資料5の指示から、第2法により原価標準を整理します。

```
直接材料費
  原 料 X   70円/kg × 0.6kg*¹ = 42円
  原 料 Y   45円/kg × 0.4kg*² = 18円
投入量合計            1 kg    60円
正常減損費   60円/kg × 25%*³ = 15円
  製品A1kgあたりの標準原料費     75円
```

標準配合割合は投入量に対してのものなので、産出量である8kgで割らないように注意しよう。

* 1   6 kg ÷ 10kg〈原料投入量合計〉= 0.6kg
* 2   4 kg ÷ 10kg〈原料投入量合計〉= 0.4kg
* 3   正常減損率25%は問題の資料より各自で計算します。

$$\frac{2 \text{ kg}〈正常減損〉}{8 \text{ kg}〈完成品〉} \times 100 = 25\%$$

CASE38の生産データの整理

次に生産データを整理し、標準消費量を計算します。

その際、CASE36の参考で学習したように、実際減損300kgをもとにした原価ボックスと、そこから異常減損を除外した原価ボックスを2つ用意します。

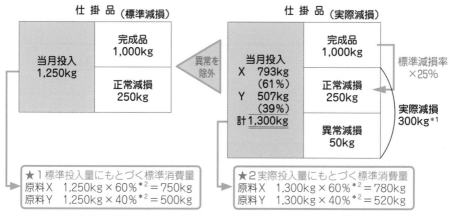

* 1   1,300kg〈原料実際消費量合計〉− 1,000kg〈製品A実際生産量〉= 300kg
* 2   標準配合割合

$$原料X：\frac{0.6 \text{kg}}{1 \text{ kg}} \times 100 = 60\% \quad 原料Y：\frac{0.4 \text{kg}}{1 \text{ kg}} \times 100 = 40\%$$

CASE38(1)の原料勘定、仕掛品－原料費勘定の記入

これらのデータにもとづき原料勘定、仕掛品－原料費勘定を記入します。

① 原料勘定：

月　　初：@70円 × 50kg + @45円 × 50kg = 5,750円

当月購入：@70円 × 800kg + @45円 × 500kg = 78,500円

当月消費：@70円 × 793kg + @45円 × 507kg = 78,325円

月　　末：@70円 × 57kg + @45円 × 43kg = 5,925円

注意　本問はパーシャル・プランの勘定記入ですが、原料受入価格差異を把握しているため、原料勘定はすべて標準単価で計算します。

② 仕掛品－原料費勘定：

当月投入：原料勘定から振替え。

完 成 品：@75円 × 1,000kg = 75,000円

差　　異：貸借差額により3,325円（借方）

	原　料　①		（単位：円）
月　初	5,750		78,325
	78,500	月　　末	5,925
	84,250		84,250

	仕掛品－原料費②		（単位：円）
	78,325		75,000
		差　　異	3,325
	78,325		78,325

CASE38⑵の原料受入価格差異

実際 { X@71円 / Y@47円

標準 { X@70円 / Y@45円

受入価格差異 { X △800円 / Y△1,000円

実際購入量 { X800kg / Y500kg

・原料X：

（@70円 － @71円）× 800kg ＝ △800円（借方）

・原料Y：

$$(@45円 - @47円) \times 500kg = \triangle 1,000円（借方）$$

CASE38(3)の原料配合差異と原料歩留差異

〈原料X〉

・数量差異：

$$@70円 \times (750kg - 793kg) = \triangle 3,010円（借方）$$

・配合差異：

$$@70円 \times (780kg - 793kg) = \triangle 910円（借方）$$

・歩留差異：

$$@70円 \times (750kg - 780kg) = \triangle 2,100円（借方）$$

〈原料Y〉

・数量差異：

$$@45円 \times (500kg - 507kg) = \triangle 315円（借方）$$

・配合差異：

$$@45円 \times (520kg - 507kg) = +585円（貸方）$$

・歩留差異：

$$@45円 \times (500kg - 520kg) = \triangle 900円（借方）$$

注意 原料受入価格差異を把握しているため、価格差異は把握しません。

 参考 **加重平均標準価格を用いた配合・歩留差異の分析**

　代替関係がある2種類以上の材料のうち、より安い原料を標準配合割合よりも多く消費すると、同時に、より高い原料は標準よりも少なく消費したことになり、企業全体としては原料コストが節約されます。

　このような場合、コストの節約の要因となっている**安い原料の超過消費分については、有利な配合差異が発生したものと計算すべき**であるという考え方もあります。

　つまり、CASE38では、実際消費量と標準配合割合による消費量の差に着目して有利・不利差異を計算しましたが、このような数量要因ではなく、価格要因に重点を置き、配合・歩留差異を分析していく方法が、**加重平均標準価格**を用いた配合・歩留差異分析です。

　この分析方法では、配合差異は加重平均標準価格と原料別標準価格の価格差を用いて計算し、歩留差異は加重平均標準価格を用いて計算していきます。

　具体的な計算式、差異分析図は以下のようになります。

> CASE38とは差異分析図の描き方・計算方法が異なってくるので注意しておこう。

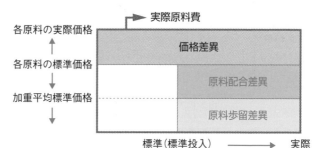

以上よりCASE38の原料配合・歩留差異を加重平均標準単価で計算すると以下のようになります。

CASE38の配合差異と歩留差異（加重平均標準単価で計算する方法）

〈原料X〉

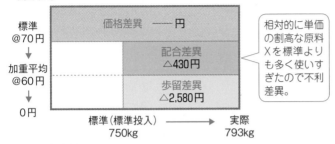

・配合差異：
$$(@70円 - @60円) \times (750kg - 793kg) = \triangle 430円（借方）$$
   +@10円   △43kg

・歩留差異：
$$(@60円 - @0円) \times (750kg - 793kg) = \triangle 2,580円（借方）$$
   +@60円   △43kg

〈原料Y〉

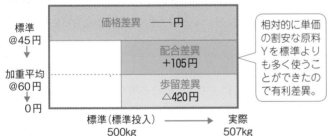

・配合差異：
$$(@45円 - @60円) \times (500kg - 507kg) = +105円（貸方）$$
   △@15円   △7kg

・歩留差異：
$$(@60円 - @0円) \times (500kg - 507kg) = \triangle 420円（借方）$$
   +@60円   △7kg

 注意 原料受入価格差異を把握しているため、価格差異は把握しません。

直接労務費や製造間接費に関する計算

加工費についても
歩留差異を計算してみよう。

CASE38で原料費について歩留差異を分析したのと同様に、直接労務費や製造間接費の加工費に関しても歩留差異を把握することができます。
加工費の場合、どのように計算していくのでしょうか。

例 CASE38に次の資料を追加する。

以下の資料にもとづき、(1)仕掛品－直接労務費勘定、仕掛品－製造間接費勘定の記入を完成させるとともに、(2)直接労務費の時間差異をさらに（純粋な）労働能率差異と労働歩留差異に分析し、また、(3)製造間接費の（変動費と固定費からなる）製造間接費能率差異をさらに（純粋な）製造間接費能率差異と製造間接費歩留差異とに分析しなさい。なお、減損は工程の終点で発生したものとする。

[資 料]

1. 10kgの原料を 8 kgの製品Aに加工するのに必要な標準直接労務費
   直接労務費：200円/時間× 4 時間＝800円

2. 10kgの原料を 8 kgの製品Aに加工するのに必要な標準製造間接費
   製造間接費：250円/時間× 4 時間＝1,000円

   (注) 製造間接費の変動費率は100円/時間、固定製造間接費の予算は、90,000円（月額）である。

3. 直接労務費および製造間接費の当月実績データ
   直接労務費：202円/時間×550時間＝111,100円
   製造間接費：　　　　　　　　　150,000円

直接労務費や製造間接費に関する計算

CASE38で原料費について原料歩留差異を分析したのと同様に、直接労務費や製造間接費に関しても**労働歩留差異**や**製造間接費歩留差異**を把握することができます。したがって、減損が発生する場合、直接労務費差異のうちの時間差異と、製造間接費配賦差異のうちの能率差異は、歩留差異（異常減損の発生による差異）と（純粋な）能率差異（減損以外の作業能率が原因による差異）の2つに分けることができます。

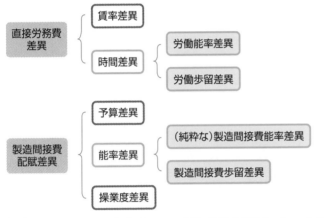

各差異は、以下のようなボックス図と差異分析図によって求めていくことになります。

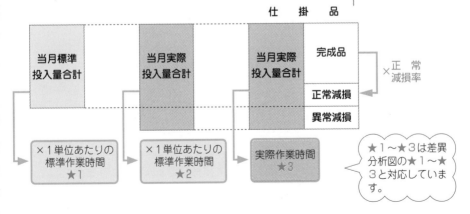

〈直接労務費〉

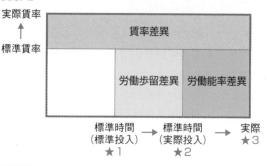

〈製造間接費〉

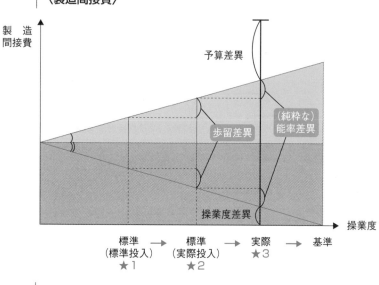

直接材料費の場合と同様、
差異分析図の横軸の各数
値をしっかりと求められ
るようにしておこう！

以下、CASE39について具体的にみていきましょう。

解き方はCASE38の直接材料費と同様になります。

CASE39の原価標準の整理

まずは、原価標準を整理します。

直接労務費、製造間接費についても CASE38 の原料費の原価標準と同じように正常減損を含まない単位あたりの正味標準製造原価に正常減損費を特別費として加算する形式、いわゆる第2法によりまとめていきます。

```
直接労務費：200円/時間×0.4時間/kg* ＝ 80円
正常減損費：80円/kg×25%        ＝ 20円
　製品A1kgあたりの標準直接労務費    100円
```

```
製造間接費：250円/時間×0.4時間/kg* ＝ 100円
正常減損費：100円/kg×25%        ＝ 25円
　製品A1kgあたりの標準製造間接費     125円
```

＊　4時間÷10kg〈原料投入量合計〉＝0.4時間/kg

　次に生産データを整理し、標準直接作業時間を計算します。
　その際、CASE38 と同じように、実際減損300kgをもとにした原価ボックスと、そこから異常減損を除外した原価ボックスを2つ用意します。

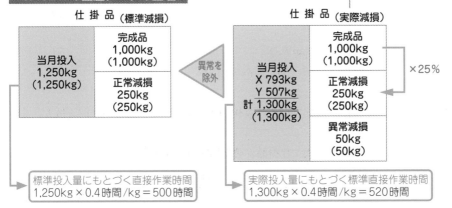

仕　掛　品（標準減損）

| 当月投入
1,250kg
(1,250kg) | 完成品
1,000kg
(1,000kg) |
| | 正常減損
250kg
(250kg) |

異常を除外

仕　掛　品（実際減損）

当月投入 X 793kg Y 507kg 計 1,300kg (1,300kg)	完成品 1,000kg (1,000kg)
	正常減損 250kg (250kg)
	異常減損 50kg (50kg)

×25%

標準投入量にもとづく直接作業時間
1,250kg×0.4時間/kg＝500時間

実際投入量にもとづく標準直接作業時間
1,300kg×0.4時間/kg＝520時間

CASE39(1)の仕掛品勘定の記入

　以上より、パーシャル・プランにもとづき仕掛品勘定を記入します。まずは仕掛品－直接労務費勘定からみていきましょう。

	賃	金	
		111,100	

仕掛品−直接労務費		（単位：円）	
111,100*1		100,000*2	
	差　異	11,100*3	
111,100		111,100	

＊1　当月投入：賃金勘定より実際発生額を振替え
＊2　完成品：100円/kg × 1,000kg = 100,000円
＊3　差異：11,100円（借方・貸借差額）

　この直接労務費の差異を通常どおり分析すると次のようになります。

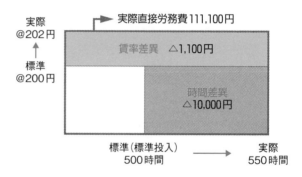

実際 @202円
標準 @200円

実際直接労務費111,100円

賃率差異　△1,100円

時間差異 △10,000円

標準（標準投入）500時間　　→　　実際 550時間

・賃率差異：

　　（@200円−@202円）×550時間 = △1,100円（借方）

・時間差異：

　　@200円×（500時間−550時間）= △10,000円（借方）

　次に仕掛品−製造間接費勘定をみていきましょう。

	製 造 間 接 費	
		150,000

仕掛品−製造間接費		（単位：円）	
150,000*4		125,000*5	
	差　　　異	25,000*6	
150,000		150,000	

＊4　当月投入：製造間接費勘定より実際発生額を振替え
＊5　完成品：125円/kg×1,000kg＝125,000円
＊6　差異：25,000円（借方・貸借差額）

　この製造間接費の差異を通常どおり分析すると次のようにな
ります。

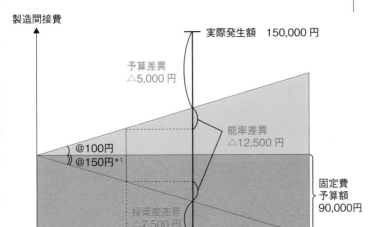

製造間接費

実際発生額　150,000円

予算差異
△5,000円

能率差異
△12,500円

@100円
@150円＊1

固定費
予算額
90,000円

操業度差異
△7,500円

操業度

標準（標準投入）　　実際　　　　　　基準
500時間 → 550時間 → 600時間＊2

＊1　固定費率：@250円〈標準配賦率〉－@100円〈変動費率〉＝@150円
＊2　基準操業度：90,000円〈固定費予算〉÷@150円〈固定費率〉＝600時間

・予算差異：
　（@100円×550時間＋90,000円）－150,000円＝△5,000円（借方）
　　　　　　　予算許容額

・能率差異：
　@250円×（500時間－550時間）＝△12,500円（借方）

・操業度差異：
　@150円×（550時間－600時間）＝△7,500円（借方）

CASE39⑵⑶の労働歩留差異と製造間接費歩留差異

　最後に直接労務費の時間差異10,000円（借方差異）を労働歩
留差異と労働能率差異に、製造間接費の能率差異12,500円（借
方差異）を製造間接費歩留差異と（純粋な）製造間接費能力差
異に分析していきます。

実際直接労務費 111,100円

実際
@202円
↓
標準
@200円

賃率差異　△1,100円

労働歩留差異
△4,000円

労働能率差異
△6,000円

標準(標準投入)　標準(実際投入)　　実際
500時間 → 520時間 → 550時間

・労働歩留差異：

@200円×(500時間 − 520時間) = △4,000円（借方）

・労働能率差異：

@200円×(520時間 − 550時間) = △6,000円（借方）

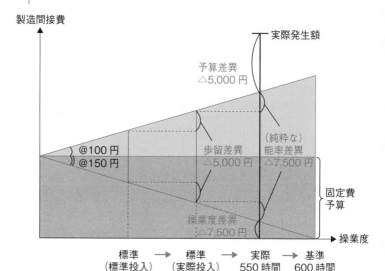

製造間接費

実際発生額

予算差異
△5,000円

@100円
@150円

歩留差異
△5,000円

(純粋な)
能率差異
△7,500円

固定費
予算

操業度差異
△7,500円

操業度

標準　　→　　標準　　→　　実際　　→　　基準
(標準投入)　(実際投入)　550時間　600時間
500時間　　520時間

・製造間接費歩留差異：

@250円×(500時間 − 520時間) = △5,000円（借方）

・(純粋な) 製造間接費能率差異：

@250円×(520時間 − 550時間) = △7,500円（借方）

⊖ 問題編 ⊖

問題25、26

直接労務費の差異分析（予想遊休能力差異）

　標準原価計算における差異の詳細な分析方法には、ここまで見てきた内容のほかにも、経営管理者の分析目的によりさまざまなものがあります。

　たとえば、直接労務費の差異分析において、CASE39で学習した時間差異をさらに**予想遊休能力差異**として分析する場合があります。

　予想遊休能力差異とは、製品の製造などに利用されず未稼働の時間があるなど、工場に遊休生産能力がある場合に発生する差異です。この場合には、CASE39までで使用してきた基準操業度のほかに、遊休生産能力（未稼働の時間など）も含めた、工場のすべての作業能力を使って分析します。

テキストⅢの論点が含まれていますので、テキストⅢを学習した後に、再度学習してください。

本試験では、「**予想遊休能力差異（経営管理者の方針によって生じる差異）**」という表現で出題されています。

> **例**　次の〈資料〉にもとづき、直接労務費差異（時間差異の総額とする）を作業時間差異、予算操業度差異および予想遊休能力差異に分析しなさい。
>
> 〈資　料〉
> 1．当工場では、直接標準原価計算制度を採用している。
> 2．当月におけるデータは以下のとおりである。
> 　・直接労務費の時間差異総額：80,000円（借方差異）
> 　・直接工：10人
> 　・1人当たりの作業能力：月200時間
> 　・直接工合計の作業能力：2,000時間、予算操業度：1,900時間、実際作業時間：1,850時間、標準作業時間：1,840時間
> 　・直接工の標準賃率：500円／時間

資料より、直接労務費差異を分析すると下図のようになります。

標準賃率
500円／時間

	作業時間 差異	予算操業度 差異	予想遊休 能力差異
	△5,000円	△25,000円	△50,000円

標準作業時間	実際作業時間	予算操業度	作業能力
1,840時間	1,850時間	1,900時間	2,000時間

作業時間差異：

500円/時間×(1,840時間 − 1,850時間) = △5,000円

(借方差異)

予算操業度差異：

500円/時間×(1,850時間 − 1,900時間) = △25,000円

(借方差異)

予想遊休能力差異：

500円/時間×(1,900時間 − 2,000時間) = △50,000円

(借方差異)

第10章

原価差異の会計処理

ここまでは、予定価格や標準原価を使って、
毎月、原価差異を把握・分析してきたけど
年度末になったら外部に報告しなくちゃならないし
これらの原価差異をこのままにしておいてよいはずはないよなぁ。
年度末にどのような処理をすればいいんだろう…。

ここでは、標準原価計算における
原価差異の会計処理方法をみていきましょう。

この章で学習する項目

1. 原価差異の会計処理
   : 原則
   : **例外**
   　　①一括調整法
   　　②ころがし計算法
2. **材料受入価格差異の追加配賦**

1級
新
論点

原価差異の会計処理

原価差異を売上原価に振り替えるほかにも処理方法があるんだ…

今までの学習では毎月末に原価差異を把握したら、当年度末に売上原価に賦課してきました。
調べてみると、ほかにも原価差異の処理方法があるみたい。
原価差異は、どのような場合に、どのような処理をすればいいのでしょう?

例 当社では、標準製品Aを製造しパーシャル・プランの標準原価計算制度を採用している。以下の資料にもとづいて各問に答えなさい。

[資 料]

1. 原価標準

　　直接材料費　200円/kg × 10kg　　= 2,000円

　　加 工 費　500円/時間 × 4時間 = 2,000円

　　　　製品1個あたりの標準製造原価　4,000円

　　(注) 加工費の標準配賦率は公式法変動予算(直接作業時間基準)にもとづいて算出されている。

2. 当年度の年間生産データと販売データ

投　入　量	440個	完　成　量	400個
期末仕掛品量	40個 (0.5)	期 末 製 品 量	40個
完　成　量	400個	販　売　量	360個

　　(注) 直接材料は工程の始点ですべて投入される。上記の期末仕掛品の( )内の数値は加工費の進捗度を示す。また期首仕掛品、期首製品はなかった。

3. 直接材料購入高と消費高

実際購入単価	実際購入量	実際消費量	期末在庫量
200円	4,800kg	4,499kg	301kg

　当社では、掛けで購入したときに標準単価で受け入れている。また期首材料はなかった。

4．加工費の実際発生額　876,960円

5．原価差異はすべて正常なものであり期末において原価差異の会計処理を行う。ただし、加工費においては、加工費配賦差異を計算するのみにとどめている。

6．製品Aの販売価格は5,500円／個である。

[問1]　⑴材料受入価格差異、⑵材料数量差異、⑶加工費配賦差異を計算しなさい。

[問2]　以下の各問の条件にもとづき当期の損益計算書（売上総利益まで）と貸借対照表（一部）を作成しなさい。

　⑴原価差異はすべて少額なものとして、その全額を当年度の売上原価に賦課する場合

　⑵原価差異はすべて予定価格等が不適当であったため、比較的多額の差異が発生したものとして、一括調整法により当年度の売上原価と期末棚卸資産に追加配賦する場合

　⑶原価差異はすべて予定価格等が不適当であったため、比較的多額の差異が発生したものとして、ころがし計算法により、当年度の売上原価と期末棚卸資産に追加配賦する場合

●原価差異の会計処理とは

　毎月把握、累積された原価差異は、会計年度末に利害関係者に対し、財務諸表を通じて適切な原価情報を提供するため、適正な会計処理をしなければなりません。

　原価差異の会計処理方法をまとめると次のようになります。

⑴　異常な状態にもとづく原価差異

　原価差異のうち異常な原因により発生したものは、非原価項目になるため、特別損失（または営業外費用）として処理します。

> これまでは、すべて原則的な会計処理をしてきました。

⑵　正常な状態にもとづく原価差異

　原価差異のうち正常な原因により発生したものは、**金額が比較**

的少額であれば、当年度の売上原価に賦課します（原則的処理）。

また標準の設定ないし予定価格等が不適当なため、金額的に**比較的多額の差異が発生した場合、当年度の売上原価と期末製品、期末仕掛品に追加配賦**します。

詳しくは次の CASE41で学習します。

(3) 材料受入価格差異

材料受入価格差異は当年度の**材料払出高と期末有高に追加配賦**します。

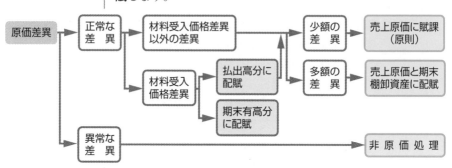

財務諸表の記載方法

原価差異を当年度の売上原価に賦課する場合の損益計算書の記載方法は次のようになります。

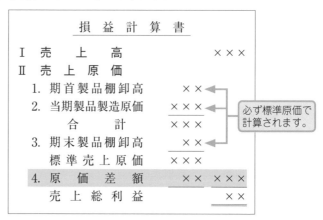

なお、損益計算書上、標準売上原価は必ず標準原価で計算され、原価差額の区分には、原価差異の処理方法により異なる金額が計上されることになります。

それでは CASE40 の具体的な処理についてみていきましょう。

CASE40 [問1] の原価差異の分析・把握

まず生産データと販売データを整理し、標準消費量を計算します。

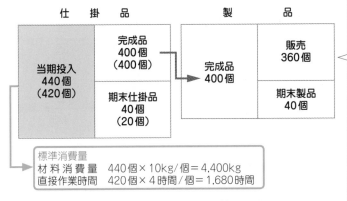

生産データの（ ）内は加工費の完成品換算量を示します。

標準消費量
材料消費量　440個×10kg/個＝4,400kg
直接作業時間　420個×4時間/個＝1,680時間

次に差異分析図により、原価差異を計算します。

(1) **材料受入価格差異**

　（@200円 − @200円）× 4,800kg ＝ 0円（―）

(2) **材料数量差異**

　@200円 ×（4,400kg − 4,499kg）＝ △19,800円（借方）

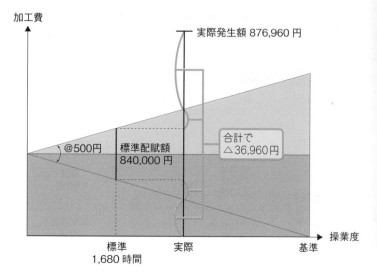

（3） **加工費配賦差異**

＠500円 × 1,680時間 − 876,960円 ＝ △36,960円（借方）

CASE40 ［問2］(1)の原則的な原価差異の処理

まずは、各問に共通の項目を計算します。

（1） **完成品原価**

直接材料費：＠2,000円 × 400個 ＝ 800,000円
加 工 費：＠2,000円 × 400個 ＝ 800,000円
合 計 1,600,000円 ─ P/L当期製品 製造原価

（2） **期末仕掛品原価**

直接材料費：＠2,000円 × 40個 ＝ 80,000円
加 工 費：＠2,000円 × 20個 ＝ 40,000円
合 計 120,000円 ─ B/S仕掛品 ［問2］(1)

（3） **当期売上原価**

直接材料費：＠2,000円 × 360個 ＝ 720,000円
加 工 費：＠2,000円 × 360個 ＝ 720,000円
合 計 1,440,000円 ─ P/L標準 売上原価

(4) 期末製品原価

直接材料費：@2,000円 × 40個 ＝ 80,000円
加 工 費：@2,000円 × 40個 ＝ 80,000円
合 計 160,000円 ── P/L期末製品棚卸高
B/S製品［問2］(1)

(5) 期末材料

@200円 × 301kg ＝ 60,200円 ── B/S材料

(6) 売上高

@5,500円 × 360個 ＝ 1,980,000円 ── P/L売上高

次に［問1］で求めた原価差異の処理をします。

(1)では、原価差異は少額のため、全額当年度の売上原価に賦課します。

原価差異合計：△19,800円 ＋ △36,960円 ＝ △56,760円（借方）
　　　　　　　　　材料数量差異　　加工費配賦差異

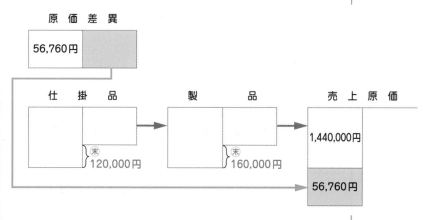

以上より、損益計算書と貸借対照表は次のようになります。

```
                損  益  計  算  書    （単位：円）

Ⅰ．売  上  高                              1,980,000
Ⅱ．売 上 原 価
  1. 当期製品製造原価          1,600,000
  2. 期末製品棚卸高              160,000
     標 準 売 上 原 価          1,440,000
  3. 原  価  差  額        ⊕ 56,760      1,496,760
     売  上  総  利  益                    483,240
```

借方（不利）差異なので標準売上原価に加算します。

原則的な処理の場合、貸借対照表項目には加算されません。

```
                貸  借  対  照  表    （単位：円）

           資  産  の  部
流  動  資  産
            ：
   製          品      160,000
   材          料       60,200
   仕      掛  品      120,000
```

CASE40 ［問2］(2)の一括調整法による原価差異の処理

　不適当な予定価格等により比較的多額の原価差異が生じた場合には、その原価差異を当年度の売上原価と期末製品、期末仕掛品に追加配賦しなければなりません。

　この場合の計算方法には**一括調整法**と**ころがし計算法**の2つがありますが、［問2］(2)の一括調整法とは、追加配賦すべき原価差異を当年度の売上原価と期末製品、期末仕掛品に対して、それぞれの**標準原価の金額を基準に一括して追加配賦**する方法です。

$$\begin{array}{ll}\text{売上原価に対する}\\\text{追加配賦額}\end{array} = \text{原価差異} \times \dfrac{\text{当年度の標準売上原価}}{\text{売上原価と期末棚卸資産の標準原価合計}}$$

$$\begin{array}{ll}\text{期末製品に対する}\\\text{追加配賦額}\end{array} = \text{原価差異} \times \dfrac{\text{期末製品の標準原価}}{\text{売上原価と期末棚卸資産の標準原価合計}}$$

$$\begin{array}{ll}\text{期末仕掛品に対する}\\\text{追加配賦額}\end{array} = \text{原価差異} \times \dfrac{\text{期末仕掛品の標準原価}}{\text{売上原価と期末棚卸資産の標準原価合計}}$$

　この方法は、期末仕掛品の原価要素ごとの進捗度が、原価差異の追加配賦の計算上、明確に区別されないので**簡便的な配賦方法**といえます。

・売上原価への追加配賦額

$$\dfrac{\triangle 56,760\text{円}}{1,440,000\text{円} + 160,000\text{円} + 120,000\text{円}} \times 1,440,000\text{円}$$

$$= \triangle 47,520\text{円（借方）}$$

・期末製品への追加配賦額

$$\dfrac{\triangle 56,760\text{円}}{1,440,000\text{円} + 160,000\text{円} + 120,000\text{円}} \times 160,000\text{円}$$

$$= \triangle 5,280\text{円（借方）}$$

・期末仕掛品への追加配賦額

$$\dfrac{\triangle 56,760\text{円}}{1,440,000\text{円} + 160,000\text{円} + 120,000\text{円}} \times 120,000\text{円}$$

$$= \triangle 3,960\text{円（借方）}$$

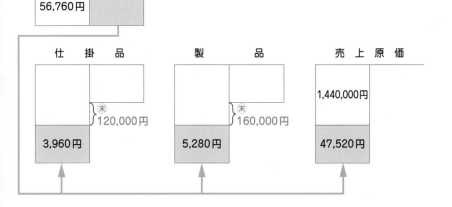

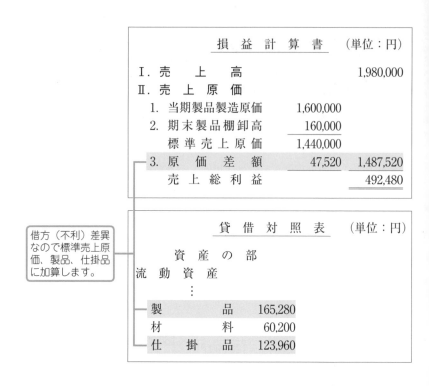

損 益 計 算 書　　（単位：円）

Ⅰ．売　　上　　高			1,980,000
Ⅱ．売　上　原　価			
1．当期製品製造原価		1,600,000	
2．期末製品棚卸高		160,000	
標 準 売 上 原 価		1,440,000	
3．原　価　差　額		47,520	1,487,520
売　上　総　利　益			492,480

貸 借 対 照 表　　（単位：円）

資　産　の　部

流　動　資　産

⋮

製　　　　　品	165,280
材　　　　　料	60,200
仕　　掛　　品	123,960

借方（不利）差異なので標準売上原価、製品、仕掛品に加算します。

CASE40 ［問2］⑶のころがし計算法による原価差異の処理

　ころがし計算法とは、各原価差異をその**差異が発生した原価要素別の原価配分割合で追加配賦**する方法です。

　一括調整法と違い、期末仕掛品の原価要素ごとの進捗度を明確に区別して計算するので、**厳密な計算方法**といえます。

$$\text{売上原価に対する追加配賦額} = \text{原価差異} \times \frac{\text{売上原価の完成品換算量}}{\text{売上原価と期末棚卸資産の完成品換算量合計}}$$

$$\text{期末製品に対する追加配賦額} = \text{原価差異} \times \frac{\text{期末製品の完成品換算量}}{\text{売上原価と期末棚卸資産の完成品換算量合計}}$$

$$\text{期末仕掛品に対する追加配賦額} = \text{原価差異} \times \frac{\text{期末仕掛品の完成品換算量}}{\text{売上原価と期末棚卸資産の完成品換算量合計}}$$

(1) **材料数量差異の追加配賦**

売上原価への追加配賦額：

$$\frac{\triangle 19{,}800\,円}{360\,個 + 40\,個 + 40\,個} \times 360\,個 = \triangle 16{,}200\,円 \ （借方）$$

期末製品への追加配賦額：

$$\frac{\triangle 19{,}800\,円}{360\,個 + 40\,個 + 40\,個} \times 40\,個 = \triangle 1{,}800\,円 \ （借方）$$

期末仕掛品への追加配賦額：

$$\frac{\triangle 19{,}800\,円}{360\,個 + 40\,個 + 40\,個} \times 40\,個 = \triangle 1{,}800\,円 \ （借方）$$

(2) **加工費配賦差異の追加配賦**

売上原価への追加配賦額：

$$\frac{\triangle 36{,}960\,円}{360\,個 + 40\,個 + 20\,個} \times 360\,個 = \triangle 31{,}680\,円 \ （借方）$$

期末製品への追加配賦額：

$$\frac{\triangle 36{,}960\,円}{360\,個 + 40\,個 + 20\,個} \times 40\,個 = \triangle 3{,}520\,円 \ （借方）$$

期末仕掛品への追加配賦額：

$$\frac{\triangle 36{,}960\,円}{360\,個 + 40\,個 + 20\,個} \times 20\,個 = \triangle 1{,}760\,円 \ （借方）$$

(3) **合計**

売上原価への追加配賦額：

$\triangle 16{,}200\,円 + \triangle 31{,}680\,円 = \triangle 47{,}880\,円（借方）$

期末製品への追加配賦額：

$\triangle 1{,}800\,円 + \triangle 3{,}520\,円 = \triangle 5{,}320\,円（借方）$

期末仕掛品への追加配賦額：

$\triangle 1{,}800\,円 + \triangle 1{,}760\,円 = \triangle 3{,}560\,円（借方）$

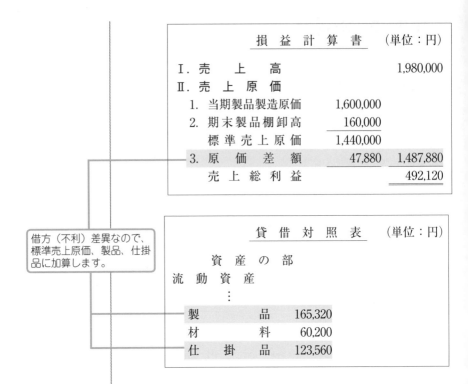

損　益　計　算　書　　（単位：円）

Ⅰ．売　　上　　高　　　　　　　　　　　　　1,980,000
Ⅱ．売　上　原　価
　1．当期製品製造原価　　　1,600,000
　2．期末製品棚卸高　　　　　160,000
　　　標　準売上原価　　　　1,440,000
　3．原　価　差　額　　　　　 47,880　　1,487,880
　　　売　上　総　利　益　　　　　　　　　　　492,120

貸　借　対　照　表　　（単位：円）

資　産　の　部
流　動　資　産
　　　　　　：
製　　　　　品　　165,320
材　　　　　料　　 60,200
仕　　掛　　品　　123,560

借方（不利）差異なので、
標準売上原価、製品、仕掛
品に加算します。

材料受入価格差異の追加配賦

材料受入価格差異は
どう処理したらいいのだろう…

CASE40では材料受入価格差異が生じないケースをみてきましたが、材料受入価格差異が発生する場合、どのように処理すればいいのでしょうか?

例 当社では、標準製品Aを製造し、パーシャル・プランの標準原価計算制度を採用している。以下の資料にもとづいて、各問に答えなさい。

［資　料］

1．原価標準

　直接材料費

　　　X材料費：200円/kg×10kg＝　2,000円

　　　Y材料費：100円/kg×5 kg＝　　500円

　　加工費：500円/時間×4時間＝　2,000円

　　　製品1個あたりの標準製造原価　4,500円

　(注) 加工費の標準配賦率は公式法変動予算（直接作業時間基準）にもとづいて算出されている。

2．当年度の年間生産データおよび販売データ

投　入　量	220個	完　成　品　量	200個
期末仕掛品量	20個 (0.5)	期　末　製　品　量	20個
完　成　品　量	200個	販　売　量	180個

　(注) X材料は工程の始点ですべて投入され、Y材料は工程を通じて平均的に投入される。上記の期末仕掛品の（　　）内の数値は加工費の進捗度を示す。また期首仕掛品、期首製品はなかった。

3．直接材料購入高と消費高

	実際購入単価	実際購入量	実際消費量	期末在庫量
X材料	210円/kg	2,400kg	2,277kg	123kg
Y材料	105円/kg	1,200kg	1,062kg	138kg

　　当社では掛けで購入したときに標準単価で受け入れている。また期首材料はなかった。

4．加工費の実際発生額　438,060円

5．原価差異はすべて正常なものであり、期末において原価差異の会計処理を行う。ただし、加工費においては、加工費配賦差異を計算するのみにとどめている。

6．製品Aの販売価格は5,500円/個である。

[問1]　上記のデータにもとづき(1)各材料の材料受入価格差異、(2)材料数量差異、(3)加工費配賦差異を計算しなさい。

[問2]　上記のすべての原価差異は予定価格等が不適当であったため、比較的多額の差異が発生してしまったとする。そこで、ころがし計算法により、標準原価差異の会計処理を行って原価計算関係諸勘定へ記入しなさい。

● 材料受入価格差異の追加配賦

全体像はCASE40
● 原価差異の会計処理とはで確認してください。

　　材料受入価格差異は、金額の多少にかかわらず、当年度の**材料の払出高（材料消費高）と期末有高に配賦**します。

　　そして、当年度の材料払出高に配賦された材料受入価格差異は、**金額が少額であれば売上原価に賦課**し、予定価格等の設定により比較的多額の差異である場合には、**売上原価と期末棚卸資産に追加配賦**することになります。

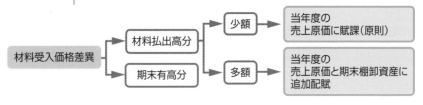

なお、この比較的多額の差異を追加配賦する場合、材料の払出高（実際材料消費量）は売上原価と期末製品、期末仕掛品への標準消費量合計と数量差異を合わせたものとなり、これらに対して追加配賦されることになります。

〈比較的多額の差異を追加配賦する場合〉

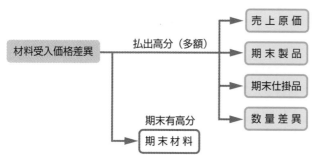

　それではCASE41の具体的な処理についてみていきましょう。

CASE41［問1］の原価差異の分析・把握

　まずは、生産データと販売データを整理し、標準消費量を計算します。

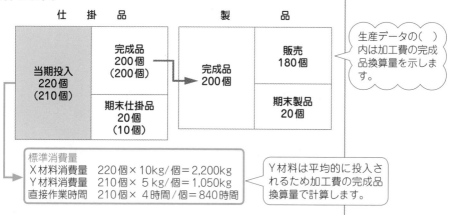

生産データの（　）内は加工費の完成品換算量を示します。

標準消費量
X材料消費量　220個×10kg/個＝2,200kg
Y材料消費量　210個× 5kg/個＝1,050kg
直接作業時間　210個× 4時間/個＝840時間

Y材料は平均的に投入されるため加工費の完成品換算量で計算します。

　次に差異分析図により、原価差異を計算します。

標準消費量 ⟶ 実際消費量 実際購入量
X材 2,200kg　　X材 2,277kg　　X材 2,400kg
Y材 1,050kg　　Y材 1,062kg　　Y材 1,200kg

(1) **材料受入価格差異**

X材料：(@200円 － @210円) × 2,400kg = △24,000円（借方）

Y材料：(@100円 － @105円) × 1,200kg = △6,000円（借方）

(2) **材料数量差異**

X材料：@200円 × (2,200kg － 2,277kg) = △15,400円（借方）

Y材料：@100円 × (1,050kg － 1,062kg) = △1,200円（借方）

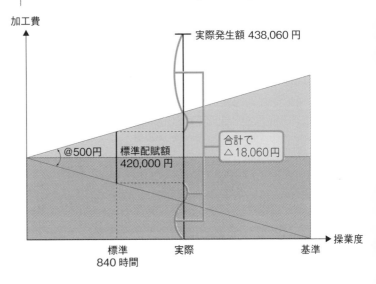

(3) **加工費配賦差異**

(@500円 × 840時間) － 438,060円 = △18,060円 （借方）

〈材料勘定〉

材料勘定は購入したときに標準単価で受け入れているので、すべて標準単価で計算し記入します。

	材　　料		（単位：円）
買　掛　金 600,000*1	仕　掛　品	561,600*2	
	次 期 繰 越		
	標準原価	38,400*3	

* 1　@200円×2,400kg＋@100円×1,200kg＝600,000円
* 2　@200円×2,277kg＋@100円×1,062kg＝561,600円
* 3　@200円×123kg＋@100円×138kg＝38,400円

〈加工費勘定〉

パーシャル・プランなので、すべて実際発生額で記入します。

	加　　工　　費	（単位：円）
諸　　口　 438,060	仕　掛　品	438,060

〈仕掛品勘定〉

パーシャル・プランのため、材料数量差異、加工費配賦差異は仕掛品勘定で把握されます。

	仕　　掛　　品		（単位：円）
材　　　料 561,600*1	製　　　　品	900,000*3	
加　工　費 438,060*2	材 料 数 量 差 異	16,600*4	
	加 工 費 配 賦 差 異	18,060*5	
	次 期 繰 越		
	標　準　原　価	65,000*6	

* 1　材料勘定から振替え
* 2　加工費勘定から振替え
* 3　@4,500円×200個＝900,000円
* 4　［問1］(2)の差異分析より
* 5　［問1］(3)の差異分析より
* 6　@2,000円×20個＋(@500円＋@2,000円)×20個×0.5＝65,000円

〈製品勘定〉

すべて標準原価で計算、記入します。

製 品 （単位：円）	
仕　掛　品　900,000*1	売上原価　810,000*2
	次期繰越
	標準原価　90,000*3

* 1　仕掛品勘定から振替え
* 2　@4,500円×180個＝810,000円
* 3　@4,500円×20個＝90,000円

〈売上原価勘定〉

売 上 原 価 （単位：円）	
製　　品　810,000*1	損　　益　810,000

* 1　製品勘定から振替

〈材料受入価格差異勘定〉

材料受入価格差異 （単位：円）	
買　掛　金　30,000	

〈材料数量差異勘定〉

材 料 数 量 差 異 （単位：円）	
仕　掛　品　16,600	

〈加工費配賦差異勘定〉

加工費配賦差異 （単位：円）	
仕　掛　品　18,060	

CASE41の原価差異の追加配賦

　CASE41では材料受入価格差異が発生しているので、まずは材料受入価格差異を当期払出高と期末有高に配賦します。そのあとで、CASE41では標準単価が不適当なため比較的多額の差異であることから、当期払出高に配賦された材料受入価格差異（材料消費価格差異）を売上原価、期末製品、期末仕掛品、材料数量差異に追加配賦します。

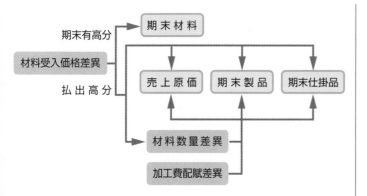

(1) 材料受入価格差異の追加配賦…勘定記入の❶

①X材料

　X材料は工程の始点で投入するため、加工費進捗度を加味せずに追加配賦します。

　なお、売上原価と期末製品、期末仕掛品はkgに換算しておくとまとめて配賦することができます。

	材料消費量 または在庫量	追加配賦額 （すべて借方差異）
売 上 原 価	10kg×180個=1,800kg	@10円*×1,800kg=18,000円
期 末 製 品	10kg× 20個= 200kg	@10円× 200kg= 2,000円
期 末 仕 掛 品	10kg× 20個= 200kg	@10円× 200kg= 2,000円
材 料 数 量 差 異	77kg	@10円× 77kg= 770円
計：実際消費量	2,277kg	22,770円
期 末 材 料	123kg	@10円× 123kg= 1,230円
合 計	2,400kg	24,000円

　*　配賦率：24,000円÷2,400kg＝@10円

②Y材料

Y材料は工程を通じて平均的に投入されるため、加工費進捗度を加味して追加配賦します。

なお、X材料と同じく、kgに換算しておくとまとめて配賦することができます。

	材料消費量 または在庫量	追加配賦額 （すべて借方差異）
売 上 原 価	5kg×180個＝900kg	@5円*×900kg＝4,500円
期 末 製 品	5kg× 20個＝100kg	@5円×100kg＝ 500円
期 末 仕 掛 品	5kg× 10個＝ 50kg	@5円× 50kg＝ 250円
材 料 数 量 差 異	12kg	@5円× 12kg＝ 60円
計：実際消費量	1,062kg	5,310円
期 末 材 料	138kg	@5円×138kg＝ 690円
合 計	1,200kg	6,000円

＊ 配賦率：6,000円÷1,200kg＝@5円

(2) 材料数量差異の追加配賦…勘定記入の❷

材料数量差異は、材料受入価格差異からの追加配賦額を含めたうえで、追加配賦計算を行います。

①X材料

	数 量	追加配賦額（すべて借方差異）
売 上 原 価	180個	@73.5円*2×180個＝13,230円
期 末 製 品	20個	@73.5円× 20個＝ 1,470円
期 末 仕 掛 品	20個	@73.5円× 20個＝ 1,470円
合 計	220個	16,170円*1

＊1 △15,400円＋△770円＝△16,170円（借方差異）
＊2 配賦率：16,170円÷220個＝@73.5円

②Y材料

	加工換算量	追加配賦額（すべて借方差異）
売 上 原 価	180個	@6円*2×180個＝1,080円
期 末 製 品	20個	@6円× 20個＝ 120円
期 末 仕 掛 品	10個	@6円× 10個＝ 60円
合 計	210個	1,260円*1

＊1 △1,200円＋△60円＝△1,260円（借方差異）
＊2 配賦率：1,260円÷210個＝@6円

(3) 加工費配賦差異の追加配賦…勘定記入の❸

	加工換算量	追加配賦額（すべて借方差異）
売 上 原 価	180個	@86円[*1] × 180個 ＝ 15,480円
期 末 製 品	20個	@86円× 20個 ＝ 1,720円
期 末 仕 掛 品	10個	@86円× 10個 ＝ 860円
合 計	210個	18,060円

＊ 配賦率：18,060円÷210個＝@86円

CASE41 ［問2］の原価差異追加配賦後の各勘定の記入

　まずは、下記のように差異勘定の貸方に配賦表で計算した金額にもとづいて追加配賦される相手勘定を記入していきます。

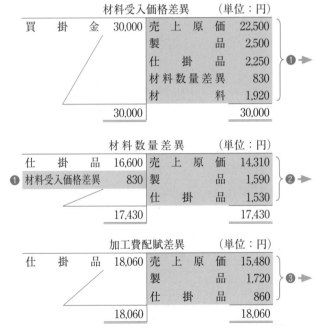

　次に、材料、仕掛品、製品、売上原価勘定に原価差異を加算していきます（CASE41ではすべて借方（不利）差異なので加算となります）。

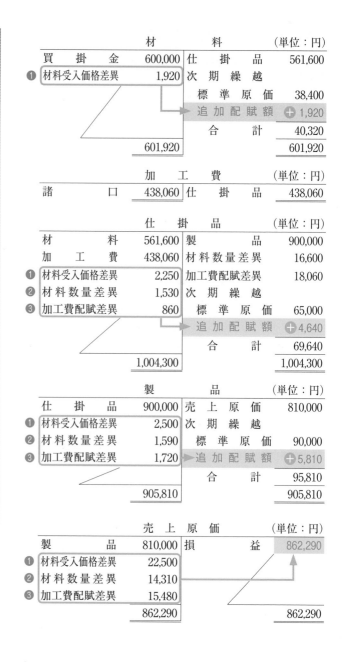

材　　　　料　　　　（単位：円）

買　　掛　　金	600,000	仕　　掛　　品	561,600
❶ 材料受入価格差異	1,920	次　期　繰　越	
		標　準　原　価	38,400
		追　加　配　賦　額 ➕ 1,920	
		合　　　　計	40,320
	601,920		601,920

加　　　工　　　費　　　（単位：円）

| 諸　　　　口 | 438,060 | 仕　　掛　　品 | 438,060 |

仕　　　掛　　　品　　　（単位：円）

材　　　　料	561,600	製　　　　品	900,000
加　　工　　費	438,060	材　料　数　量　差　異	16,600
❶ 材料受入価格差異	2,250	加工費配賦差異	18,060
❷ 材料数量差異	1,530	次　期　繰　越	
❸ 加工費配賦差異	860	標　準　原　価	65,000
		追　加　配　賦　額 ➕ 4,640	
		合　　　　計	69,640
	1,004,300		1,004,300

製　　　　　品　　　　（単位：円）

仕　　掛　　品	900,000	売　上　原　価	810,000
❶ 材料受入価格差異	2,500	次　期　繰　越	
❷ 材　料　数　量　差　異	1,590	標　準　原　価	90,000
❸ 加工費配賦差異	1,720	追　加　配　賦　額 ➕ 5,810	
		合　　　　計	95,810
	905,810		905,810

売　　上　　原　　価　　（単位：円）

製　　　　品	810,000	損　　　　益	862,290
❶ 材料受入価格差異	22,500		
❷ 材　料　数　量　差　異	14,310		
❸ 加工費配賦差異	15,480		
	862,290		862,290

⇔ 問題編 ⇔
問題27、28

問題編

マークの意味

基本 応用 …基本的な問題

基本 応用 …応用的な問題

第1章　総合原価計算の基礎

問題 1 　単純総合原価計算 　　　　　　　　　解答…P.44 基本 応用

　製品Aを大量生産している当社では、単純総合原価計算によって製品原価計算を行っている。次の資料にもとづき、(1)平均法、(2)先入先出法による月末仕掛品原価、完成品総合原価および完成品単位原価をそれぞれ求めなさい。

［資　料］
1．生産データ

月初仕掛品	500個	(0.6)
当月投入	2,300	
合計	2,800個	
月末仕掛品	400	(0.3)
完成品	2,400個	

（注1）直接材料はすべて工程の始点で投入している。
（注2）（　　）内の数値は加工進捗度である。

2．原価データ

	直接材料費	加工費
月初仕掛品原価	344,000円	269,400円
当月製造費用	1,196,000円	1,620,600円

問題 2　単純総合原価計算

解答…P.46　基本 応用

製品Bを大量生産している当社では単純総合原価計算によって製品原価計算を行っている。次の資料にもとづき、先入先出法による月末仕掛品原価および完成品総合原価を求めなさい。また修正先入先出法による完成品単位原価および純粋先入先出法による完成品単位原価を求めなさい。

［資　料］

1．生産データ

月初仕掛品	200kg	(0.7)
当月投入	1,050	
合　計	1,250kg	
月末仕掛品	250	(0.5)
完成品	1,000kg	

（注1）直接材料はすべて工程の始点で投入している。
（注2）（　　）内の数値は加工進捗度である。

2．原価データ

	直接材料費	加工費
月初仕掛品原価	460,000円	189,000円
当月製造費用	2,520,000円	1,379,000円

　製品Cを大量生産している当社では、単純総合原価計算によって製品原価計算を行っている。次の資料にもとづき、先入先出法による完成品総合原価および完成品単位原価を求めるとともに、解答用紙の仕掛品勘定を完成させなさい。

［資　料］

1．生産データ

月 初 仕 掛 品	800個	(0.4)
当 月 投 入	5,200	
合　　　計	6,000個	
月 末 仕 掛 品	1,000	(0.6)
完　成　品	5,000個	

2．原価データ

	月初仕掛品原価	当月製造費用
A　材　料	398,400円	2,600,000円
B　材　料	———	2,700,000円
C　材　料	119,040円	1,900,800円
D　材　料	———	1,575,000円
加　工　費	246,080円	4,118,400円

（注1）A材料は工程の始点で投入し、B材料は加工進捗度50%の点で投入し、C材料は工程を通じて平均的に投入し、D材料は工程の終点で投入されている。

（注2）（　　）内の数値は加工進捗度である。

第2章　仕損・減損が生じる場合の計算

問題 **4**　正常仕損・減損の処理　　　　解答…P.50　基本 応用

　当社では、製品Eを単一工程で大量生産しており、単純総合原価計算を実施している。次の資料にもとづき、月末仕掛品原価、完成品総合原価および完成品単位原価を求めるとともに、解答用紙の仕掛品勘定を完成させなさい。

［資　料］

　1．生産データ

月 初 仕 掛 品	450個	(0.6)
当 月 投 入	2,300	
合　　　計	2,750個	
正 常 仕 損 品	150	(1)
月 末 仕 掛 品	400	(0.3)
完　成　品	2,200個	

（注1）直接材料はすべて工程の始点で投入している。

（注2）（　）内の数値は加工費進捗度および仕損の発生点の進捗度である。

（注3）正常仕損の処理は度外視法を採用しており、仕損の発生点を通過した良品に対して負担させること。なお、仕損品の評価額は、400円/個であり、その価値は70%が材料に、30%が加工にそれぞれ依存している。また正常仕損は当月投入分から発生したものとする。

（注4）月末仕掛品の評価は先入先出法による。

　2．原価データ

	直接材料費	加　工　費
月初仕掛品原価	2,138,000円	781,600円
当月製造費用	4,945,000円	5,632,000円

当社では、製品Gを単一工程で大量生産しており、単純総合原価計算を実施している。次の資料にもとづき、月末仕掛品原価、完成品総合原価および完成品単位原価を求めるとともに、解答用紙の仕掛品勘定を完成させなさい。

[資　料]

1．生産データ

月初仕掛品	200kg	(0.8)
当月投入	800	
合計	1,000kg	
正常減損	50	
月末仕掛品	350	(0.5)
完成品	600kg	

（注1）直接材料はすべて工程の始点で投入している。

（注2）（　）内の数値は加工費進捗度である。

（注3）正常減損は工程を通じて平均的に発生しており、度外視法によって処理する。

（注4）月末仕掛品の評価は平均法による。

2．原価データ

	直接材料費	加　工　費
月初仕掛品原価	660,000円	638,080円
当月製造費用	2,304,000円	2,833,920円

当社では、製品Ⅰを連続生産しており、全部実際純粋総合原価計算を採用している。以下の資料にもとづき、月末仕掛品原価、完成品総合原価および完成品単位原価を算定しなさい。ただし、完成品単位原価は修正先入先出法による単位原価と純粋先入先出法による単位原価（月初仕掛品完成分と当月投入完成分）に区別して計算すること。

［資　料］

1. 生産データ

月 初 仕 掛 品	1,000個 (0.7)
当 月 投 入	3,200
合　　計	4,200個
正 常 仕 損 品	400　(1)
月 末 仕 掛 品	800　(0.5)
完 　 成 　 品	3,000個

（注1）直接材料はすべて工程の始点で投入している。

（注2）生産データの（　）内の数値は加工費進捗度および仕損の発生点の進捗度である。

（注3）月末仕掛品の評価は先入先出法により、正常仕損の処理は非度外視法による。なお、正常仕損はすべて当月投入分から生じたものとする。

2. 原価データ

	直接材料費	加 工 費
月初仕掛品原価	450,000円	504,000円
当月製造費用	1,536,000円	2,325,000円

当社では、製品Jを連続生産しており、全部実際純粋総合原価計算を採用している。以下の資料にもとづき、月末仕掛品原価、完成品総合原価および完成品単位原価を算定するとともに、解答用紙の仕掛品勘定を完成させなさい。

[資 料]

1．生産データ

月初仕掛品	800個	(0.7)
当月投入	9,800	
合　計	10,600個	
正常仕損品	600	(0.4)
月末仕掛品	1,200	(0.6)
完成品	8,800個	

（注1）直接材料はすべて工程の始点で投入している。

（注2）生産データの（　）内の数値は加工費進捗度および仕損の発生点の進捗度である。

（注3）月末仕掛品の評価は修正先入先出法により、正常仕損の処理は非度外視法による。なお、仕損品はすべて当月投入分より生じたものであり、1個あたり23円の処分価値がある。

2．原価データ

	直接材料費	加工費
月初仕掛品原価	114,000円	203,400円
当月製造費用	1,127,000円	3,703,000円

当社では製品Kを連続生産しており、全部実際純粋総合原価計算を採用している。以下の資料にもとづき、月末仕掛品原価、完成品総合原価および完成品単位原価を算定するとともに、解答用紙の仕掛品勘定を完成させなさい。

[資　料]

1．生産データ

月初仕掛品	400kg	(0.6)
当月投入	4,300	
合計	4,700kg	
正常減損	200	
月末仕掛品	500	(0.8)
完成品	4,000kg	

（注1）直接材料はすべて工程の始点で投入している。

（注2）生産データの（　　）内の数値は加工費進捗度である。

（注3）月末仕掛品の評価は平均法により、正常減損の処理は非度外視法による。なお、正常減損は工程を通じて平均的に発生した。

2．原価データ

	直接材料費	加工費
月初仕掛品原価	284,000円	280,200円
当月製造費用	2,042,500円	4,174,800円

当社では、製品Lを連続生産しており、全部実際純粋総合原価計算を採用している。以下の資料にもとづき、各問に答えなさい。

[資　料]

1. 生産データ

月初仕掛品	500個	(0.8)
当月投入	2,000	
合計	2,500個	
正常仕損品	200	(0.5)
異常仕損品	200	(0.7)
月末仕掛品	600	(0.6)
完成品	1,500個	

（注1）直接材料はすべて工程の始点で投入している。

（注2）生産データの（　　）内の数値は加工費進捗度および仕損の発生点の進捗度である。

（注3）月末仕掛品の評価は修正先入先出法による。なお、正常仕損および異常仕損は、すべて当月作業分から生じ、正常および異常仕損品ともに、1個あたり450円の処分価値があり直接材料費から控除する。

（注4）正常仕損費の完成品、月末仕掛品などへの負担のさせ方については、発生点の進捗度にもとづいて決定する。

2. 原価データ

	直接材料費	加　工　費
月初仕掛品原価	570,000円	1,200,840円
当月製造費用	2,160,000円	5,361,120円

問1　正常仕損非度外視法により、月末仕掛品原価、異常仕損費、完成品総合原価および完成品単位原価を算定しなさい。

問2　正常仕損度外視法により、月末仕掛品原価、異常仕損費、完成品総合原価および完成品単位原価を算定しなさい。

なお、完成品単位原価の解答数値に端数が生じる場合には円位未満小数第3位を四捨五入すること。

　当社では、製品Oをバッチ生産しており、全部実際総合原価計算を採用している。以下の資料にもとづき、月末仕掛品原価、完成品総合原価および完成品単位原価を算定するとともに、解答用紙の仕掛品勘定を完成させなさい。なお、完成品単位原価の計算で端数が生じる場合は円未満で四捨五入すること。

［資　料］

1．生産データ

月 初 仕 掛 品	――	
当 月 投 入	4,000kg	
合　　　計	4,000kg	
正 常 減 損	340	
月 末 仕 掛 品	960	(0.4)
完 　成 　品	2,700kg	

（注1）直接材料はすべて工程の始点で投入している。

（注2）生産データの（　）内の数値は加工費進捗度である。

（注3）当月投入分は第1バッチ1,000kg、第2バッチ2,000kg、第3バッチ1,000kgであり、第1バッチと第2バッチが完成している。

（注4）正常減損は工程を通じて平均的に発生し、発生率は10％で安定している。なお、正常減損の処理は非度外視法による。

2．原価データ

当 月 製 造 費 用	
直 接 材 料 費	3,130,400円
加 　工 　費	7,132,400円

第3章　工程別総合原価計算

　製品ＡＢを連続する2つの工程で量産する当社では、全原価要素工程別実際単純総合原価計算（累加法）を採用している。以下の資料にもとづき、解答用紙の勘定記入を完成させるとともに工程別完成品単位原価を計算しなさい。

［資　料］
1．生産データ

	第1工程	第2工程
月 初 仕 掛 品	750kg (0.6)	800kg (0.9)
当 月 投 入	3,800	4,000
合　　計	4,550kg	4,800kg
正 常 減 損	50　(1)	100　(0.2)
月 末 仕 掛 品	500　(0.4)	700　(0.5)
完 成 品	4,000kg	4,000kg

2．原価データ

	第1工程	第2工程
月初仕掛品原価：		
直 接 材 料 費	1,440,000円	――
前 工 程 費	――	1,920,000円
加 工 費	432,000円	1,412,000円
当月製造費用：		
直 接 材 料 費	3,040,000円	――
前 工 程 費	――	?円
加 工 費	1,824,000円	7,117,500円

（注1）直接材料はすべて第1工程の始点で投入された。
（注2）生産データの（　）内の数値は加工費進捗度および減損の発生点の進捗度である。
（注3）第1工程完成品はただちに第2工程に振り替えられる。
（注4）月末仕掛品の評価方法は第1工程、第2工程ともに先入先出法とする。
（注5）正常減損の処理は非度外視法による。なお、減損はすべて当月投入分のみから生じた。

製品ＧＨを製造する当社は、累加法による実際工程別総合原価計算を実施している。以下の資料にもとづき、解答用紙に示された仕掛品勘定を完成させなさい。

［資　料］

当社には、2つの製造工程（第1工程と第2工程）と2つの補助部門（甲補助部門と乙補助部門）がある。製品ＧＨの製造過程は、まず第1工程始点においてＸ材料を、工程の始点から加工進捗度80％の段階まで平均的にＹ材料を投入し、第1工程の作業が終了した生産物のすべてを第2工程に振り替える。第2工程では受け入れた第1工程完成品3kgを1個として生産を行うが、工程を通じて平均的にＺ材料を追加投入し、製品ＧＨを生産している。

1．生産データ

	第1工程	第2工程
月 初 仕 掛 品	2,000kg（0.6）	250個（0.7）
当 月 投 入	7,000	2,500
合 計	9,000kg	2,750個
正 常 仕 損	—	100 （1）
異 常 減 損	500 （0.9）	—
月 末 仕 掛 品	1,000 （0.4）	250 （0.8）
完 成 品	7,500kg	2,400個

（注1）（　）内の数値は加工費の進捗度または仕損、減損の発生点の進捗度である。

（注2）各工程の月末仕掛品および完成品への原価配分の方法は先入先出法を採用し、異常減損および正常仕損は当月投入分から生じたものとする。

（注3）正常仕損費の負担関係は、仕損発生点の進捗度にもとづいて決定し、その処理は度外視法によること。なお、第2工程正常仕損品には3,840円／個の評価額があり第2工程加工費から控除する。

（注4）追加的に材料を投入しても製品生産量は増加しない。

2．原価データ

各工程の実際原価：

| | 月初仕掛品原価 | | 当月製造費用 |
	第1工程	第2工程	
X 材 料 費	3,354,000円	1,121,580円	10,416,000円
Y 材 料 費	601,200円	315,560円	3,015,600円
Z 材 料 費	――	519,600円	3,272,400円
加工費（第1工程）	3,168,000円	2,067,820円	？円
加工費（第2工程）	――	1,905,120円	？円

当月加工費実際発生額：

| | 合計 | 製 造 工 程 | | 補 助 部 門 | |
		第 1 工 程	第 2 工 程	甲補助部門	乙補助部門
第 1 次 集 計 費					
変 動 費（千円）	23,197.8	6,106.8	7,551.8	5,795.2	3,744.0
固 定 費（千円）	25,705.0	4,457.6	10,279.4	6,928.0	4,040.0
合　　計（千円）	48,902.8	10,564.4	17,831.2	12,723.2	7,784.0
甲補助部門サービス実際消費割合	100%	30%	50%	――	20%
乙補助部門サービス実際消費割合	100%	35%	35%	30%	――
甲補助部門サービス消費能力割合	100%	30%	45%	――	25%
乙補助部門サービス消費能力割合	100%	40%	30%	30%	――

補助部門費については相互配賦法（連立方程式法）と複数基準配賦法により変動費、固定費ともにその実際発生額を製造工程に配賦する。

当社は製品ⅠJを量産しており、全原価要素工程別実際単純総合原価計算（非累加法）を採用している。以下の資料にもとづき、各問に答えなさい。

［資　料］

1．生産データ

	第1工程	第2工程
月 初 仕 掛 品	500個（0.4）	500個（0.5）
当 月 投 入	3,900	4,000
合 計	4,400個	4,500個
月 末 仕 掛 品	400　（0.5）	500　（0.8）
完 成 品	4,000個	4,000個

（注1）直接材料はすべて第1工程の始点で投入している。

（注2）生産データの（　　）内の数値は加工費進捗度を示す。

2．原価データ

	第1工程	第2工程
月初仕掛品原価：		
直 接 材 料 費	1,694,750円	1,653,750円
第 1 工 程 加 工 費	621,150	1,269,000
第 2 工 程 加 工 費	――	666,250
当 月 製 造 費 用：		
直 接 材 料 費	9,459,450	――
第 1 工 程 加 工 費	8,883,000	――
第 2 工 程 加 工 費	――	9,233,750

問1　累加法と計算結果が一致する非累加法により解答用紙の勘定記入を完成しなさい。ただし完成品と月末仕掛品への原価配分は修正先入先出法によるものとする。

問2　非累加法本来の計算（通常の非累加法）により解答用紙の勘定記入を完成しなさい。ただし完成品と月末仕掛品への原価配分は修正先入先出法によるものとする。

当社では製品ＫＬを連続する２つの工程で量産しており、製品ＫＬに使用するＡ原料の価格は日ごとに変動が著しいため、原価管理の中心を加工費におき加工費工程別実際総合原価計算（累加法）を採用し、月末仕掛品の評価方法は先入先出法を採用している。以下の資料にもとづき、解答用紙の勘定記入を完成し、さらに完成品単位原価を計算しなさい。ただし、加工費の単位原価については、(a)月初仕掛品完成分、(b)当月投入完成分、(c)当月完成品全体の加重平均単位原価に区別して計算すること。

[資　料]

1．生産データ

	第１工程	第２工程
月 初 仕 掛 品	1,000kg (0.7)	800kg (0.6)
当 月 投 入	5,100	4,400
合　　　　計	6,100kg	5,200
正 常 減 損	200　(0.5)	200　(0.5)
月 末 仕 掛 品	1,500　(0.2)	1,000　(0.3)
完　　成　　品	4,400kg	4,000kg

（注１）Ａ原料はすべて第１工程の始点で投入している。

（注２）生産データの（　　）内の数値は加工費進捗度および減損の発生点の進捗度を示す。

（注３）第１工程完成品はただちに第２工程へ振り替えられた。

（注４）正常減損はすべて当月投入分から生じ、正常減損の処理は非度外視法による。ただし原料費の計算については、全額を最終完成品に負担させるものとする。

2．原価データ

(1)　Ａ原料費

　月初仕掛品原価：　137,000円

　当月製造費用：　280,500円

(2)　加工費

	第１工程	第２工程
月初仕掛品原価：		
前 工 程 費	——円	62,400円
当 工 程 費	61,960	20,160
当月製造費用：		
前 工 程 費	——	?
当 工 程 費	236,980	125,440

第4章　組別・等級別総合原価計算

問題 15　組別総合原価計算

解答…P.87 **基本** **応用**

　当工場では、異種製品である製品MNと製品OPを量産し、全原価要素工程別組別実際総合原価計算（累加法）を採用している。以下の資料にもとづき、解答用紙の勘定記入を完成しなさい。

［資　料］

1．生産データ

	製品MN		製品OP	
	第1工程	第2工程	第1工程	第2工程
月初仕掛品	200kg(0.75)	70kg(0.4)	175kg(0.2)	100kg(0.4)
当月投入	1,100	1,000	1,325	1,250
合計	1,300kg	1,070kg	1,500kg	1,350kg
正常仕損	50　(0.2)	120　(1)	50　(0.5)	——
月末仕掛品	250　(0.3)	200　(0.7)	200　(0.8)	350　(0.8)
完成品	1,000kg	750kg	1,250kg	1,000kg

（注1）原料はすべて第1工程の始点で投入された。

（注2）生産データの（　）内の数値は加工費進捗度および仕損の発生点の進捗度を示す。

（注3）第1工程完成品はただちに第2工程に振り替えられ、始点投入された。

（注4）月末仕掛品の評価は、修正先入先出法による。また正常仕損の処理は度外視法により、その負担関係は進捗度にもとづいて決定する。なお、正常仕損はすべて当月投入分から生じたものであり、評価額はない。

2．原価データおよび直接作業時間

	製品MN		製品OP	
	第1工程	第2工程	第1工程	第2工程
月初仕掛品原価：				
前 工 程 費		132,150円		164,000円
当 工 程 費				
原 料 費	135,000円		117,740円	
加 工 費	58,050	85,950	45,120	30,720
当月製造費用：				
前 工 程 費		？		？
当 工 程 費				
原 料 費	659,400		892,500	
組直接加工費	431,950	393,340	889,500	44,640
当月直接作業時間	975時間	922時間	1,400時間	1,240時間

　当月製造費用のうち加工費については、上記以外に組間接加工費が第1工程では、1,187,500円、第2工程では、1,081,000円発生しており、組間接費は各製品の直接作業時間を基準に配賦する。

問題 16 等級別総合原価計算

解答…P.93 基本 応用

当社では等級製品である製品QRと製品STを量産し、等級別実際総合原価計算を採用している。以下の資料にもとづき、各問に答えなさい。

［資 料］

1．生産データ

	製品QR	製品ST
月 初 仕 掛 品	2,500kg（0.4）	2,000kg（0.25）
当 月 投 入	4,000	3,000
合 計	6,500kg	5,000kg
月 末 仕 掛 品	1,500 （0.8）	1,000 （0.5）
完 成 品	5,000kg	4,000kg

（注1） 原料は始点で投入された。

（注2） 生産データの（ ）内の数値は加工費進捗度を示す。

（注3） 月末仕掛品の評価は製品QR、製品STともに平均法による。

2．原価データ

	製品QR	製品ST
月初仕掛品原価：		
原 料 費	3,412,500円	2,184,000円
加 工 費	4,138,500	1,241,550
当月製造費用：		
原 料 費	21,840,000円	
加 工 費	23,589,450	

3．等価係数

	製品QR	製品ST
原 料 費	1	0.8
加 工 費	1	0.6

問1 製品QRと製品STの月末仕掛品原価、完成品総合原価および完成品単位原価を計算しなさい。ただし等級別計算を行うにあたり、等価係数は、当月製造費用を各等級製品に按分する段階で使用する。

問2 製品QRと製品STの月末仕掛品原価、完成品総合原価、および完成品単位原価を計算しなさい。ただし等級別計算は各等級製品の月初仕掛品原価と当月製造費用の合計額を等価係数を使用した各等級製品の完成品、月末仕掛品へ按分する方法による。

当社では等級製品である製品UVと製品WXを量産し、等級別実際総合原価計算を採用している。以下の資料にもとづき、解答用紙の仕掛品勘定を記入するとともに各製品の完成品単位原価を計算しなさい。

[資　料]

1．生産データ

	製品UV		製品WX	
月 初 仕 掛 品	800個	(0.3)	350個	(0.8)
当 月 投 入	4,000		4,350	
合　　　　計	4,800個		4,700個	
正 常 仕 損 品	200	(1)	400	(0.5)
月 末 仕 掛 品	600	(0.7)	800	(0.6)
完　成　品	4,000個		3,500個	

（注1）原料は始点で投入された。

（注2）生産データの（　）内の数値は加工費進捗度および仕損の発生点の進捗度である。

（注3）等級係数は原料費と加工費を区別して、当月製造費用を各等級製品に按分する際に使用している。

（注4）月末仕掛品の評価はともに修正先入先出法による。

（注5）正常仕損の処理は非度外視法により、その負担関係は進捗度にもとづいて決定する。なお、正常仕損品はすべて当月投入分から生じたものであり、製品UVには1個あたり43円、製品WXには1個あたり15.75円の処分価値がある。

2．原価データ

	製品UV	製品WX
月 初 仕 掛 品 ：		
原　料　費	3,163,000円	1,960,000円
加　工　費	880,000	1,956,780
当 月 製 造 費 用 ：		
原　料　費	32,762,400円	
加　工　費	34,675,200	

3．等価係数

	製品UV	製品WX
原　料　費	1	0.8
加　工　費	1	0.6

第5章　連産品の原価計算

問題 18　連産品の原価計算　　　　　　　　解答…P.104　基本 応用

　当工場では主製品のCとDならびに副産物Eを生産している。主製品は連産品であり、第1工程の終点において中間製品のCとDに分離される。副産物のEもその時点で同時に分離回収される。中間製品Cは続いて第2工程において、加工され製品Cとなる。中間製品Dは、第3工程において加工され製品Dとなる。副産物Eは第1工程で分離されたままの状態で販売される。

　月末仕掛品の評価は平均法によるものとし、次のデータにもとづいて、各問に答えなさい。

1．生産データ

	第1工程	第2工程	第3工程
月初仕掛品	2,000kg (0.5)	0kg	0kg
当月投入	11,000	5,000	4,000
計	13,000kg	5,000kg	4,000kg
月末仕掛品	3,000 (0.4)	0	0
完成品	10,000kg	5,000kg	4,000kg

完成品内訳：
中間製品C　5,000kg
中間製品D　4,000kg
副産物E　1,000kg

（注1）原料は第1工程の始点で投入される。
（注2）上記（　）内の数値は、加工費進捗度を示す。

2．第1工程の原価データ
月初仕掛品原価
　原　料　費　　　　56,800円
　加　工　費　　　　30,400円
当月製造費用
　原　料　費　　　326,700円
　加　工　費　　　367,200円

３．各製品ならびに副産物の正常市価および分離後に要する加工費の見積額

		正常市価	分離後見積加工費
製品Ｃ	1 kgあたり	240円	102円
製品Ｄ	1 kgあたり	225円	135円
副産物Ｅ	1 kgあたり	20円	——円

なお分離後加工費の実際額は製品Ｃ、Ｄとも分離後見積加工費どおりに発生した。

問１　第１工程の月末仕掛品原価、副産物Ｅの評価額、および連産品に按分すべき連産原価を計算しなさい。

問２　各連産品への連結原価の按分を中間製品の生産量を基準に行った場合、製品Ｃおよび製品Ｄの完成品原価、完成品単位原価はいくらになるか計算しなさい。

問３　各連産品への連結原価の按分を、分離点における見積正味実現可能価額を基準に行った場合、製品Ｃおよび製品Ｄの完成品原価はいくらになるか計算し、生産された製品Ｃおよび製品Ｄは全量正常市価により販売されたものとして、解答用紙の製品別損益計算書（売上総利益まで）を作成するとともに、売上高総利益率を計算しなさい。

第6章　標準原価計算の基礎

問題 19 標準原価計算の基礎　　　　　解答…P.108

当工場では製品Aを製造・販売しており、パーシャル・プランの標準原価計算制度を採用している。以下の資料にもとづき、解答用紙の原価計算関係の勘定の空欄を記入し完成させなさい。

［資　料］

1．標準原価カード

直接材料費 ：	2,200円/kg	×	10kg/個	=	22,000円
直接労務費 ：	1,500円/時間	×	4時間/個	=	6,000円
製造間接費 ：	3,000円/時間	×	4時間/個	=	12,000円
製品A1個あたりの標準原価					40,000円

（注）製造間接費は直接作業時間を基準に配賦しており、月間正常直接作業時間は4,400時間、月間固定製造間接費予算は8,800,000円である。

2．生産データ

月 初 仕 掛 品	100個	(0.4)
当 月 投 入	1,100	
合　　　計	1,200個	
月 末 仕 掛 品	200	(0.3)
完 成 品	1,000個	

（注1）直接材料は工程の始点ですべて投入される。

（注2）仕掛品の（　　）内の数値は加工費進捗度を示す。

3．当月の実際原価データ

(1) 直接材料費：月初棚卸高　　　　　　500kg　（実際原価1,017,400円）
　　　　　　　　当月購入高（掛買い）11,700kg　（実際原価26,091,000円）
　　　　　　　　月末棚卸高　　　　　　600kg

　　　材料は実際消費単価は平均法によって算定している。

(2) 直接労務費： 6,340,320円（4,284直接作業時間）

(3) 製造間接費：13,023,360円

4．その他

直接材料費差異は価格差異と数量差異に、直接労務費差異は賃率差異と時間差異に、製造間接費差異は予算差異、（変動費と固定費の）能率差異、操業度差異に分析する。

24

当工場では製品Cを製造・販売しており、修正パーシャル・プランの標準原価計算制度を採用している。以下の資料にもとづき解答用紙の原価計算関係諸勘定の空欄を記入し、完成させなさい。なお、材料受入価格差異勘定は締め切らなくてもよい。

[資　料]

1．標準原価カード

直接材料費 ：	1,500円/kg	×	4 kg/個 ＝	6,000円
直接労務費 ：	1,000円/時間	×	2時間/個 ＝	2,000円
製造間接費 ：	2,000円/時間	×	3時間/個 ＝	6,000円
製品C1個あたりの標準原価				14,000円

（注）製造間接費は機械運転時間を基準に配賦しており、月間正常機械運転時間1,200時間、月間固定製造間接費予算は1,440,000円である。

2．当月の生産データ

```
月 初 仕 掛 品      30個 （0.2）
当 月 投 入      375
  合    計      405個
月 末 仕 掛 品      20    （0.6）
完    成    品      385個
```

（注1）直接材料は工程の始点ですべて投入される。
（注2）仕掛品の（　）内の数値は加工費進捗度を示す。

3．当月の実際原価データ

(1) 直接材料費

月初在庫量	当月購入量	月末在庫量
75kg	1,600kg（実際購入単価　@1,480円）	135kg

当工場では、直接材料は掛けで購入し、標準単価で材料勘定に借記している。なお、当月に棚卸減耗は発生していない。

(2) 直接労務費： 821,600円（790直接作業時間）

(3) 製造間接費：2,379,000円（1,190機械運転時間）

4．その他

製造間接費差異は予算差異、（変動費と固定費の）能率差異、操業度差異に分析しており、そのすべてが仕掛品勘定で把握される。

第7章　標準原価計算の応用

問題 21 標準工程別総合原価計算　　　　　解答…P.117 **基本** **応用**

　当工場では製品Dを製造・販売しており、パーシャル・プランの標準工程別総合原価計算（累加法）を採用している。そこで以下の資料にもとづき仕掛品－第1工程、仕掛品－第2工程の記入を行い、併せて標準原価差異分析表を完成させなさい。

　なお、当社では材料勘定には標準単価で借記しており、また製造間接費差異は、変動費予算差異、固定費予算差異、（変動費と固定費の）能率差異、操業度差異に分析している。

［資　料］

1．標準原価カード（製品D1個あたり）

	第1工程	第2工程	合計
直接材料費			
材　料　A	@600 × 4kg = 2,400円	──	
材　料　B	──	@300 × 2kg = 600円	
		標準直接材料費	3,000円
直接労務費			
第1工程	@1,000円 × 2時間 = 2,000円	──	
第2工程	──	@1,200円 × 3時間 = 3,600円	
		標準直接労務費	5,600円
製造間接費			
第1工程	@1,500円 × 2時間 = 3,000円	──	
第2工程	──	@1,700円 × 2時間 = 3,400円	
		標準製造間接費	6,400円
		製品単位あたりの標準製造原価	15,000円

（注）製品Dの製造は、第1工程の始点において直接材料Aを投入して加工する。第1工程完成品はただちに第2工程へ移管され第2工程の加工を受け完成する。なお直接材料Bは、第2工程の加工の進捗に応じて投入される。

2．公式法変動予算にもとづく製造間接費月次予算

	変動費率	固定費予算額	基準操業度
第1工程	@700円	1,000,000円	1,250直接作業時間
第2工程	@700円	1,100,000円	1,100機械稼働時間

3．当月の生産データ

	第1工程	第2工程
月初仕掛品	60個（0.4）	40個（0.8）
当月投入	600	570
合計	660個	610個
月末仕掛品	90（0.5）	60（0.5）
完成品	570個	550個

（注）仕掛品の（　）内の数値は加工費進捗度を示す。

4．当月実績データ

(1) 直接材料費

	月初在庫量	当月購入量	当月消費量	月末在庫量
材料A	150kg	2,600kg（実際購入単価605円）	2,430kg	320kg
材料B	90kg	1,075kg（実際購入単価296円）	1,105kg	60kg

(2) 直接労務費

第1工程　＠ 980円×1,188時間＝1,164,240円

第2工程　＠1,210円×1,625時間＝1,966,250円

(3) 製造間接費

	実際変動費	実際固定費
第1工程	848,250円	1,000,000円（？時間）
第2工程	782,000円	1,090,000円（1,090時間）

当社は標準規格製品E、F、Gをロット別に生産し、シングル・プランの標準原価計算制度を採用している。以下の資料にもとづいて当月の(A)製造指図書別原価計算表(B)原価計算関係諸勘定(C)原価差異指図書別内訳表を完成させなさい。

〔資　料〕

1．原価標準

製品E、F、Gそれぞれ1個あたりの標準原価は下記のとおりである。

	製品E	製品F	製品G
直接材料費	200円/kg×4kg＝800円	200円/kg×5kg＝1,000円	200円/kg×6kg＝1,200円
直接労務費	800円/時×1時＝800円	800円/時×2時＝1,600円	800円/時×3時＝2,400円
製造間接費	900円/時×1時＝900円	900円/時×2時＝1,800円	900円/時×3時＝2,700円
合　計	2,500円	4,400円	6,300円

2．製造間接費予算

製造間接費は公式法変動予算が設定されており、月間正常直接作業時間（基準操業度）にもとづく月間予算額は次のとおりである。

変動費　＠300円　　固定費　990,000円

正常直接作業時間　1,650時間

3．当月の取引

(1)　製造指図書の発行

製品E、F、Gを生産、販売するため次のような製造指図書が発行されている。

製造指図書No. 1：製品Eを2ロット（1ロット＝300個）生産

製造指図書No. 2：製品Fを1ロット（1ロット＝500個）生産

製造指図書No. 3：製品Gを1ロット（1ロット＝200個）生産

(2)　材料の購入（掛買い。なお月初材料はない。）

主要材料　＠220円×3,800kg＝836,000円

なお、当社では材料購入時に標準単価で材料勘定に借記している。

(3)　材料実際消費量

製造指図別の材料実際消費量は次のとおりである。

	No. 1	No. 2	No. 3	合　計
主要材料消費量	――	？kg	？kg	？kg

(4) 超過材料庫出請求書と材料戻入票

当月の各製造指図書別の主要材料の超過材料庫出請求書と材料戻入票の内容は次のとおりであった。

	超過材料庫出請求書による超過材料消費量	材料戻入票による材料戻入数量
No. 1	——	——
No. 2	60kg	——
No. 3	——	25kg

(5) 直接工実際賃金消費額

	No. 1	No. 2	No. 3	合計
実際直接作業時間	400時間	980時間	220時間	1,600時間
実 際 賃 率	@810円	@810円	@810円	@810円
実際直接労務費	324,000円	793,800円	178,200円	1,296,000円

(6) 製造間接費実際発生額　1,512,000円

(7) 製造指図書別の生産・販売状況

上記に示した製造指図書のうち、No. 1 は前月に製造着手し、前月末において直接材料費については100%投入済みであり、直接労務費と製造間接費については、40%だけ投入されていた。No. 2 と No. 3 は当月に製造着手した。

No. 1 と No. 2 は当月中に完成し、No. 1 については注文主に引き渡したが、No. 2 は引渡未済である。また No. 3 は月末において直接材料費については100%投入済みであり、直接労務費、製造間接費については30%だけ投入されている。

また、月初製品の在庫はなかった。

第8章　標準原価計算における仕損・減損①

問題 23　仕損・減損が生じる場合の標準原価計算　解答…P.134　基本 応用

　当工場では製品Hを製造・販売しており、パーシャル・プランの全部標準総合原価計算を採用している。以下の資料にもとづき解答用紙の(1)仕掛品勘定を作成し(2)標準原価総差異の分析を行いなさい。

[資　料]

1. 製品Hの原価標準

原料費	500円/kg ×30kg	=	15,000円
加工費	700円/時間×10時間	=	7,000円
1個あたり正味標準製造原価			22,000円

　　　加工費は、直接作業時間を基準に配賦している。なお月間固定加工費予算は、1,820,000円、月間正常直接作業時間は4,550時間である。

2. 正常仕損

　　　製品Hの生産には、上記の原価のほかに正常仕損が工程の終点で発生する。正常仕損率は良品に対し3％である。当工場では、正常仕損費を原価標準に組み込む際に、原価要素別の標準消費量をそれぞれ3％ずつ増やすことによって製品1個あたりの総標準製造原価を設定する方法（第1法とよぶ）を採用している。

3. 当月の生産データ

月 初 仕 掛 品	60個	(0.4)
当 月 投 入	440	
合　　　計	500個	
仕 損 品	20	
月 末 仕 掛 品	80	(0.8)
完 成 品	400個	

　　　原料は工程の始点で投入される。（　　）内は加工費の進捗度を示す。仕損はすべて工程の終点で発生し、正常仕損費は異常仕損品に負担させないものとする。また、正常仕損品および異常仕損品には売却価値はない。

4．当月の実際製造費用

原料費　510円/kg × 13,120kg ＝　6,691,200円

加工費　　　　　　　　　　　3,226,500円

合　計　　　　　　　　　　　9,917,700円

5．当月の実際直接作業時間　4,500時間

6．加工費の差異は公式法変動予算と三分法（能率差異は変動費と固定費の両方から算出する）によって分析している。

　当工場では製品Jを製造・販売しており、パーシャル・プランの全部標準総合原価計算を採用している。以下の資料にもとづき解答用紙の仕掛品勘定を作成し、標準原価差異分析を行いなさい。

［資　料］
１．製品Jの原価標準

直接材料費	900円/kg×3kg	=	2,700円
直接労務費	800円/時間×4時間	=	3,200円
製造間接費	700円/時間×4時間	=	2,800円
1個あたり正味標準製造原価			8,700円

　　製造間接費は、直接作業時間を基準に配賦している。なお月間固定製造間接費予算は5,910,000円、月間正常直接作業時間は19,700時間である。

２．正常仕損

　　製品Jの生産には、上記の原価のほかに正常仕損が工程の終点で発生する。正常仕損率は良品に対して5％である。当工場では正常仕損費を原価標準に組み込む際に原価要素別の標準消費量を補正せず、製品1個あたりの正味標準製造原価に特別費として正常仕損費を加えて製品1個あたりの総標準原価を設定する方法（第2法とよぶ）を採用している。

３．当月の生産データ

月 初 仕 掛 品	1,600個	(0.5)
当 月 投 入	4,500	
合　　　計	6,100個	
仕 損 品	300	
月 末 仕 掛 品	1,000	(0.6)
完 成 品	4,800個	

　　直接材料は工程の始点で投入される。（　　）内は加工費の進捗度を示す。仕損はすべて工程の終点で発生し、正常仕損費は異常仕損品に負担させないものとする。また仕損品は、正常仕損、異常仕損を問わず、1個あたり700円で売却処分することができる。

4．当月の実際製造費用

　　直接材料費　　901円/kg × 13,600kg　　＝　12,253,600円

　　直接労務費　　802円/時間 × 19,500時間 ＝ 15,639,000円

　　製造間接費　　　　　　　　　　　　　　　13,727,400円

　　　合　計　　　　　　　　　　　　　　　　41,620,000円

5．製造間接費の差異は公式法変動予算、四分法によって分析している。

第9章　標準原価計算における仕損・減損②

問題 25　配合・歩留差異の分析

解答…P.141　基本 応用

　当社では製品Mを製造・販売しており、パーシャル・プランの全部標準総合原価計算を採用している。製品Mは原料甲、乙および丙を配合して製造され、その標準配合割合は甲：乙：丙＝5：4：1と定められている。

　以下の資料にもとづき原価計算関係諸勘定を作成し、直接労務費および製造間接費の各差異を分析しなさい。

［資　料］
1．原料費標準

　　製品Mを8kg製造するのに必要な各原料の標準消費量および標準単価は次のとおりである。

原料種類	標準消費量	標準単価	標準原料費
甲	5kg	@70円	350円
乙	4kg	@60円	240円
丙	1kg	@50円	50円
投入量合計	10kg		640円

　　したがって投入原料1kgあたりの標準原料費は64円/kg（＝640円÷10kg）であり製品1個あたりの標準原料費は80円/kg（＝640円÷8kg）である。なお、減損は工程終点で生じたものとする。

2．直接労務費標準

　　上記10kgの原料を8kgの製品に加工するためには「280円/時間×2時間＝560円」の直接労務費を必要とする。したがって製品1kgあたりの標準直接労務費は70円/kg（＝560円÷8kg）である。

3．製造間接費標準

　　　月間の正常製造間接費　　1,680,000円
　　　月間の正常直接作業時間　　8,400時間

　　　標準配賦率（直接作業時間基準）

	固定費率	120円/時間
	変動費率	80円/時間
	計	200円/時間

　　上記10kgの原料を8kgの製品に加工するためには「200円/時間×2時間＝400円」の製造間接費を必要とする。したがって製品1kgあたりの標準製造間接費は50円/kg（＝400円÷8kg）である。

4．当月の実際直接作業時間および実際直接労務費
　　　実際直接作業時間：8,200時間
　　　実際直接労務費：2,378,000円
5．当月実際製造間接費　1,674,000円
6．当月の生産データ

当　月　投　入		
原　料　甲	20,800kg	
原　料　乙	15,800kg	
原　料　丙	3,400kg	40,000kg
減　　　　　損		8,400
完　成　品		31,600kg

　当社では製品Nを製造・販売しており、パーシャル・プランの全部標準総合原価計算を採用している。製品Nは、原料甲および乙を配合して製造され、その標準配合割合は甲：乙＝6：4と定められている。

　以下の資料にもとづき(1)各勘定の記入を完成させるとともに(2)各原料ごとの原料受入価格差異を分析し、また(3)各原料ごとの原料数量差異を原料別の標準価格を用いて原料配合差異と原料歩留差異とに分析しなさい。さらに(4)直接労務費の労働能率差異を（純粋な）労働能率差異と労働歩留差異とに分析し、また(5)製造間接費の製造間接費能率差異を（純粋な）製造間接費能率差異と製造間接費歩留差異に分析しなさい。

［資　料］
1．製品N 8kgを製造するのに必要な標準単価および標準消費量

　　原料甲　70円/kg×　6 kg　＝　　420円
　　原料乙　45円/kg×　4 kg　＝　　180円
　　合　計　　　　　　10kg　　　　600円

2．10kgの原料を8 kgの製品Nに加工するのに必要な標準直接労務費

　　直接労務費：200円/時間×4時間＝800円

3．10kgの原料を8 kgの製品Nに加工するのに必要な標準製造間接費

　　製造間接費：250円/時間×4時間＝1,000円

　　（注）製造間接費の変動費率は100円/時間、固定製造間接費の予算は、
　　　　　1,044,000円（月額）である。

4．原料甲および乙の当月実際データ

原料	月初在庫量	当月購入量	実際購入単価	月末在庫量	当月消費量
甲	1,200kg	8,600kg	71円/kg	360kg	9,440kg
乙	600kg	6,600kg	47円/kg	640kg	6,560kg
合計	1,800kg	15,200kg		1,000kg	16,000kg

5．直接労務費および製造間接費の当月実績データ

　　直接労務費　202円/時間×6,900時間＝1,393,800円
　　製造間接費　　　　　　　　　　　　　1,760,000円

6．当月の製品Nの生産データ

月初仕掛品量　5,600kg(0.5)
月末仕掛品量　6,000kg(0.7)
当月完成品量　12,000kg

（注）原料甲および乙は工程の始点で投入される。（　　）内は加工進捗度を示す。減損はすべて工程の終点で発生した。

7．当社では正常減損費を含まない正味標準製造原価に正常減損費を特別費として加算する方法により原価標準を設定している。

第10章　原価差異の会計処理

問題 27　原価差異の会計処理　　　　　解答…P.154

　当社では、製品Pを製造・販売し、パーシャル・プランの標準純粋総合原価計算制度を採用している。以下の資料にもとづき、各問に答えなさい。

［資　料］
1．製品Pの直接材料費標準

M－1　　40円×3kg＝　　120円
M－2　　90円×2kg＝　　180円
合　計　　　　　　　　　300円

　（注）材料M－1は工程の始点で投入され、材料M－2は工程を通じて平均的に投入される。

2．当年度の年間取引データ要約
(1)　期首材料、期首仕掛品、期首製品はなかった。
(2)　材料M－1、M－2は掛けで購入したときに標準単価で受け入れている。
(3)　材料購入高と消費高

	実際購入単価	実際購入量	実際消費量	期末在庫量
M－1	50円/kg	7,000kg	6,426kg	574kg
M－2	105円/kg	4,800kg	4,182kg	618kg

(4)　年間生産量と販売量

期首仕掛品	――	期首製品	――
当期投入	2,100個	当期完成品	2,000個
合　計	2,100個	合　計	2,000個
期末仕掛品	100（進捗度0.5）	期末製品	200
当期完成品	2,000個	当期販売	1,800個

問1　上記の条件および年間のデータにもとづき、材料受入価格差異および材料数量差異を計算し、解答用紙に記入しなさい。

問2　問1で計算された原価差異は異常な状態で発生したものではないが、比較的多額であると判断された。そこで外部報告目的のための標準原価差異の追加配賦を行い、その結果を解答用紙に記入しなさい。

　　なお、標準原価差異を追加配賦する際には、追加配賦して得られた各棚卸資産の期末残高ができるだけ実際原価に一致するように追加配賦すること。

　　したがって、材料受入価格差異を材料数量差異にも追加配賦し、その後、材料受入価格差異負担後の材料数量差異を追加配賦する。

当社では、標準製品Qを製造販売し、パーシャル・プランの全部標準純粋総合原価計算を採用している。以下の資料にもとづき、各問に答えなさい。

[資 料]

1．製品Q1個あたりの原価標準

原 料 費	原料M1	@80円×5kg ＝	400円/個
	M2	@50円×4kg ＝	200円/個
	M3	@40円×5個 ＝	200円/個
原料費計			800円/個
加 工 費		@600円×2時間 ＝	1,200円/個
製品Q1個あたり製造原価			2,000円/個

なお、原料M1は工程の始点で投入し、原料M2は工程を通じて平均的に投入し、原料M3は工程の終点で投入している。

2．年間取引データ要約

(1) 原料購入額

M1 @86円×60,000kg ＝ 5,160,000円

M2 @54円×50,000kg ＝ 2,700,000円

M3 @50円×56,000個 ＝ 2,800,000円

(2) 原料消費量

M1 58,000kg

M2 44,000kg

M3 52,000個

(3) 加工費実際発生額 13,520,000円

(4) 期首原料、期首仕掛品、期首製品はなかった。

(5) 期末仕掛品 800個（進捗度 50％）

(6) 完成品量 10,000個

(7) 売上高 @2,800円×9,000個 ＝ 25,200,000円

(8) 販売費及び一般管理費 1,856,000円

3．その他

(1) 原料M1、M2、M3は掛けで購入したときに、標準単価で原料勘定に借方記入している。

(2) 原料費については、原料受入価格差異と原料数量差異に分析し、加工費については加工費配賦差異を計算するのみにとどめている。

(3) 使用している勘定科目の主なものは①買掛金②原料③加工費④仕掛品⑤製品⑥売上原価⑦販売費及び一般管理費⑧原料受入価格差異⑨原料数量差異⑩加工費配賦差異⑪損益である。なお解答用紙に勘定科目を記入するときは該当する番号のみを記入しなさい。

問1　上記の条件および年間のデータにもとづき、パーシャル・プランの標準原価計算を行って(1)原料受入価格差異、(2)原料数量差異、(3)加工費配賦差異を計算し、解答用紙に記入しなさい。なお（　　）内には、借方または貸方を記入すること。

問2　上記のすべての差異は異常な状態で発生したものではなく、予定価格等が不適当であったため、比較的多額の差異が発生してしまったものとする。そこで外部報告目的のための標準原価差異の会計処理を行って、その結果を解答用紙の仕掛品勘定および売上原価勘定へ記入し、それぞれの実際原価を計算して各勘定を締め切りなさい。

　　　標準原価差異を追加配賦する際には、追加配賦して得られた各関係勘定の期末残高ができるだけ実際原価に一致するように追加配賦すること。また、配賦計算上端数が生じたときは、円未満を四捨五入して計算すること。配賦すべき総額と配賦された個々の金額の合計額が四捨五入のため一致しないときは、売上原価に配賦された金額を修正して総額と一致させること。

問3　上記のすべての差異が正常かつ少額であったとした場合における、貸借対照表の(1)原料(2)仕掛品(3)製品、損益計算書の(4)営業利益の金額をそれぞれ求めなさい。

問題編

解答・解説

(1) 平均法
　　① 月末仕掛品原価　$\boxed{310,000}$　円
　　② 完成品総合原価　$\boxed{3,120,000}$　円
　　③ 完成品単位原価　$\boxed{1,300}$　円／個
(2) 先入先出法
　　① 月末仕掛品原価　$\boxed{295,600}$　円
　　② 完成品総合原価　$\boxed{3,134,400}$　円
　　③ 完成品単位原価　$\boxed{1,306}$　円／個

解説 ....●

本問は平均法、先入先出法を適用して月末仕掛品の評価する基本的な問題です。

(1) 平均法

平均法は直接材料費と加工費の平均単価を計算してから、月末仕掛品原価と完成品総合原価を計算します。

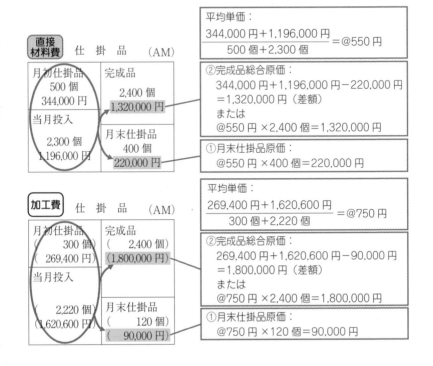

44

① 月末仕掛品原価：220,000円 + 90,000円 = 310,000円

② 完成品総合原価：1,320,000円 + 1,800,000円 = 3,120,000円

③ 完成品単位原価：$\dfrac{3,120,000 \text{円}}{2,400 \text{個}} = @1,300$ 円

(2) 先入先出法

先入先出法は先に投入したものから先に完成したものとみなして月末仕掛品原価と完成品総合原価を計算します。

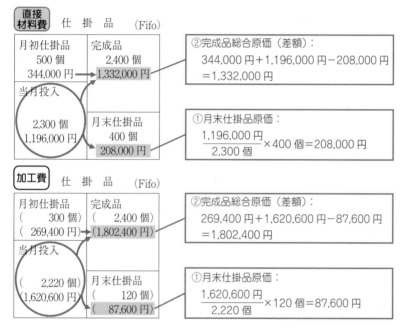

① 月末仕掛品原価：208,000円 + 87,600円 = 295,600円

② 完成品総合原価：1,332,000円 + 1,802,400円 = 3,134,400円

③ 完成品単位原価：$\dfrac{3,134,400 \text{円}}{2,400 \text{個}} = @1,306$ 円

① 月末仕掛品原価 ☐ 775,000 ☐ 円
② 完成品総合原価 ☐ 3,773,000 ☐ 円
③ 完成品単位原価　修正先入先出法 ☐ 3,773 ☐ 円/kg

　　　　　　　　純粋先入先出法 ⎰ 月初仕掛品完成分 ☐ 3,665 ☐ 円/kg
　　　　　　　　　　　　　　　　⎱ 当月着手完成分 ☐ 3,800 ☐ 円/kg

解説 ....●

本問は修正先入先出法と純粋先入先出法の単価計算の違いを確認する問題です。

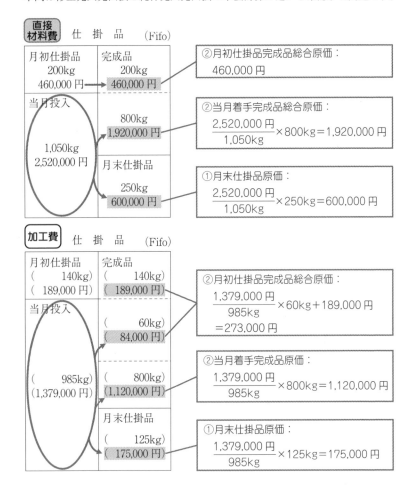

① 月末仕掛品原価：600,000円 + 175,000円 = 775,000円
② 完成品総合原価：1,920,000円 + 460,000円 + 1,120,000円 + 273,000円 = 3,773,000円
③ 完成品単位原価

$$修正先入先出法：\frac{3,773,000円}{1,000kg} = @3,773円$$

$$純粋先入先出法\begin{cases} 月初仕掛品完成分 & \dfrac{460,000円 + 273,000円}{200kg} = @3,665円 \\[2mm] 当月着手完成分 & \dfrac{1,920,000円 + 1,120,000円}{800kg} = @3,800円 \end{cases}$$

解答 3

完成品総合原価　$\boxed{12,023,720}$ 円
完成品単位原価　$\boxed{2,404.744}$ 円／個

仕	掛	品					（単位：円）
月初仕掛品原価				完成品総合原価			
A	材	料	398,400	A	材	料	(2,498,400)
C	材	料	119,040	B	材	料	(2,250,000)
加	工	費	246,080	C	材	料	(1,803,840)
	計		763,520	D	材	料	(1,575,000)
当月製造費用				加	工	費	(3,896,480)
A	材	料	2,600,000		計		(12,023,720)
B	材	料	2,700,000	月末仕掛品原価			
C	材	料	1,900,800	A	材	料	(500,000)
D	材	料	1,575,000	B	材	料	(450,000)
加	工	費	4,118,400	C	材	料	(216,000)
	計		12,894,200	加	工	費	(468,000)
					計		(1,634,000)
			13,657,720				(13,657,720)

解説

本問はいろいろなパターンの追加材料の計算方法を確認する問題です。

A材料は工程の始点で投入されているので完成品と仕掛品に数量比で按分し、B材料は加工進捗度50%の点で投入されているので50%を通過した加工品に数量比で按分し、C材料は工程を通じて平均的に投入されているので完成品と仕掛品に加工費の完成品換算量比で按分し、D材料は工程の終点で投入されているので完成品のみが負担していきます。

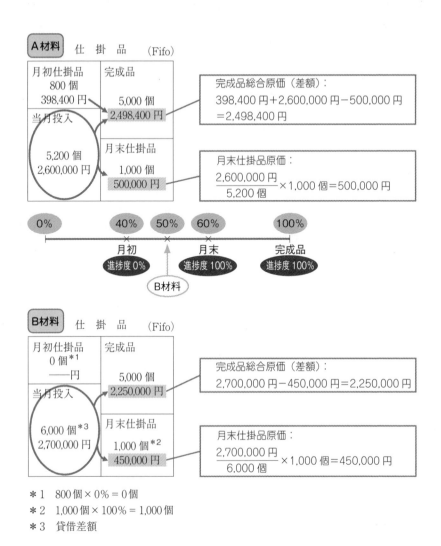

* 1　800個×0%＝0個
* 2　1,000個×100%＝1,000個
* 3　貸借差額

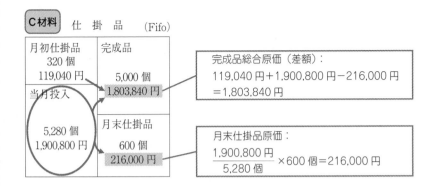

C材料 仕 掛 品 （Fifo）

| 月初仕掛品
320 個
119,040 円 | 完成品

5,000 個
1,803,840 円 |
| 当月投入

5,280 個
1,900,800 円 | 月末仕掛品
600 個
216,000 円 |

完成品総合原価（差額）：
119,040 円＋1,900,800 円−216,000 円
＝1,803,840 円

月末仕掛品原価：
$\dfrac{1,900,800 \text{円}}{5,280 \text{個}} \times 600 \text{個} = 216,000 \text{円}$

D材料

終点投入のため完成品が全額負担します。
月末仕掛品原価：0円
完成品総合原価：1,575,000円

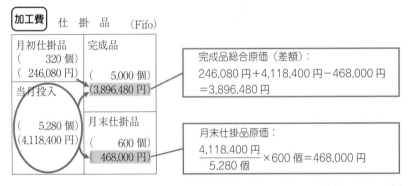

加工費 仕 掛 品 （Fifo）

| 月初仕掛品
（ 320 個）
（ 246,080 円） | 完成品

（ 5,000 個）
（3,896,480 円） |
| 当月投入

（ 5,280 個）
（4,118,400 円） | 月末仕掛品
（ 600 個）
（ 468,000 円） |

完成品総合原価（差額）：
246,080 円＋4,118,400 円−468,000 円
＝3,896,480 円

月末仕掛品原価：
$\dfrac{4,118,400 \text{円}}{5,280 \text{個}} \times 600 \text{個} = 468,000 \text{円}$

完成品総合原価：2,498,400円 ＋ 2,250,000円 ＋ 1,803,840円 ＋ 1,575,000円 ＋ 3,896,480円
＝ 12,023,720円

完成品単位原価：$\dfrac{12,023,720 \text{円}}{5,000 \text{個}} = @\,2,404.744 \text{円}$

① 月末仕掛品原価 [1,167,200] 円
② 完成品総合原価 [12,269,400] 円
③ 完成品単位原価 [5,577] 円/個

<table>
<tr><td colspan="2" align="center">仕　掛　品</td><td colspan="2" align="right">(単位：円)</td></tr>
<tr><td>月初仕掛品原価</td><td></td><td>完成品総合原価</td><td></td></tr>
<tr><td>　直接材料費</td><td>2,138,000</td><td>　直接材料費（</td><td>6,181,000)</td></tr>
<tr><td>　加　工　費</td><td>781,600</td><td>　加　工　費（</td><td>6,088,400)</td></tr>
<tr><td>　　　計</td><td>2,919,600</td><td>　　　計（</td><td>12,269,400)</td></tr>
<tr><td>当月製造費用</td><td></td><td>仕　損　品（</td><td>60,000)</td></tr>
<tr><td>　直接材料費</td><td>4,945,000</td><td>月末仕掛品原価</td><td></td></tr>
<tr><td>　加　工　費</td><td>5,632,000</td><td>　直接材料費（</td><td>860,000)</td></tr>
<tr><td>　　　計</td><td>10,577,000</td><td>　加　工　費（</td><td>307,200)</td></tr>
<tr><td></td><td></td><td>　　　計（</td><td>1,167,200)</td></tr>
<tr><td></td><td>13,496,600</td><td>（</td><td>13,496,600)</td></tr>
</table>

解説

　本問は、正常仕損・減損の度外視法による会計処理を確認する問題です。

(1) 正常仕損費の負担関係

(2) 原価の按分

度外視法・完成品のみ負担の場合には、正常仕損品の原価はいったんすべて完成品総合原価に含めて計算し、正常仕損品に処分価値がある場合には、最後に仕損品評価額を完成品総合原価から控除します。

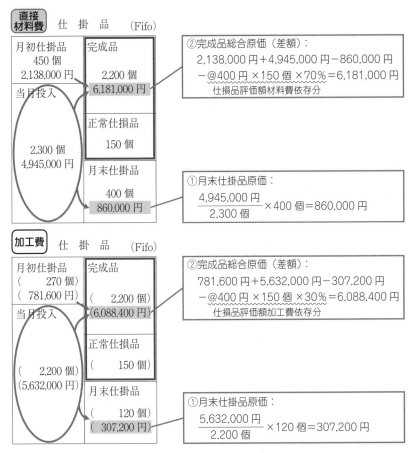

① 月末仕掛品原価：860,000円 + 307,200円 = 1,167,200円

② 完成品総合原価：6,181,000円 + 6,088,400円 = 12,269,400円

③ 完成品単位原価：$\dfrac{12,269,400円}{2,200個}$ = @5,577円

④ 仕損品評価額：@400円 × 150個 = 60,000円

① 月末仕掛品原価 ☐1,876,000 円
② 完成品総合原価 ☐4,560,000 円
③ 完成品単位原価 ☐7,600 円/kg

仕　掛　品　　　　　　（単位：円）

月初仕掛品原価		完成品総合原価	
直 接 材 料 費	660,000	直 接 材 料 費 （	1,872,000)
加 工 費	638,080	加 工 費 （	2,688,000)
計	1,298,080	計 （	4,560,000)
当 月 製 造 費 用		月末仕掛品原価	
直 接 材 料 費	2,304,000	直 接 材 料 費 （	1,092,000)
加 工 費	2,833,920	加 工 費 （	784,000)
計	5,137,920	計 （	1,876,000)
	6,436,000	（	6,436,000)

解説 ・・・●

　本問は、正常仕損・減損の度外視法による会計処理を確認する問題です。

(1) 正常減損の負担関係

　正常減損が工程を通じて平均的に発生している場合には、完成品と月末仕掛品の両者負担による計算をすることになります。

(2) 原価の按分

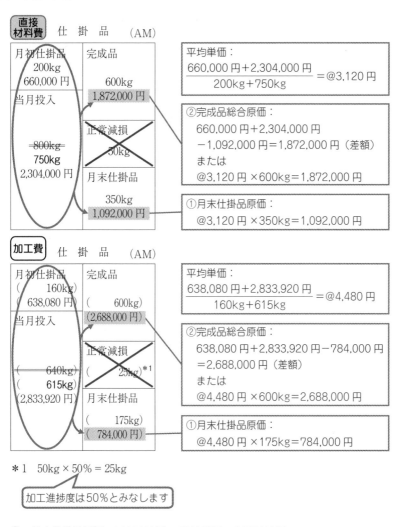

直接材料費 仕 掛 品 （AM）

月初仕掛品 200kg 660,000 円	完成品 600kg 1,872,000 円
当月投入 ~~800kg~~ 750kg 2,304,000 円	正常減損 50kg
	月末仕掛品 350kg 1,092,000 円

平均単価：
$$\frac{660,000 円＋2,304,000 円}{200kg＋750kg}＝@3,120 円$$

②完成品総合原価：
660,000 円＋2,304,000 円
－1,092,000 円＝1,872,000 円（差額）
または
@3,120 円 ×600kg＝1,872,000 円

①月末仕掛品原価：
@3,120 円 ×350kg＝1,092,000 円

加工費 仕 掛 品 （AM）

月初仕掛品 （160kg） （638,080 円）	完成品 （600kg） （2,688,000 円）
当月投入 （~~640kg~~） （615kg） （2,833,920 円）	正常減損 （25kg）*1
	月末仕掛品 （175kg） （784,000 円）

平均単価：
$$\frac{638,080 円＋2,833,920 円}{160kg＋615kg}＝@4,480 円$$

②完成品総合原価：
638,080 円＋2,833,920 円－784,000 円
＝2,688,000 円（差額）
または
@4,480 円 ×600kg＝2,688,000 円

①月末仕掛品原価：
@4,480 円 ×175kg＝784,000 円

＊1　50kg × 50％ = 25kg

加工進捗度は50％とみなします

①　月末仕掛品原価：1,092,000 円 + 784,000 円 = 1,876,000 円
②　完成品総合原価：1,872,000 円 + 2,688,000 円 = 4,560,000 円
③　完成品単位原価：$\dfrac{4,560,000 円}{600kg}$ ＝@7,600 円

53

① 月末仕掛品原価　　684,000　円
② 完成品総合原価　4,131,000　円
③ 修正先入先出法の完成品単位原価　　1,377　円／個
④ 純粋先入先出法の完成品単位原価
　　　　　⎧月初仕掛品完成分　　1,179　円／個
　　　　　⎨
　　　　　⎩当月投入完成分　　1,476　円／個

解説

本問は、正常仕損・減損の非度外視法による会計処理を確認する問題です。

(1) **原価の按分**

　　純粋先入先出法による完成品単位原価を求めなければならないので、あらかじめ、完成品総合原価を月初仕掛品完成分と当月投入完成分に分けて計算しておきます。

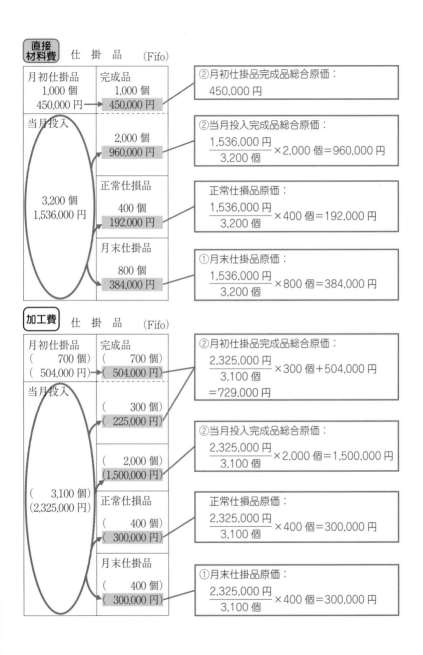

直接材料費 仕　掛　品　（Fifo）

月初仕掛品 1,000 個 450,000 円	完成品 1,000 個 450,000 円
当月投入 3,200 個 1,536,000 円	2,000 個 960,000 円
	正常仕損品 400 個 192,000 円
	月末仕掛品 800 個 384,000 円

②月初仕掛品完成品総合原価：
450,000 円

②当月投入完成品総合原価：
$\dfrac{1,536,000 \text{ 円}}{3,200 \text{ 個}} \times 2,000 \text{ 個} = 960,000 \text{ 円}$

正常仕損品原価：
$\dfrac{1,536,000 \text{ 円}}{3,200 \text{ 個}} \times 400 \text{ 個} = 192,000 \text{ 円}$

①月末仕掛品原価：
$\dfrac{1,536,000 \text{ 円}}{3,200 \text{ 個}} \times 800 \text{ 個} = 384,000 \text{ 円}$

加工費 仕　掛　品　（Fifo）

月初仕掛品 （　700 個） （504,000 円）	完成品 （　700 個） （504,000 円）
当月投入 （　3,100 個） （2,325,000 円）	（　300 個） （225,000 円）
	（　2,000 個） （1,500,000 円）
	正常仕損品 （　400 個） （300,000 円）
	月末仕掛品 （　400 個） （300,000 円）

②月初仕掛品完成品総合原価：
$\dfrac{2,325,000 \text{ 円}}{3,100 \text{ 個}} \times 300 \text{ 個} + 504,000 \text{ 円}$
$= 729,000 \text{ 円}$

②当月投入完成品総合原価：
$\dfrac{2,325,000 \text{ 円}}{3,100 \text{ 個}} \times 2,000 \text{ 個} = 1,500,000 \text{ 円}$

正常仕損品原価：
$\dfrac{2,325,000 \text{ 円}}{3,100 \text{ 個}} \times 400 \text{ 個} = 300,000 \text{ 円}$

①月末仕掛品原価：
$\dfrac{2,325,000 \text{ 円}}{3,100 \text{ 個}} \times 400 \text{ 個} = 300,000 \text{ 円}$

(2) 正常仕損費の追加配賦

正常仕損が工程終点で発生するため、正常仕損費は完成品が全額負担します。

① 月末仕掛品原価：384,000円 + 300,000円 = 684,000円

② 完成品総合原価：960,000円 + 450,000円 + 1,500,000円 + 729,000円

$$+ \underbrace{192,000円}_{正常仕損費} + 300,000円 = 4,131,000円$$

③ 修正先入先出法の完成品単位原価：$\dfrac{4,131,000円}{3,000個} = @1,377円$

④ 純粋先入先出法の完成品単位原価

　　純粋先入先出法の完成品単位原価を計算するためには完成品総合原価を月初仕掛品完成分と当月投入完成分に分ける必要があります。完成品総合原価には正常仕損費が含まれていますが**正常仕損はすべて当月投入分から生じるので月初仕掛品完成分は正常仕損費を負担しません。**したがって完成品単位原価は次のようになります。

月初仕掛品完成品総合原価：450,000円 + 729,000円 = 1,179,000円

月初仕掛品完成分単位原価：$\dfrac{1,179,000円}{1,000個} = @1,179円$

当月投入完成品総合原価：960,000円 + 192,000円 + 1,500,000円 + 300,000円 = 2,952,000円

当月投入完成分単位原価：$\dfrac{2,952,000円}{2,000個} = @1,476円$

① 月末仕掛品原価 447,600 円
② 完成品総合原価 4,686,000 円
③ 完成品単位原価 532.5 円/個

仕 掛 品			(単位：円)
月初仕掛品原価		完成品総合原価	
直 接 材 料 費	114,000	直 接 材 料 費（	1,034,000）
加　工　費	203,400	加　工　費（	3,520,000）
計	317,400	正 常 仕 損 費（	132,000）
当 月 製 造 費 用		計（	4,686,000）
直 接 材 料 費	1,127,000	仕損品評価額（	13,800）
加　工　費	3,703,000	月末仕掛品原価	
計	4,830,000	直 接 材 料 費（	138,000）
		加　工　費（	289,800）
		正 常 仕 損 費（	19,800）
		計（	447,600）
	5,147,400	（	5,147,400）

解説 ....●

本問は正常仕損・減損の非度外視法による会計処理を確認する問題です。

(1) 原価の按分

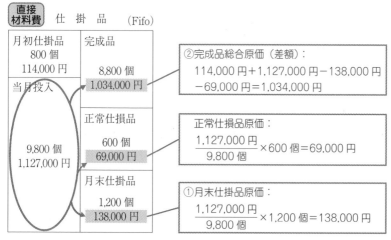

直接材料費　仕 掛 品 （Fifo）

月初仕掛品 800個 114,000円	完成品 8,800個 1,034,000円
当月投入 9,800個 1,127,000円	正常仕損品 600個 69,000円
	月末仕掛品 1,200個 138,000円

②完成品総合原価（差額）：
114,000円＋1,127,000円−138,000円
−69,000円＝1,034,000円

正常仕損品原価：
$\dfrac{1,127,000円}{9,800個}×600個＝69,000円$

①月末仕掛品原価：
$\dfrac{1,127,000円}{9,800個}×1,200個＝138,000円$

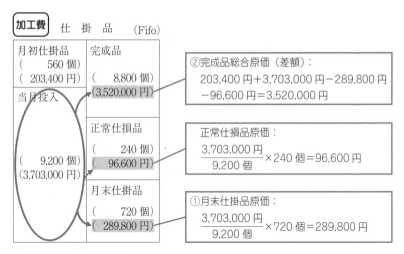

(2) 正常仕損費の追加配賦

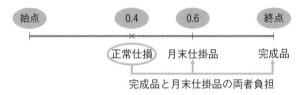

完成品と月末仕掛品の両者負担

　月末仕掛品も正常仕損の発生点を通過しているので正常仕損費は、当月投入完成品と月末仕掛品の両者が数量の比率に応じた金額を負担します。

　正常仕損費：69,000円 + 96,600円 − @23円 × 600個 = 151,800円
　　　　　　　　　　　　　　　　正常仕損品評価額

$$\frac{151,800円}{(8,800個 − 800個) + 1,200個} × (8,800個 − 800個)$$
$$= 132,000円 （完成品負担分）$$

$$\frac{151,800円}{(8,800個 − 800個) + 1,200個} × 1,200個$$
$$= 19,800円 （月末仕掛品負担分）$$

① 月末仕掛品原価：138,000円 + 289,800円 + 19,800円〈正常仕損費〉= 447,600円
② 完成品総合原価：1,034,000円 + 3,520,000円 + 132,000円〈正常仕損費〉= 4,686,000円
③ 完成品単位原価：$\dfrac{4,686,000円}{8,800個}$ = @532.5円

① 月末仕掛品原価 | 661,500 | 円
② 完成品総合原価 | 6,120,000 | 円
③ 完成品単位原価 | 1,530 | 円/kg

仕　掛　品　　　（単位：円）

月初仕掛品原価		完成品総合原価	
直接材料費	284,000	直接材料費	(1,980,000)
加　工　費	280,200	加　工　費	(3,960,000)
計	564,200	正常減損費	(180,000)
当月製造費用		計	(6,120,000)
直接材料費	2,042,500	月末仕掛品原価	
加　工　費	4,174,800	直接材料費	(247,500)
計	6,217,300	加　工　費	(396,000)
		正常減損費	(18,000)
		計	(661,500)
	6,781,500		(6,781,500)

解説 ●●

本問は、正常仕損・減損の非度外視法による会計処理を確認する問題です。

(1)　原価の按分

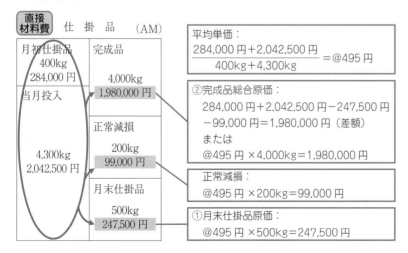

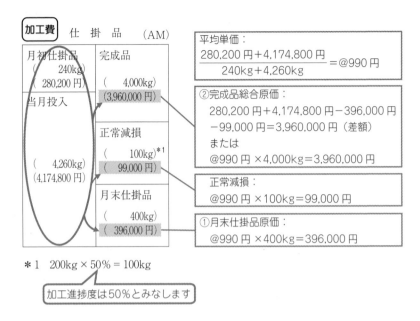

* 1　200kg × 50% = 100kg

加工進捗度は50%とみなします

(2)　正常減損費の追加配賦

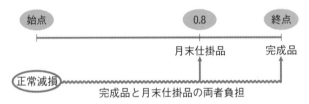

　　正常減損が平均的に発生するため正常減損費は完成品と月末仕掛品の両者が加工費の完成品換算量の比率に応じた金額を負担します。

　　正常減損費：99,000円 + 99,000円 = 198,000円

$$\frac{198,000円}{4,000kg + 400kg} \times 4,000kg = 180,000円（完成品負担分）$$

$$\frac{198,000円}{4,000kg + 400kg} \times 400kg = 18,000円（月末仕掛品負担分）$$

①　月末仕掛品原価：247,500円 + 396,000円 + 18,000円〈正常減損費〉= 661,500円
②　完成品総合原価：1,980,000円 + 3,960,000円 + 180,000円〈正常減損費〉= 6,120,000円
③　完成品単位原価：$\dfrac{6,120,000円}{4,000kg} = $@1,530円

問1

① 月末仕掛品原価　　[1,930,416]　円
② 異常仕損費　　　　[616,544]　円
③ 完成品総合原価　　[6,565,000]　円
④ 完成品単位原価　　[4,376.67]　円/個

問2

① 月末仕掛品原価　　[1,896,252]　円
② 異常仕損費　　　　[609,098]　円
③ 完成品総合原価　　[6,606,610]　円
④ 完成品単位原価　　[4,404.41]　円/個

解説

　本問は正常発生額と異常発生額が両方生じた場合における、度外視法と非度外視法の会計処理の違いを確認する問題です。

問1

　非度外視法による場合は、まず修正先入先出法の按分計算により、完成品、正常仕損品、異常仕損品、月末仕掛品に原価を按分します。

　次いで、分離された正常仕損費を、その発生点の進捗度を通過したものに追加配賦します。その際、異常仕損品に対しても負担させるかどうかは、発生点の進捗度を通過しているかどうかにより判断することになります。

(1) 原価の按分

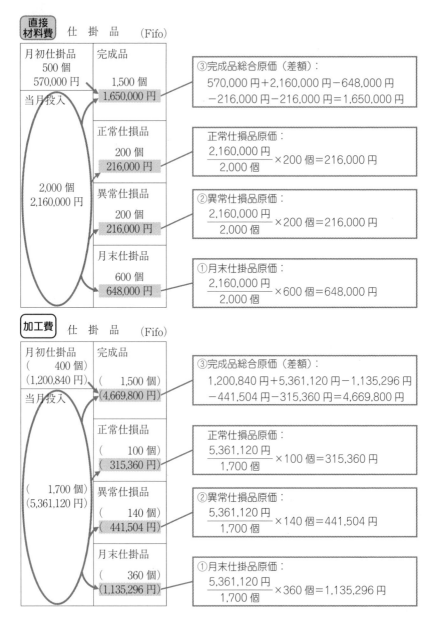

(2) 正常仕損費の追加配賦

完成品、月末仕掛品、異常仕損品の三者負担

正常仕損の発生点を通過したのは完成品、月末仕掛品、異常仕損品の三者なので、**正常仕損費は、当月投入完成品、月末仕掛品、異常仕損品の三者がそれぞれの数量の比率に応じた金額を負担します。**

正常仕損費：216,000円 + 315,360円 − @450円 × 200個 = 441,360円
　　　　　　　　　　　　　　　　　　正常仕損品評価額

$$\frac{441,360円}{(1,500個 − 500個) + 200個 + 600個} × (1,500個 − 500個)$$

= 245,200円（完成品負担分）

$$\frac{441,360円}{(1,500個 − 500個) + 200個 + 600個} × 200個$$

= 49,040円（異常仕損品負担分）

$$\frac{441,360円}{(1,500個 − 500個) + 200個 + 600個} × 600個$$

= 147,120円（月末仕掛品負担分）

① 月末仕掛品原価：648,000円 + 1,135,296円 + 147,120円 = 1,930,416円
　　　　　　　　　　　　　　　　　　　　正常仕損費

② 異 常 仕 損 費：216,000円 + 441,504円 + 49,040円 − @450円 × 200個 = 616,544円
　　　　　　　　　　　　　　正常仕損費　異常仕損品評価額

③ 完成品総合原価：1,650,000円 + 4,669,800円 + 245,200円 = 6,565,000円
　　　　　　　　　　　　　　　　　　　　正常仕損費

④ 完成品単位原価：$\dfrac{6,565,000円}{1,500個}$ = @4,376.666…円→@4,376.67円

問2

度外視法は、正常仕損の発生を無視することによって自動的に関係品に負担させる方法であり、本問では完成品、月末仕掛品、異常仕損品の三者負担（問1参照）であることから、まず最初に正常仕損品の評価額を控除しておき、次いで残りの金額を修正先入先出法により、完成品、異常仕損品、月末仕掛品に按分計算します。その際、正常仕損品の数量（換算量）は無視して計算していきます。

(1) **正常仕損費の負担関係**

問1と同様に、正常仕損の発生点を通過したのは完成品、月末仕掛品、異常仕損品の三者なので、三者負担となります。

(2) 原価の按分

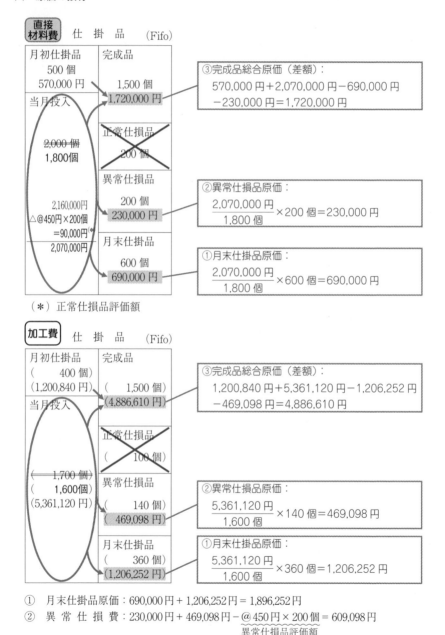

直接材料費 仕 掛 品 （Fifo）

月初仕掛品 500 個 570,000 円	完成品 1,500 個 1,720,000 円
当月投入 2,000 個 1,800個 2,160,000円 △@450円×200個 =90,000円(*) 2,070,000円	正常仕損品 200 個
	異常仕損品 200 個 230,000 円
	月末仕掛品 600 個 690,000 円

③完成品総合原価（差額）：
570,000 円＋2,070,000 円－690,000 円
－230,000 円＝1,720,000 円

②異常仕損品原価：
$$\frac{2,070,000 円}{1,800 個}×200 個＝230,000 円$$

①月末仕掛品原価：
$$\frac{2,070,000 円}{1,800 個}×600 個＝690,000 円$$

（＊）正常仕損品評価額

加工費 仕 掛 品 （Fifo）

月初仕掛品 （ 400 個） （1,200,840 円）	完成品 （ 1,500 個） （4,886,610 円）
当月投入 （ 1,700 個） （ 1,600個） （5,361,120 円）	正常仕損品 （ 100 個）
	異常仕損品 （ 140 個） （ 469,098 円）
	月末仕掛品 （ 360 個） （1,206,252 円）

③完成品総合原価（差額）：
1,200,840 円＋5,361,120 円－1,206,252 円
－469,098 円＝4,886,610 円

②異常仕損品原価：
$$\frac{5,361,120 円}{1,600 個}×140 個＝469,098 円$$

①月末仕掛品原価：
$$\frac{5,361,120 円}{1,600 個}×360 個＝1,206,252 円$$

① 月末仕掛品原価：690,000 円＋1,206,252 円＝1,896,252 円
② 異 常 仕 損 費：230,000 円＋469,098 円－@450 円×200 個＝609,098 円
　　　　　　　　　　　　　　　　　　異常仕損品評価額

64

③ 完成品総合原価：1,720,000円 + 4,886,610円 = 6,606,610円

④ 完成品単位原価：$\dfrac{6,606,610円}{1,500個}$ = @4,404.406…円→@4,404.41円

解答 10

① 月 末 仕 掛 品 原 価 | 1,645,000 | 円

② 完 成 品 総 合 原 価 | 8,617,800 | 円

③ 完 成 品 単 位 原 価　直 接 材 料 費 | 870 | 円/kg

　　　　　　　　　　　　加 工 費 | 2,322 | 円/kg

　　　　　　　　　　　　合 計 | 3,192 | 円/kg

仕　　　　掛　　　　品		（単位：円）	
当月製造費用		**完成品総合原価**	
直 接 材 料 費	3,130,400	直 接 材 料 費 （	2,113,020）
加 工 費	7,132,400	加 工 費 （	5,940,000）
計	10,262,800	正 常 減 損 費 （	564,780）
		計 （	8,617,800）
		月末仕掛品原価	
		直 接 材 料 費 （	751,296）
		加 工 費 （	844,800）
		正 常 減 損 費 （	48,904）
		計 （	1,645,000）
	10,262,800	（	10,262,800）

解説

　本問は、正常減損率が安定している場合の非度外視法の会計処理を確認する問題です。

　正常減損が安定的に発生する場合には、減損発生量の内訳（完成品となるバッチより生じる減損と月末仕掛品となるバッチより生じる減損量）を区別して把握することができます。そこでより正確に製品原価を計算するため、完成品と月末仕掛品の、おのおのから生じる正常減損量を個別に負担していきます。なお、まとめて生産する1回分の量をバッチといいます。

(1) 生産データの整理

① 完成品

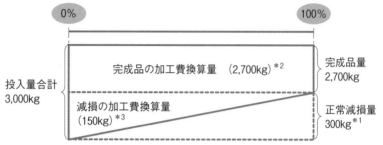

*1 3,000kg（＝第1バッチと第2バッチ）－ 2,700kg = 300kg
　　または、<u>2,700kg ÷ 90%</u> × 10% = 300kg
　　　　　　始点における投入量

*2 2,700kg × 100% = 2,700kg

*3 300kg × 100% × $\dfrac{1}{2}$ = 150kg

② 月末仕掛品

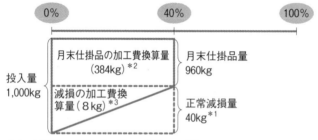

*1 1,000kg〈第3バッチ〉－ 960kg = 40kg
　　または、<u>960kg ÷ 96%</u> × <u>（10% × 40%）</u> = 40kg
　　　　　　始点における投入量　加工費進捗度40%
　　　　　　　　　　　　　　　　　での減損率

*2 960kg × 40% = 384kg

*3 40kg × 40% × $\dfrac{1}{2}$ = 8 kg

注意　加工費の計算では、正常減損分の完成品換算量に注意しなければなりません。
　　　減損分の原材料は工程始点では存在し、加工が進むにつれてしだいに目減りして最終的には消失しますが、消失していく過程で残っている部分には加工をしているため、減損分の完成品換算量は通常の計算の $\dfrac{1}{2}$ として計算されます。

> 加工費の完成品換算量（減損分）＝減損量×加工費進捗度× $\dfrac{1}{2}$

66

(2) 原価の按分

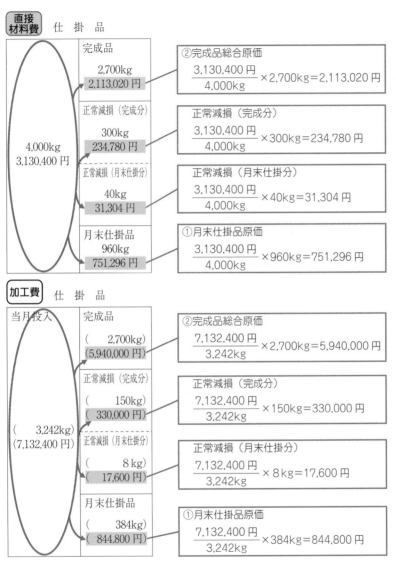

| **直接材料費** | 仕 掛 品 |

完成品
2,700kg
2,113,020 円

②完成品総合原価
$$\frac{3{,}130{,}400 \text{円}}{4{,}000\text{kg}} \times 2{,}700\text{kg} = 2{,}113{,}020 \text{円}$$

正常減損（完成分）
300kg
234,780 円

正常減損（完成分）
$$\frac{3{,}130{,}400 \text{円}}{4{,}000\text{kg}} \times 300\text{kg} = 234{,}780 \text{円}$$

正常減損（月末仕掛分）
40kg
31,304 円

正常減損（月末仕掛分）
$$\frac{3{,}130{,}400 \text{円}}{4{,}000\text{kg}} \times 40\text{kg} = 31{,}304 \text{円}$$

4,000kg
3,130,400 円

月末仕掛品
960kg
751,296 円

①月末仕掛品原価
$$\frac{3{,}130{,}400 \text{円}}{4{,}000\text{kg}} \times 960\text{kg} = 751{,}296 \text{円}$$

| **加工費** | 仕 掛 品 |

当月投入

完成品
(2,700kg)
(5,940,000 円)

②完成品総合原価
$$\frac{7{,}132{,}400 \text{円}}{3{,}242\text{kg}} \times 2{,}700\text{kg} = 5{,}940{,}000 \text{円}$$

正常減損（完成分）
(150kg)
(330,000 円)

正常減損（完成分）
$$\frac{7{,}132{,}400 \text{円}}{3{,}242\text{kg}} \times 150\text{kg} = 330{,}000 \text{円}$$

正常減損（月末仕掛分）
(8 kg)
(17,600 円)

正常減損（月末仕掛分）
$$\frac{7{,}132{,}400 \text{円}}{3{,}242\text{kg}} \times 8\text{kg} = 17{,}600 \text{円}$$

(3,242kg)
(7,132,400 円)

月末仕掛品
(384kg)
(844,800 円)

①月末仕掛品原価
$$\frac{7{,}132{,}400 \text{円}}{3{,}242\text{kg}} \times 384\text{kg} = 844{,}800 \text{円}$$

① 月末仕掛品原価：751,296 円 + 31,304 円 + 844,800 円 + 17,600 円 = 1,645,000 円
② 完成品総合原価：2,113,020 円 + 234,780 円 + 5,940,000 円 + 330,000 円 = 8,617,800 円

③ 完成品単位原価：直接材料費 $\dfrac{2,113,020\text{円} + 234,780\text{円}}{2,700\text{kg}} = @\,869.555\cdots\text{円} \rightarrow @\,870\text{円}$

加 工 費 $\dfrac{5,940,000\text{円} + 330,000\text{円}}{2,700\text{kg}} = @\,2,322.222\cdots\text{円} \rightarrow @\,2,322\text{円}$

解答 11

仕掛品 − 第 1 工程　　　　　　　　（単位：円）

前　月　繰　越	（ 1,872,000）	仕掛品 − 第 2 工程	（ 6,240,000）
材　　　　　料	（ 3,040,000）	次　月　繰　越	（ 496,000）
加　　工　　費	（ 1,824,000）		
	（ 6,736,000）		（ 6,736,000）

仕掛品 − 第 2 工程　　　　　　　　（単位：円）

前　月　繰　越	（ 3,332,000）	製　　　　　品	（ 14,880,000）
仕掛品 − 第 1 工程	（ 6,240,000）	次　月　繰　越	（ 1,809,500）
加　　工　　費	（ 7,117,500）		
	（ 16,689,500）		（ 16,689,500）

第 1 工程完成品単位原価 　1,560　 円 /kg

第 2 工程完成品単位原価 　3,720　 円 /kg

解説

本問は、累加法による全原価要素工程別総合原価計算の処理を確認する問題です。

累加法とは工程ごとに単純総合原価計算を行って完成品原価を計算し、それを前工程費として次工程に振り替えることにより、工程の数だけ発生する原価を順次積み上げて最終完成品原価を計算する方法です。

なお、前工程費は工程始点で投入される原材料と同様といえるため、数量比で完成品と月末仕掛品に按分計算します。

1．第1工程の計算

(1) 原価按分

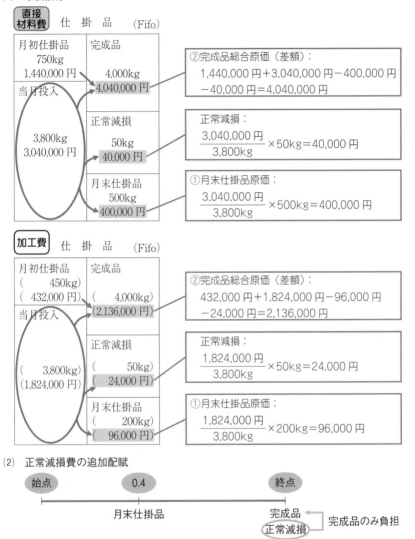

直接材料費 仕 掛 品 （Fifo）

月初仕掛品 750kg 1,440,000 円	完成品 4,000kg **4,040,000 円**
当月投入 3,800kg 3,040,000 円	正常減損 50kg **40,000 円**
	月末仕掛品 500kg **400,000 円**

②完成品総合原価（差額）：
1,440,000 円＋3,040,000 円－400,000 円
－40,000 円＝4,040,000 円

正常減損：
$\dfrac{3,040,000 円}{3,800kg}$×50kg＝40,000 円

①月末仕掛品原価：
$\dfrac{3,040,000 円}{3,800kg}$×500kg＝400,000 円

加工費 仕 掛 品 （Fifo）

月初仕掛品 （ 450kg） （ 432,000 円）	完成品 （ 4,000kg） **（2,136,000 円）**
当月投入 （ 3,800kg） （1,824,000 円）	正常減損 （ 50kg） **（ 24,000 円）**
	月末仕掛品 （ 200kg） **（ 96,000 円）**

②完成品総合原価（差額）：
432,000 円＋1,824,000 円－96,000 円
－24,000 円＝2,136,000 円

正常減損：
$\dfrac{1,824,000 円}{3,800kg}$×50kg＝24,000 円

①月末仕掛品原価：
$\dfrac{1,824,000 円}{3,800kg}$×200kg＝96,000 円

(2) 正常減損費の追加配賦

始点　　　　　　0.4　　　　　　　　　終点

月末仕掛品　　　　　　完成品　　完成品のみ負担
　　　　　　　　　　正常減損

正常減損が工程の終点で発生するため、正常減損費は完成品が全額負担します。

① 月末仕掛品原価：400,000 円＋96,000 円＝496,000 円

② 完成品総合原価：4,040,000 円＋2,136,000 円＋(40,000 円＋24,000 円)＝6,240,000 円
　　　　　　　　　　　　　　　　　　　　　　　正常減損費

69

③ 完成品単位原価： $\dfrac{6,240,000 円}{4,000kg} = @1,560 円$

2．第2工程の計算

(1) 原価の按分

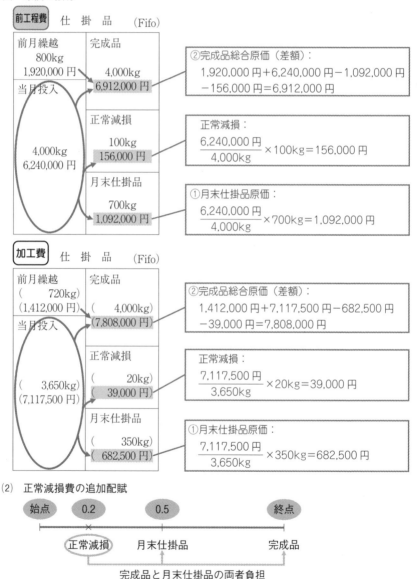

前工程費 仕 掛 品 （Fifo）

前月繰越 800kg 1,920,000 円	完成品 4,000kg 6,912,000 円
当月投入 4,000kg 6,240,000 円	正常減損 100kg 156,000 円
	月末仕掛品 700kg 1,092,000 円

②完成品総合原価（差額）：
1,920,000 円＋6,240,000 円－1,092,000 円
－156,000 円＝6,912,000 円

正常減損：
$\dfrac{6,240,000 円}{4,000kg} \times 100kg = 156,000 円$

①月末仕掛品原価：
$\dfrac{6,240,000 円}{4,000kg} \times 700kg = 1,092,000 円$

加工費 仕 掛 品 （Fifo）

前月繰越 （ 720kg） （1,412,000 円）	完成品 （ 4,000kg） （7,808,000 円）
当月投入 （ 3,650kg） （7,117,500 円）	正常減損 （ 20kg） （ 39,000 円）
	月末仕掛品 （ 350kg） （ 682,500 円）

②完成品総合原価（差額）：
1,412,000 円＋7,117,500 円－682,500 円
－39,000 円＝7,808,000 円

正常減損：
$\dfrac{7,117,500 円}{3,650kg} \times 20kg = 39,000 円$

①月末仕掛品原価：
$\dfrac{7,117,500 円}{3,650kg} \times 350kg = 682,500 円$

(2) 正常減損費の追加配賦

始点 ── 0.2 ── 0.5 ── 終点

× 正常減損 月末仕掛品 完成品

完成品と月末仕掛品の両者負担

月末仕掛品も正常減損の発生点を通過しているので、正常減損費は当月投入完成品と月末仕掛品の両者が数量の比率に応じた金額を負担します。

正常減損費：156,000円＋39,000円＝195,000円

$$\frac{195,000円}{(4,000kg - 800kg) + 700kg} \times (4,000kg - 800kg)$$

＝160,000円（完成品負担分）

$$\frac{195,000円}{(4,000kg - 800kg) + 700kg} \times 700kg$$

＝35,000円（月末仕掛品負担分）

① 月末仕掛品原価：1,092,000円＋682,500円＋35,000円＝1,809,500円
　　　　　　　　　　　　　　　　　　　　　　正常減損費

② 完成品総合原価：6,912,000円＋7,808,000円＋160,000円＝14,880,000円
　　　　　　　　　　　　　　　　　　　　　　　正常減損費

③ 完成品単位原価：$\dfrac{14,880,000円}{4,000kg} ＝ @3,720円$

解答 12

仕掛品－第1工程　　　　　　　（単位：円）

月初仕掛品原価		完成品原価	
X 材 料 費	(3,354,000)	X 材 料 費	(11,538,000)
Y 材 料 費	(601,200)	Y 材 料 費	(3,186,000)
加 工 費	(3,168,000)	加 工 費	(20,556,000)
計	(7,123,200)	計	(35,280,000)
当月製造費用		異常減損費	(2,201,400)
X 材 料 費	(10,416,000)	月末仕掛品原価	
Y 材 料 費	(3,015,600)	X 材 料 費	(1,488,000)
加 工 費	(19,734,000)	Y 材 料 費	(215,400)
計	(33,165,600)	加 工 費	(1,104,000)
		計	(2,807,400)
	(40,288,800)		(40,288,800)

仕 掛 品 - 第 2 工 程　　　　　　（単位：円）

月初仕掛品原価		完 成 品 原 価	
前 工 程 費	（　3,504,960）	前 工 程 費	（　35,256,960）
Ｚ 材 料 費	（　519,600）	Ｚ 材 料 費	（　3,532,800）
加 工 費	（　1,905,120）	加 工 費	（　28,379,520）
計	（　5,929,680）	計	（　67,169,280）
当 月 製 造 費 用		仕 損 品	（　384,000）
前 工 程 費	（　35,280,000）	月末仕掛品原価	
Ｚ 材 料 費	（　3,272,400）	前 工 程 費	（　3,528,000）
加 工 費	（　29,168,800）	Ｚ 材 料 費	（　259,200）
計	（　67,721,200）	加 工 費	（　2,310,400）
		計	（　6,097,600）
	（　73,650,880）		（　73,650,880）

　本問は、累加法による全原価要素工程別総合原価計算（追加材料あり）の処理を問う応用問題です。

1．工程別実際加工費の集計

　　相互配賦法（連立方程式法）と複数基準配賦法により各工程の当月実際加工費を集計します。

（1）連立方程式とその解

実 際 部 門 費 配 賦 表　　　　　　（単位：千円）

	第1工程		第2工程		甲補助部門		乙補助部門	
	変動費	固定費	変動費	固定費	変動費	固定費	変動費	固定費
第1次集計費	6,106.8	4,457.6	7,551.8	10,279.4	5,795.2	6,928.0	3,744.0	4,040.0
甲補助部門	0.3A	0.3A'	0.5A	0.45A'	──	──	0.2A	0.25A'
乙補助部門	0.35B	0.4B'	0.35B	0.3B'	0.3B	0.3B'	──	──
製造工程費					A	A'	B	B'

〈変動費〉

$$\begin{cases} A = 5{,}795.2 + 0.3B \\ B = 3{,}744.0 + 0.2A \end{cases}$$

$$\therefore A = 7{,}360.0$$
$$B = 5{,}216.0$$

〈固定費〉

$$\begin{cases} A' = 6{,}928.0 + 0.3B' \\ B' = 4{,}040.0 + 0.25A' \end{cases}$$

$$\therefore A' = 8{,}800.0$$
$$B' = 6{,}240.0$$

(2) 補助部門費の製造工程の配賦

実際部門費配賦表　　　　　　　　　　（単位：千円）

	第1工程		第2工程		甲補助部門		乙補助部門	
	変動費	固定費	変動費	固定費	変動費	固定費	変動費	固定費
第1次集計費	6,106.8	4,457.6	7,551.8	10,279.4	5,795.2	6,928.0	3,744.0	4,040.0
甲補助部門	2,208.0	2,640.0	3,680.0	3,960.0	(7,360.0)	(8,800.0)	1,472.0	2,200.0
乙補助部門	1,825.6	2,496.0	1,825.6	1,872.0	1,564.8	1,872.0	(5,216.0)	(6,240.0)
製造工程費	10,140.4	9,593.6	13,057.4	16,111.4	0	0	0	0

(3) 各工程への配賦額

第1工程：10,140.4千円 + 9,593.6千円 = 19,734,000円

第2工程：13,057.4千円 + 16,111.4千円 = 29,168,800円

２．第1工程の計算

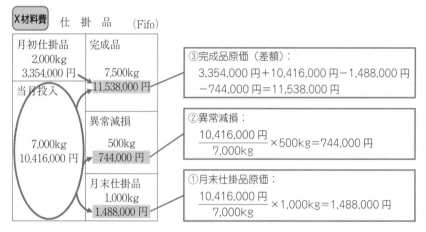

Y材料は工程の始点から80％の地点まで平均的に投入されます。完成品、異常減損はすでに80％の地点を通過しており、Y材料に関する進捗度は100％となります。月末仕掛品については80％を終点とみなして50％（＝40％÷80％）の換算量500kg、月初仕掛品については75％（＝60％÷80％）の換算量1,500kgと計算されます。

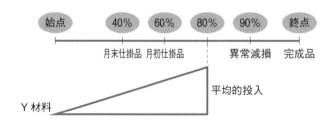

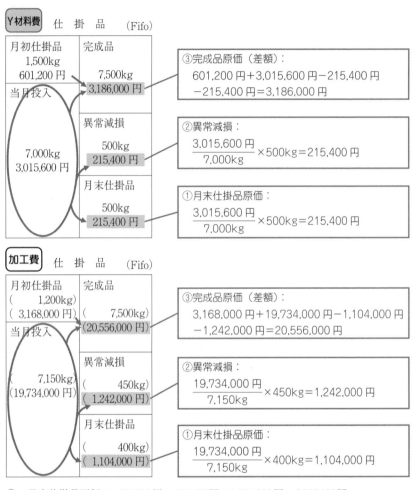

Y材料費 仕 掛 品 (Fifo)

月初仕掛品 1,500kg 601,200 円	完成品 7,500kg 3,186,000 円
当月投入 7,000kg 3,015,600 円	異常減損 500kg 215,400 円
	月末仕掛品 500kg 215,400 円

③完成品原価（差額）：
601,200 円＋3,015,600 円－215,400 円
－215,400 円＝3,186,000 円

②異常減損：
$\dfrac{3,015,600 \text{円}}{7,000\text{kg}} \times 500\text{kg}＝215,400 \text{円}$

①月末仕掛品原価：
$\dfrac{3,015,600 \text{円}}{7,000\text{kg}} \times 500\text{kg}＝215,400 \text{円}$

加工費 仕 掛 品 (Fifo)

月初仕掛品 (1,200kg) (3,168,000 円)	完成品 (7,500kg) (20,556,000 円)
当月投入 7,150kg (19,734,000 円)	異常減損 (450kg) (1,242,000 円)
	月末仕掛品 (400kg) (1,104,000 円)

③完成品原価（差額）：
3,168,000 円＋19,734,000 円－1,104,000 円
－1,242,000 円＝20,556,000 円

②異常減損：
$\dfrac{19,734,000 \text{円}}{7,150\text{kg}} \times 450\text{kg}＝1,242,000 \text{円}$

①月末仕掛品原価：
$\dfrac{19,734,000 \text{円}}{7,150\text{kg}} \times 400\text{kg}＝1,104,000 \text{円}$

① 月末仕掛品原価：1,488,000円 + 215,400円 + 1,104,000円 = 2,807,400円
② 異常減損費：744,000円 + 215,400円 + 1,242,000円 = 2,201,400円
③ 完成品原価：11,538,000円 + 3,186,000円 + 20,556,000円 = 35,280,000円

3．第2工程の計算

(1) 正常仕損費の負担関係

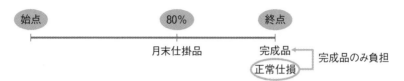

正常仕損が工程の終点で発生しているので、完成品だけが正常仕損費を負担します。

(2) 原価按分

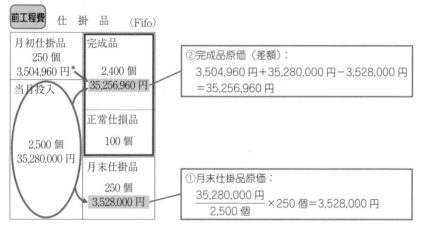

＊　月初仕掛品原価：1,121,580円〈X材料費〉＋315,560円〈Y材料費〉
　　　　　　　　　＋2,067,820円〈加工費（第1工程）〉＝3,504,960円

　Z材料は工程を通じて平均的に投入していることから、加工費の完成品換算量により原価配分を行います。

75

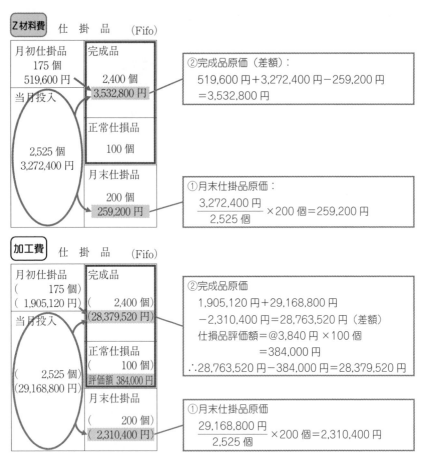

① 月末仕掛品原価：3,528,000円 + 259,200円 + 2,310,400円 = 6,097,600円

② 完 成 品 原 価：35,256,960円 + 3,532,800円 + 28,379,520円 = 67,169,280円

問1

第 1 工 程 費　　　　　　　　　（単位：円）

月初仕掛品原価		完成品総合原価	
直 接 材 料 費	(3,348,500)	直 接 材 料 費	(10,564,750)
加 工 費	(1,890,150)	加 工 費	(9,196,500)
計	(5,238,650)	計	(19,761,250)
当 月 製 造 費 用		月末仕掛品原価	
直 接 材 料 費	(9,459,450)	直 接 材 料 費	(2,243,200)
加 工 費	(8,883,000)	加 工 費	(1,576,650)
計	(18,342,450)	計	(3,819,850)
	(23,581,100)		(23,581,100)

第 2 工 程 費　　　　　　　　　（単位：円）

月初仕掛品原価		完成品総合原価	
加 工 費	(666,250)	加 工 費	(9,010,000)
当 月 製 造 費 用		月末仕掛品原価	
加 工 費	(9,233,750)	加 工 費	(890,000)
	(9,900,000)		(9,900,000)

問2

第 1 工 程 費　　　　　　　　　（単位：円）

月初仕掛品原価		完成品総合原価	
直 接 材 料 費	(3,348,500)	直 接 材 料 費	(10,625,000)
加 工 費	(1,890,150)	加 工 費	(9,218,625)
計	(5,238,650)	計	(19,843,625)
当 月 製 造 費 用		月末仕掛品原価	
直 接 材 料 費	(9,459,450)	直 接 材 料 費	(2,182,950)
加 工 費	(8,883,000)	加 工 費	(1,554,525)
計	(18,342,450)	計	(3,737,475)
	(23,581,100)		(23,581,100)

第 2 工 程 費　　　　　　　　　（単位：円）

月初仕掛品原価		完成品総合原価	
加 工 費	(666,250)	加 工 費	(9,010,000)
当 月 製 造 費 用		月末仕掛品原価	
加 工 費	(9,233,750)	加 工 費	(890,000)
	(9,900,000)		(9,900,000)

解説 ●‥‥‥●

　本問は、非累加法による全原価要素工程別総合原価計算の処理を確認する問題です。

問1

　累加法と計算結果が一致する非累加法は、累加法と同じ計算ですが、コストの内訳がわかるように原価の集計を行うため、コストの区分（工程費）ごとに仕掛品勘定を設定していきます。

1. 第1工程費の計算

(1) 直接材料費

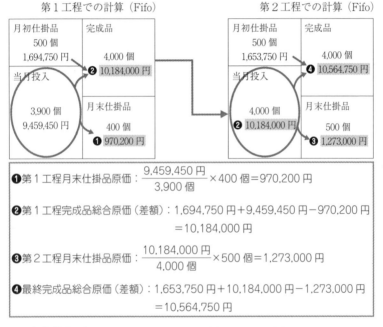

∴ 月初仕掛品原価：1,694,750円 + 1,653,750円 = 3,348,500円
　当月製造費用：9,459,450円
　完成品総合原価：10,564,750円
　月末仕掛品原価：970,200円 + 1,273,000円 = 2,243,200円

(2) 第1工程加工費

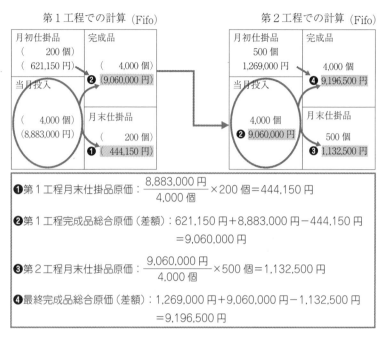

第1工程での計算 (Fifo)

月初仕掛品	完成品
（　200 個）	
（ 621,150 円）	（　4,000 個）
	❷ (9,060,000 円)
当月投入	
（　4,000 個）	月末仕掛品
（8,883,000 円）	（　200 個）
	❶ （ 444,150 円）

第2工程での計算 (Fifo)

月初仕掛品	完成品
500 個	
1,269,000 円	4,000 個
	❹ 9,196,500 円
当月投入	
	月末仕掛品
4,000 個	500 個
❷ 9,060,000 円	
	❸ 1,132,500 円

❶第1工程月末仕掛品原価：$\dfrac{8,883,000 円}{4,000 個} \times 200 個 = 444,150 円$

❷第1工程完成品総合原価（差額）：621,150 円 + 8,883,000 円 − 444,150 円
　　　　　　　　　　　　　　　 = 9,060,000 円

❸第2工程月末仕掛品原価：$\dfrac{9,060,000 円}{4,000 個} \times 500 個 = 1,132,500 円$

❹最終完成品総合原価（差額）：1,269,000 円 + 9,060,000 円 − 1,132,500 円
　　　　　　　　　　　　　　 = 9,196,500 円

∴ 月初仕掛品原価：621,150 円 + 1,269,000 円 = 1,890,150 円
　 当月製造費用：8,883,000 円
　 完成品総合原価：9,196,500 円
　 月末仕掛品原価：444,150 円 + 1,132,500 円 = 1,576,650 円

2．第2工程費の計算（第2工程加工費）

第2工程での計算 (Fifo)

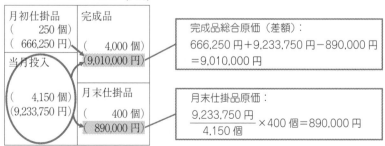

月初仕掛品	完成品
（　250 個）	
（ 666,250 円）	（　4,000 個）
	（9,010,000 円）
当月投入	
	月末仕掛品
（　4,150 個）	（　400 個）
（9,233,750 円）	（ 890,000 円）

完成品総合原価（差額）：
666,250 円 + 9,233,750 円 − 890,000 円
= 9,010,000 円

月末仕掛品原価：
$\dfrac{9,233,750 円}{4,150 個} \times 400 個 = 890,000 円$

問2

通常の非累加法では複数の工程を単一の工程とみなすことにより、工程費ごとに完成品や月末仕掛品が負担する原価をダイレクトに計算していきます。

1．第1工程費の計算
(1) 直接材料費

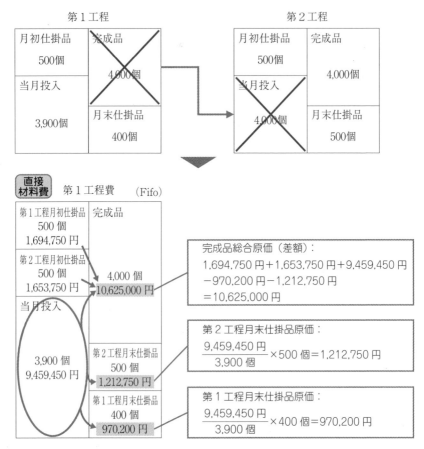

∴月初仕掛品原価：1,694,750円 + 1,653,750円 = 3,348,500円
　当月製造費用：9,459,450円
　完成品総合原価：10,625,000円
　月末仕掛品原価：970,200円 + 1,212,750円 = 2,182,950円

(2) 第1工程加工費

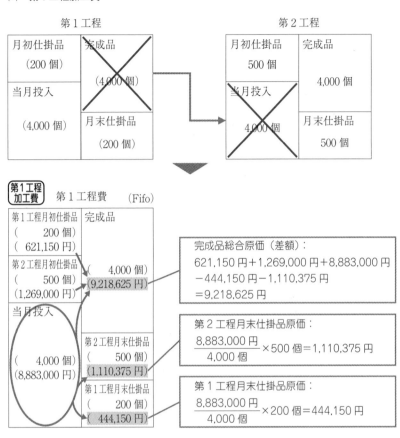

∴月初仕掛品原価：621,150円 + 1,269,000円 = 1,890,150円

　当月製造費用：8,883,000円

　完成品総合原価：9,218,625円

　月末仕掛品原価：444,150円 + 1,110,375円 = 1,554,525円

２．第２工程費の計算（第２工程加工費）

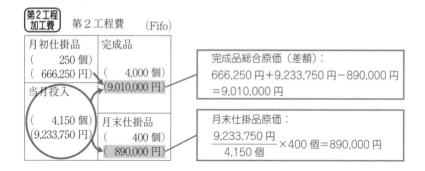

第２工程加工費 第２工程費 （Fifo）

月初仕掛品	完成品
（ 250 個）	
（ 666,250 円）	（ 4,000 個）
	（9,010,000 円）
当月投入	
（ 4,150 個）	月末仕掛品
（9,233,750 円）	（ 400 個）
	（ 890,000 円）

完成品総合原価（差額）：
666,250 円＋9,233,750 円－890,000 円
＝9,010,000 円

月末仕掛品原価：
$\dfrac{9,233,750\ 円}{4,150\ 個} \times 400\ 個 ＝ 890,000\ 円$

解答 14

仕掛品－Ａ原料費			（単位：円）
月初仕掛品原価 （	137,000）	完成品総合原価 （	280,000）
当月製造費用 （	280,500）	月末仕掛品原価 （	137,500）
（	417,500）	（	417,500）

仕掛品－第１工程			（単位：円）
月初仕掛品原価		次 工 程 振 替	
当 工 程 費 （	61,960）	当 工 程 費 （	275,820）
当月製造費用		正 常 減 損 費 （	5,780）
当 工 程 費 （	236,980）	計 （	281,600）
		月末仕掛品原価	
		当 工 程 費 （	17,340）
（	298,940）	（	298,940）

仕掛品－第２工程			（単位：円）
月初仕掛品原価		完成品総合原価	
前 工 程 費 （	62,400）	前 工 程 費 （	267,200）
当 工 程 費 （	20,160）	当 工 程 費 （	132,800）
計 （	82,560）	正 常 減 損 費 （	16,000）
当月製造費用		計 （	416,000）
前 工 程 費 （	281,600）	月末仕掛品原価	
当 工 程 費 （	125,440）	前 工 程 費 （	64,000）
計 （	407,040）	当 工 程 費 （	9,600）
		計 （	73,600）
（	489,600）	（	489,600）

A原料費

　完成品単位原価　　[　　　　70　] 円/kg

加工費

　第1工程完成品単位原価

　　(a)　月初仕掛品完成分　　　　　　　[　　79.3　] 円/kg

　　(b)　当月投入完成分　　　　　　　　[　　59.5　] 円/kg

　　(c)　当月完成品全体の加重平均単位原価　[　　64　] 円/kg

　第2工程完成品単位原価

　　(a)　月初仕掛品完成分　　　　　　　[　　116　] 円/kg

　　(b)　当月投入完成分　　　　　　　　[　　101　] 円/kg

　　(c)　当月完成品全体の加重平均単位原価　[　　104　] 円/kg

解説 ....●

　本問は、加工費工程別総合原価計算（累加法）の処理を確認する問題です。

　加工費工程別総合原価とは、原料費については計算を簡便化するため工程別計算を行わず単一工程とみなして計算し、加工費のみを工程別に計算する方法です。

1．A原料費の計算

　A原料費の計算については原料費の計算を簡略化するという趣旨から、正常減損の発生点にかかわらず、完成品のみに負担させます。

　本問では正常減損の負担計算方法として非度外視法が指示されていますが、完成品のみ負担の場合、度外視法で計算しても同じ結果となります。

　また、原価データ、解答用紙から月初、月末仕掛品については、第1工程、第2工程別に内訳表示されていないのでまとめて計算していきます。

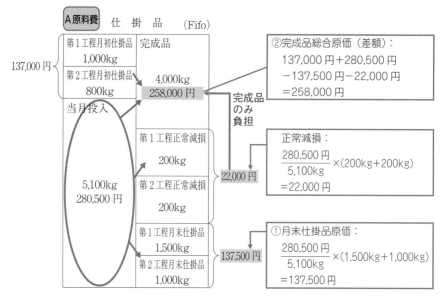

① 月末仕掛品原価：137,500円

② 完成品総合原価：258,000円 + 22,000円〈正常減損費〉= 280,000円

③ 完成品単位原価：$\dfrac{280,000\,円}{4,000\,kg}$ = @70円

2．加工費の計算

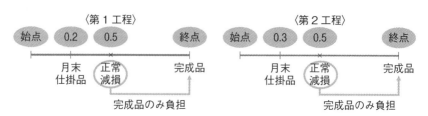

第1工程、第2工程ともに正常減損費を負担するのは完成品のみです。

(1) 第1工程の計算

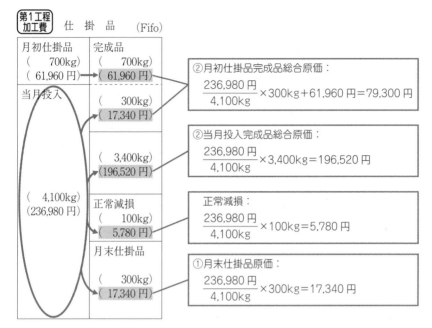

① 月末仕掛品原価：17,340円

② 完成品総合原価：61,960円 + 17,340円 + 196,520円 + 5,780円〈正常減損費〉= 281,600円

③ 完成品単位原価

(a) 月初仕掛品完成分：$\dfrac{61,960円 + 17,340円}{1,000kg}$ = @79.3円

(b) 当月投入完成分：$\dfrac{196,520円 + 5,780円}{3,400kg}$ = @59.5円

正常減損は当月投入分から発生しているので、当月投入完成品に全額負担させます。

(c) 当月完成品全体の加重平均単位原価：$\dfrac{281,600円}{4,400kg}$ = @64円

(2) 第2工程の計算

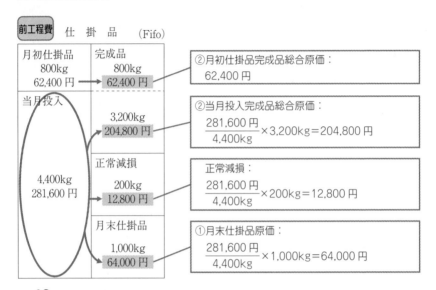

前工程費 仕 掛 品 (Fifo)	
月初仕掛品 800kg 62,400 円	完成品 800kg 62,400 円
当月投入 4,400kg 281,600 円	3,200kg 204,800 円
	正常減損 200kg 12,800 円
	月末仕掛品 1,000kg 64,000 円

②月初仕掛品完成品総合原価：
62,400 円

②当月投入完成品総合原価：
$$\frac{281,600 円}{4,400kg} \times 3,200kg = 204,800 円$$

正常減損：
$$\frac{281,600 円}{4,400kg} \times 200kg = 12,800 円$$

①月末仕掛品原価：
$$\frac{281,600 円}{4,400kg} \times 1,000kg = 64,000 円$$

注意　A原料費は工程別計算を行っていないので、前工程費は、第1工程加工費のみで構成されます。

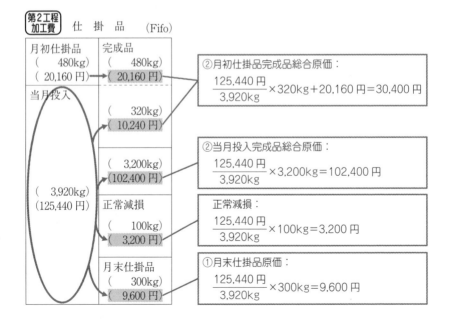

第2工程加工費 仕 掛 品 (Fifo)	
月初仕掛品 (480kg) (20,160 円)	完成品 (480kg) (20,160 円)
当月投入 (3,920kg) (125,440 円)	(320kg) (10,240 円)
	(3,200kg) (102,400 円)
	正常減損 (100kg) (3,200 円)
	月末仕掛品 (300kg) (9,600 円)

②月初仕掛品完成品総合原価：
$$\frac{125,440 円}{3,920kg} \times 320kg + 20,160 円 = 30,400 円$$

②当月投入完成品総合原価：
$$\frac{125,440 円}{3,920kg} \times 3,200kg = 102,400 円$$

正常減損：
$$\frac{125,440 円}{3,920kg} \times 100kg = 3,200 円$$

①月末仕掛品原価：
$$\frac{125,440 円}{3,920kg} \times 300kg = 9,600 円$$

① 月末仕掛品原価：64,000円 + 9,600円 = 73,600円

② 完成品総合原価：62,400円 + 204,800円 + 30,400円 + 102,400円 + $\underbrace{(12,800円 + 3,200円)}_{\text{正常減損費}}$

$$= 416,000円$$

③ 完成品単位原価

(a) 月初仕掛品完成分：$\dfrac{62,400円 + 30,400円}{800kg} = @116円$

(b) 当月投入完成分：$\dfrac{204,800円 + 102,400円 + (12,800円 + 3,200円)}{3,200kg} = @101円$

正常減損は、当月投入分から発生しているので当月投入完成品に全額負担させます。

(c) 当月完成品全体の加重平均単位原価：$\dfrac{416,000円}{4,000kg} = @104円$

解答 15

製品MN	仕掛品－第1工程		（単位：円）
月初仕掛品原価		次工程振替	
原料費	135,000	原料費 （	637,400）
加工費	58,050	加工費 （	902,950）
計	193,050	計 （	1,540,350）
当月製造費用		月末仕掛品原価	
原料費 （	659,400）	原料費 （	157,000）
加工費		加工費 （	74,550）
組直接費	431,950	計 （	231,550）
組間接費 （	487,500）		
計 （	1,578,850）		
（	1,771,900）	（	1,771,900）

製品MN　　　　　　　仕掛品－第2工程　　　　　　（単位：円）

月初仕掛品原価		完成品総合原価	
前 工 程 費	132,150	前 工 程 費 （	1,364,430)
加 工 費	85,950	加 工 費 （	818,490)
計	218,100	計 （	2,182,920)
当月製造費用		月末仕掛品原価	
前 工 程 費 （	1,540,350)	前 工 程 費 （	308,070)
加 工 費		加 工 費 （	121,800)
組 直 接 費	393,340	計 （	429,870)
組 間 接 費 （	461,000)		
計 （	2,394,690)		
（	2,612,790)	（	2,612,790)

製品OP　　　　　　　仕掛品－第1工程　　　　　　（単位：円）

月初仕掛品原価		次工程振替	
原 料 費	117,740	原 料 費 （	870,240)
加 工 費	45,120	加 工 費 （	1,449,660)
計	162,860	計 （	2,319,900)
当月製造費用		月末仕掛品原価	
原 料 費 （	892,500)	原 料 費 （	140,000)
加 工 費		加 工 費 （	184,960)
組 直 接 費	889,500	計 （	324,960)
組 間 接 費 （	700,000)		
計 （	2,482,000)		
（	2,644,860)	（	2,644,860)

製品OP　　　　　　　仕掛品－第2工程　　　　　　（単位：円）

月初仕掛品原価		完成品総合原価	
前 工 程 費	164,000	前 工 程 費 （	1,834,328)
加 工 費	30,720	加 工 費 （	545,280)
計	194,720	計 （	2,379,608)
当月製造費用		月末仕掛品原価	
前 工 程 費 （	2,319,900)	前 工 程 費 （	649,572)
加 工 費		加 工 費 （	150,080)
組 直 接 費	44,640	計 （	799,652)
組 間 接 費 （	620,000)		
計 （	2,984,540)		
（	3,179,260)	（	3,179,260)

•• ●

本問は、全原価要素工程別組別総合原価計算（累加法）の処理を確認する問題です。

１．組間接費の配賦と加工費の集計

(1) 製品MN

	第１工程		第２工程	
組 間 接 費	$\dfrac{1,187,500円}{2,375時間} \times 975時間 =$	487,500円	$\dfrac{1,081,000円}{2,162時間} \times 922時間 =$	461,000円
組 直 接 費		431,950円		393,340円
加 工 費 合 計		919,450円		854,340円

(2) 製品OP

	第１工程		第２工程	
組 間 接 費	$\dfrac{1,187,500円}{2,375時間} \times 1,400時間 =$	700,000円	$\dfrac{1,081,000円}{2,162時間} \times 1,240時間 =$	620,000円
組 直 接 費		889,500円		44,640円
加 工 費 合 計		1,589,500円		664,640円

２．製品MNの計算

(1) 第１工程の計算

① 正常仕損費の負担関係

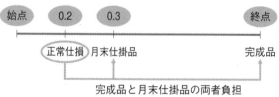

月末仕掛品も正常仕損の発生点を通過しているので完成品と月末仕掛品が正常仕損費を負担します。

② 原価の按分

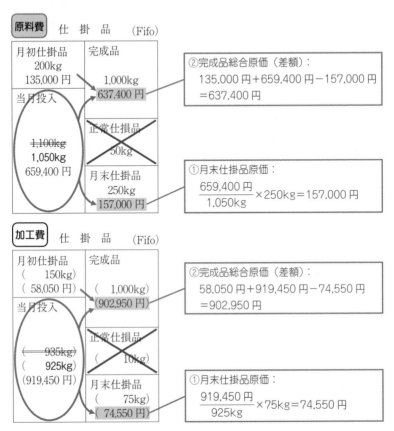

① 月末仕掛品原価：157,000 円 + 74,550 円 = 231,550 円
② 完成品総合原価：637,400 円 + 902,950 円 = 1,540,350 円

(2) 第2工程の計算
① 正常仕損費の負担関係

正常仕損は終点発生なので、完成品だけが正常仕損費を負担します。

② 原価の按分

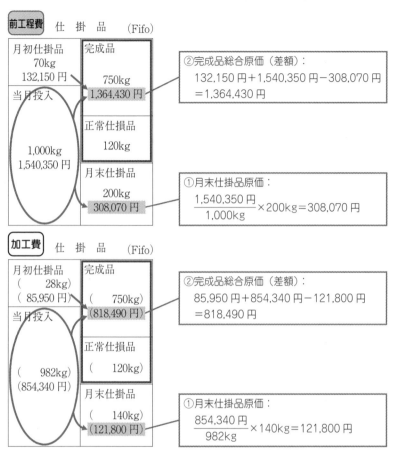

① 月末仕掛品原価：308,070 円 + 121,800 円 = 429,870 円
② 完成品総合原価：1,364,430 円 + 818,490 円 = 2,182,920 円

3．製品OPの計算

（1） 第1工程の計算

① 正常仕損費の負担関係

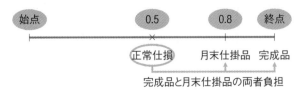

月末仕掛品も正常仕損の発生点を通過しているので完成品と月末仕掛品が正常仕損費を負担します。

② 原価の按分

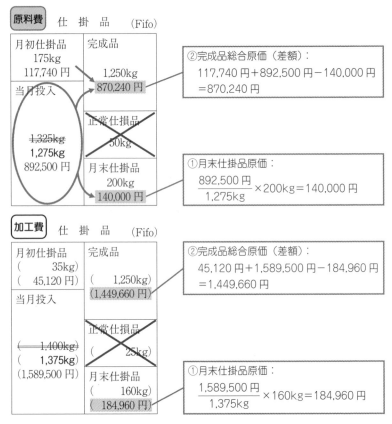

① 月末仕掛品原価：140,000円 + 184,960円 = 324,960円
② 完成品総合原価：870,240円 + 1,449,660円 = 2,319,900円

(2) 第2工程の計算

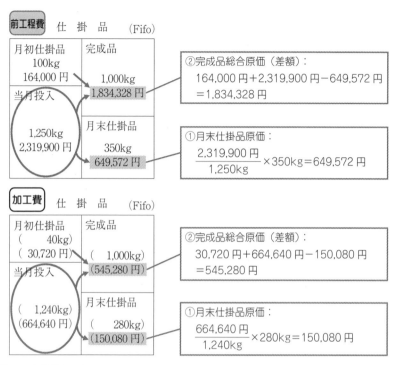

①　月末仕掛品原価：649,572円 + 150,080円 = 799,652円
②　完成品総合原価：1,834,328円 + 545,280円 = 2,379,608円

解答　16

問1　製品QR
　　月末仕掛品原価　| 7,862,400 | 円
　　完成品総合原価　| 29,478,750 | 円
　　完成品単位原価　| 5,895.75 | 円/kg
　製品ST
　　月末仕掛品原価　| 3,040,450 | 円
　　完成品総合原価　| 16,024,400 | 円
　　完成品単位原価　| 4,006.1 | 円/kg

問2　製品QR
　　　月末仕掛品原価　　7,825,500　円
　　　完成品総合原価　29,340,000　円
　　　完成品単位原価　　　　5,868　円/kg
　　製品ST
　　　月末仕掛品原価　　3,066,900　円
　　　完成品総合原価　16,173,600　円
　　　完成品単位原価　　　4,043.4　円/kg

解説 ●●●

　本問は、原価要素別に区別する等価係数が与えられた場合の等級別総合原価計算の処理を確認する問題です。

問1

　問題文の資料により問1は組別総合原価計算に近い等級別総合原価計算であり、まず当月製造費用を各等級製品の原価投入量に等価係数を掛けた積数の比で按分し、あとは各等級製品ごとに完成品総合原価と月末仕掛品原価を計算します。

1．当月製造費用の按分
　①　原料費

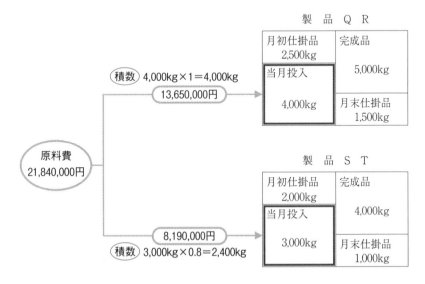

94

$$\frac{21,840,000 \text{円}}{4,000\text{kg} + (3,000\text{kg} \times 0.8)} \times 4,000\text{kg} = 13,650,000 \text{円}（製品QR）$$

$$\frac{21,840,000 \text{円}}{4,000\text{kg} + (3,000\text{kg} \times 0.8)} \times (3,000\text{kg} \times 0.8) = 8,190,000 \text{円}（製品ST）$$

② 加工費

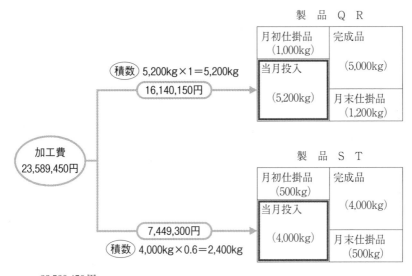

$$\frac{23,589,450 \text{円}}{5,200\text{kg} + (4,000\text{kg} \times 0.6)} \times 5,200\text{kg} = 16,140,150 \text{円}（製品QR）$$

$$\frac{23,589,450 \text{円}}{5,200\text{kg} + (4,000\text{kg} \times 0.6)} \times (4,000\text{kg} \times 0.6) = 7,449,300 \text{円}（製品ST）$$

２．製品QRの原価按分

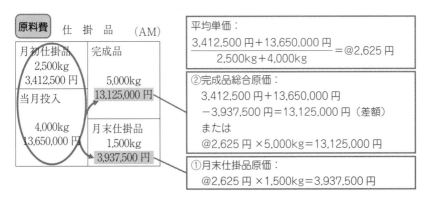

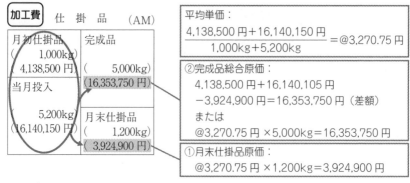

① 月末仕掛品原価：3,937,500 円＋3,924,900 円＝7,862,400 円

② 完成品総合原価：13,125,000 円＋16,353,750 円＝29,478,750 円

③ 完成品単位原価：$\dfrac{29,478,750\ 円}{5,000\text{kg}} = @5,895.75\ 円$

3．製品 ST の原価按分

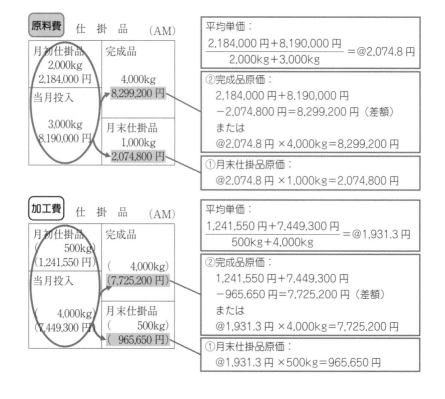

① 月末仕掛品原価：2,074,800円 + 965,650円 = 3,040,450円

② 完成品総合原価：8,299,200円 + 7,725,200円 = 16,024,400円

③ 完成品単位原価：$\dfrac{16,024,400円}{4,000kg}$ = @4,006.1円

問2

　問題文の資料より問2は、単純総合原価計算に近い等級別総合原価計算であり、各等級製品の生産データに等価係数を掛けることにより、生産データを原価要素別の積数で一本化し、その積数にもとづいて原価を各等級製品に按分していきます。

１．積数換算

(1) 原料費

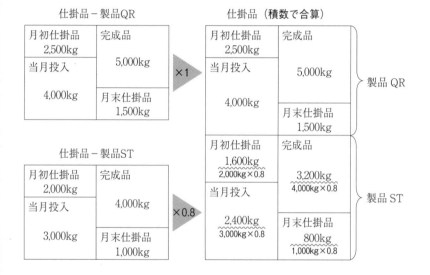

(2) 加工費

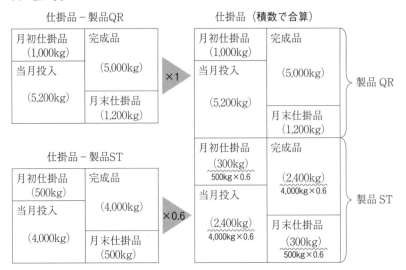

2．原価の按分

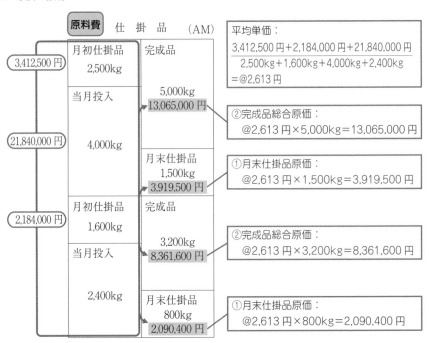

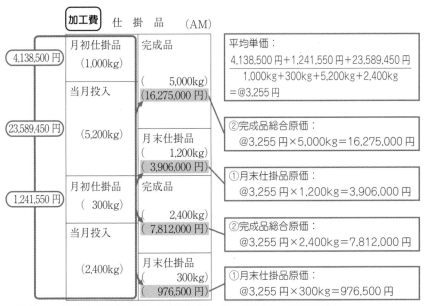

∴製品QR ①月末仕掛品原価：3,919,500円 + 3,906,000円 = 7,825,500円

②完成品総合原価：13,065,000円 + 16,275,000円 = 29,340,000円

③完成品単位原価：$\dfrac{29,340,000円}{5,000kg}$ = @5,868円

製品ST ①月末仕掛品原価：2,090,400円 + 976,500円 = 3,066,900円

②完成品総合原価：8,361,600円 + 7,812,000円 = 16,173,600円

③完成品単位原価：$\dfrac{16,173,600円}{4,000kg}$ = @4,043.4円

仕掛品－製品UV　　　　　（単位：円）

月初仕掛品原価		完成品総合原価	
原 料 費	3,163,000	原 料 費	(17,179,000)
加 工 費	880,000	加 工 費	(20,281,600)
計	4,043,000	正 常 仕 損 費	(1,899,400)
当月製造費用		計	(39,360,000)
原 料 費	(17,520,000)	正常仕損品評価額	(8,600)
加 工 費	(22,600,800)	月末仕掛品原価	
計	(40,120,800)	原 料 費	(2,628,000)
		加 工 費	(2,167,200)
		計	(4,795,200)
	(44,163,800)		(44,163,800)

仕掛品－製品WX　　　　　（単位：円）

月初仕掛品原価		完成品総合原価	
原 料 費	1,960,000	原 料 費	(12,997,600)
加 工 費	1,956,780	加 工 費	(11,925,900)
計	3,916,780	正 常 仕 損 費	(1,606,500)
当月製造費用		計	(26,530,000)
原 料 費	(15,242,400)	正常仕損品評価額	(6,300)
加 工 費	(12,074,400)	月末仕掛品原価	
計	(27,316,800)	原 料 費	(2,803,200)
		加 工 費	(1,486,080)
		正 常 仕 損 費	(408,000)
		計	(4,697,280)
	(31,233,580)		(31,233,580)

製品UV完成品単位原価　　| 9,840 |　円／個
製品WX完成品単位原価　　| 7,580 |　円／個

本問は、原価要素別に区別する等価係数が与えられた場合の等級別総合原価計算の処理を確認する問題であり、組別総合原価計算に近い等級別総合原価計算です。

(1) 当月製造費用の按分

① 原料費

$$\frac{32,762,400\,円}{7,480\,個^{*1}} \times 4,000\,個 = 17,520,000\,円\,（製品UV）$$

$$\frac{32,762,400\,円}{7,480\,個^{*1}} \times 3,480\,個 = 15,242,400\,円\,（製品WX）$$

* 1　原料費の当月投入積数
    製品UV：(4,000個 + 600個 + 200個 − 800個) × 1 ＝ 4,000個
    製品WX：(3,500個 + 800個 + 400個 − 350個) × 0.8 ＝ 3,480個
    　　　　　　　　　　　　　　　　　　　　　　　　　　7,480個

② 加工費

$$\frac{34,675,200\,円}{6,720\,個^{*2}} \times 4,380\,個 = 22,600,800\,円\,（製品UV）$$

$$\frac{34,675,200\,円}{6,720\,個^{*2}} \times 2,340\,個 = 12,074,400\,円\,（製品WX）$$

* 2　加工費の当月投入積数
    製品UV：(4,000個 + 600個×0.7 + 200個×1 − 800個×0.3) × 1 ＝ 4,380個
    製品WX：(3,500個 + 800個×0.6 + 400個×0.5 − 350個×0.8) × 0.6 ＝ 2,340個
    　　　　　　　　　　　　　　　　　　　　　　　　　　　　　6,720個

(2) 製品UVの計算

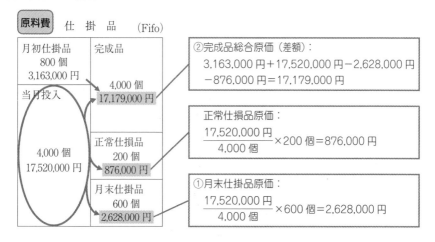

原料費	仕　掛　品	(Fifo)
月初仕掛品 800 個 3,163,000 円	完成品 4,000 個 **17,179,000 円**	
当月投入 4,000 個 17,520,000 円	正常仕損品 200 個 **876,000 円**	
	月末仕掛品 600 個 **2,628,000 円**	

②完成品総合原価（差額）：
3,163,000 円 + 17,520,000 円 − 2,628,000 円 − 876,000 円 = 17,179,000 円

正常仕損品原価：
$$\frac{17,520,000\,円}{4,000\,個} \times 200\,個 = 876,000\,円$$

①月末仕掛品原価：
$$\frac{17,520,000\,円}{4,000\,個} \times 600\,個 = 2,628,000\,円$$

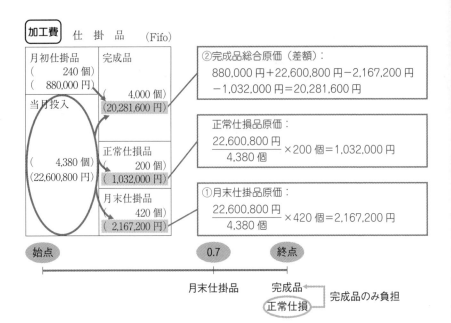

正常仕損は工程の終点で発生しているので完成品だけが正常仕損費を負担します。

正常仕損費：876,000 円 + 1,032,000 円 − @43 円 × 200 個 = 1,899,400 円
　　　　　　　　　　　　　　　　仕損品評価額

① 　月末仕掛品原価：2,628,000 円 + 2,167,200 円 = 4,795,200 円

② 　完成品総合原価：17,179,000 円 + 20,281,600 円 + 1,899,400 円 = 39,360,000 円

③ 　完成品単位原価：$\dfrac{39,360,000 円}{4,000 個}$ = @ 9,840 円

(3)　製品 WX の計算

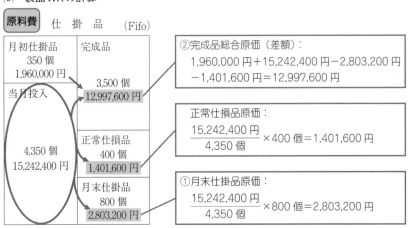

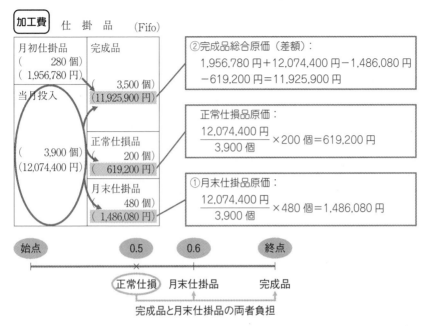

正常仕損は工程の50％の地点で発生しており、完成品と月末仕掛品が正常仕損費を負担します。

正常仕損費：1,401,600 円 + 619,200 円 − @ 15.75 円 × 400 個 = 2,014,500 円

$$\frac{2,014,500 \, 円}{(3,500 \, 個 - 350 \, 個) + 800 \, 個} \times (3,500 \, 個 - 350 \, 個)$$

$$= 1,606,500 \, 円 \langle 完成品負担分 \rangle$$

$$\frac{2,014,500 \, 円}{(3,500 \, 個 - 350 \, 個) + 800 \, 個} \times 800 \, 個$$

$$= 408,000 \, 円 \langle 月末仕掛品負担分 \rangle$$

① 月末仕掛品原価：2,803,200 円 + 1,486,080 円 + 408,000 円〈正常仕損費〉= 4,697,280 円

② 完成品総合原価：12,997,600 円 + 11,925,900 円 + 1,606,500 円〈正常仕損費〉= 26,530,000 円

③ 完成品単位原価：$\dfrac{26,530,000 \, 円}{3,500 \, 個}$ = @ 7,580 円

問1

第1工程月末仕掛品原価	131,100	円
副産物Eの評価額	20,000	円
連産品に按分すべき連結原価	630,000	円

問2

製品C	完成品原価	860,000	円
	完成品単位原価	172	円/kg
製品D	完成品原価	820,000	円
	完成品単位原価	205	円/kg

問3

製品別損益計算書

	製品C	製品D	合 計
販　売　量	5,000 kg	4,000 kg	
販　売　単　価	240 円/kg	225 円/kg	
売　上　高	(1,200,000)円	(900,000)円	(2,100,000)円
差引：売上原価			
連結原価配賦額	(414,000)円	(216,000)円	(630,000)円
追 加 加 工 費	(510,000)	(540,000)	(1,050,000)
合　計	(924,000)円	(756,000)円	(1,680,000)円
売 上 総 利 益	(276,000)円	(144,000)円	(420,000)円
売上高総利益率	(23)%	(16)%	(20)%

本問は、副産物の処理と連結原価の按分計算を確認する問題です。

1．生産データの整理

本問の生産データを整理すれば次のとおりです。

（　　）内は加工費の完成品換算量

2．問1について

副産物Eは第1工程終点において分離されるため、副産物評価額は完成品原価より控除します。

(1) 原料費の計算

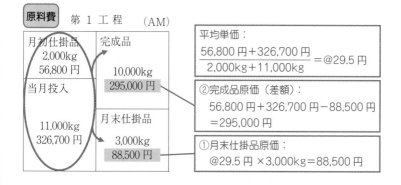

(2) 加工費の計算

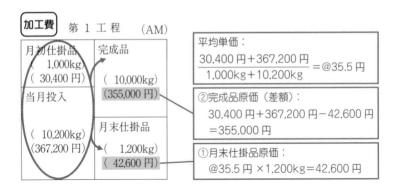

加工費 第 1 工程 （AM）

月初仕掛品 （ 1,000kg） （ 30,400 円）	完成品 （ 10,000kg） （355,000 円）
当月投入 （ 10,200kg） （367,200 円）	月末仕掛品 （ 1,200kg） （ 42,600 円）

平均単価：
$$\frac{30,400 円 + 367,200 円}{1,000kg + 10,200kg} = @35.5 円$$

②完成品原価（差額）：
30,400 円＋367,200 円－42,600 円
＝355,000 円

①月末仕掛品原価：
@35.5 円×1,200kg＝42,600 円

(3) 副産物Eの評価額
　　副産物Eの評価額は見積売却価額により計算します。
　　副産物Eの評価額：20円/kg×1,000kg＝20,000円
(4) まとめ
　　① 月末仕掛品原価：88,500円＋42,600円＝131,100円
　　② 連産品に按分すべき連結原価：295,000円＋355,000円－20,000円＝630,000円

3．問2について
　　問1で計算した連結原価を分離点における中間製品CとDの生産量の割合で按分し、さらにそれぞれの追加加工費を加算することで最終製品の完成品原価および完成品単位原価を計算します。
(1) **生産量基準による連結原価の按分**

$$\frac{630,000 円}{5,000kg + 4,000kg} 〈@70円〉×5,000kg＝350,000円 〈中間製品Cへの按分額〉$$

$$\frac{630,000 円}{5,000kg + 4,000kg} 〈@70円〉×4,000kg＝280,000円 〈中間製品Dへの按分額〉$$

(2) **まとめ**
　　① 製品C完成品原価：350,000円＋102円/kg×5,000kg＝860,000円
　　② 製品C完成品単位原価：860,000円÷5,000kg＝172円/kg
　　③ 製品D完成品原価：280,000円＋135円/kg×4,000kg＝820,000円
　　④ 製品D完成品単位原価：820,000円÷4,000kg＝205円/kg

4．問3について
　　問1で計算した連結原価を分離点における見積正味実現可能価額の割合で按分します。

(1) **分離点における見積正味実現可能価額**

	製品C	製品D	合計
正 常 市 価	240円/kg×5,000kg＝1,200,000円	225円/kg×4,000kg＝ 900,000円	2,100,000円
分離後見積加工費	102円/kg×5,000kg＝ 510,000円	135円/kg×4,000kg＝ 540,000円	1,050,000円
見積正味実現可能価額	690,000円	360,000円	1,050,000円

(2) **分離点における見積正味実現可能価額による連結原価の按分**

$$\frac{630,000\,円}{690,000\,円 + 360,000\,円}\,〈@0.6円〉× 690,000\,円 = 414,000\,円〈中間製品Cへの按分額〉$$

$$\frac{630,000\,円}{690,000\,円 + 360,000\,円}\,〈@0.6円〉× 360,000\,円 = 216,000\,円〈中間製品Dへの按分額〉$$

(3) **製品別損益計算書の作成と売上高総利益率の計算**

　　問題文の指示により、生産された製品の全量が販売されており、完成品原価（＝連結原価配賦額＋分離後追加加工費）が全額売上原価となります。

製品別損益計算書

	製品C	製品D	合 計
販 売 量	5,000 kg	4,000 kg	
販 売 単 価	240 円/kg	225 円/kg	
売 上 高	(1,200,000) 円	(900,000) 円	(2,100,000) 円
差引：売上原価			
連結原価配賦額	(414,000) 円	(216,000) 円	(630,000) 円
追 加 加 工 費	(510,000)	(540,000)	(1,050,000)
合 計	(924,000) 円	(756,000) 円	(1,680,000) 円
売 上 総 利 益	(276,000) 円	(144,000) 円	(420,000) 円
売上高総利益率	(23*) %	(16*) %	(20*) %

＊ 売上高総利益率（＝売上総利益÷売上高×100）：
　製品C：276,000円÷1,200,000円×100 ＝ 23%
　製品D：144,000円÷ 900,000円×100 ＝ 16%
　合　計：420,000円÷2,100,000円×100 ＝ 20%

仕掛品－直接材料費　　　　　（単位：円）

前　月　繰　越	(2,200,000)	製　　　　　品	(22,000,000)
材　　　　　料	(25,775,200)	次　月　繰　越	(4,400,000)
〔　　──　　〕	(──)	〔価　格　差　異〕	(255,200)
〔　　──　　〕	(──)	〔数　量　差　異〕	(1,320,000)
	(27,975,200)		(27,975,200)

仕掛品－直接労務費　　　　　（単位：円）

前　月　繰　越	(240,000)	製　　　　　品	(6,000,000)
賃　　　　　金	(6,340,320)	次　月　繰　越	(360,000)
〔賃　率　差　異〕	(85,680)	〔時　間　差　異〕	(306,000)
〔　　──　　〕	( )	〔　　──　　〕	( )
	(6,666,000)		(6,666,000)

仕掛品－製造間接費　　　　　（単位：円）

前　月　繰　越	(480,000)	製　　　　　品	(12,000,000)
製　造　間　接　費	(13,023,360)	次　月　繰　越	(720,000)
〔予　算　差　異〕	(60,640)	〔能　率　差　異〕	(612,000)
〔　　──　　〕	(──)	〔操　業　度　差　異〕	(232,000)
〔　　──　　〕	(──)	〔　　──　　〕	(──)
	(13,564,000)		(13,564,000)

（注）上記勘定の〔　　〕内には原価差異の名称を、（　　）には金額を記入
しなさい。なお、不要なカッコには──を記入すること。

本問は、標準原価計算の一連の流れを確認する問題です。

1. 生産データの整理と標準消費量の計算

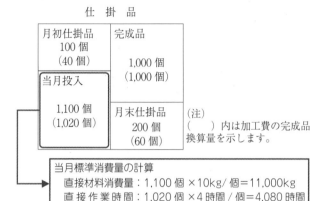

仕 掛 品

月初仕掛品 100 個 (40 個)	完成品 1,000 個 (1,000 個)
当月投入 1,100 個 (1,020 個)	月末仕掛品 200 個 (60 個)

(注) (　　) 内は加工費の完成品換算量を示します。

当月標準消費量の計算
直接材料消費量：1,100 個 ×10kg/ 個＝11,000kg
直 接 作 業 時 間：1,020 個 ×4 時間 / 個＝4,080 時間

2. 直接材料費の計算と勘定記入

(1) 仕掛品勘定の記入

完　 成　 品：22,000円/個×1,000個＝22,000,000円
月 初 仕 掛 品：22,000円/個×100個＝2,200,000円
月 末 仕 掛 品：22,000円/個×200個＝4,400,000円
当月製造費用：パーシャル・プランのため、実際消費額（＊）を記入します。

＊ 直接材料費実際消費額

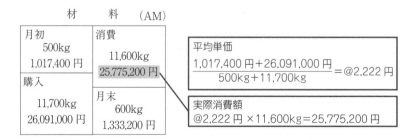

材　　料　 (AM)

月初 500kg 1,017,400 円	消費 11,600kg 25,775,200 円
購入 11,700kg 26,091,000 円	月末 600kg 1,333,200 円

平均単価
$$\frac{1,017,400 円＋26,091,000 円}{500kg＋11,700kg}＝@2,222 円$$

実際消費額
@2,222 円 ×11,600kg＝25,775,200 円

(2) 差異分析

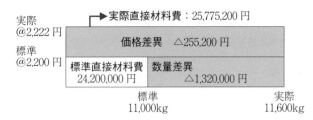

価格差異：(@2,200円 − @2,222円) × 11,600kg ＝ △255,200円（借方）
数量差異：@2,200円 × (11,000kg − 11,600kg) ＝ △1,320,000円（借方）

3. 直接労務費の計算と勘定記入

(1) 仕掛品勘定の記入

完　成　品　原　価：6,000円 / 個 × 1,000個 ＝ 6,000,000円
月初仕掛品原価：6,000円 / 個 × 40個 ＝ 240,000円
月末仕掛品原価：6,000円 / 個 × 60個 ＝ 360,000円
当　月　製　造　費　用：パーシャル・プランのため、実際消費額を記入します。

(2) 差異分析

＊　6,340,320円 ÷ 4,284時間 ＝ @1,480円

賃率差異：(@1,500円 − @1,480円) × 4,284時間 ＝ ＋85,680円（貸方）
時間差異：@1,500円 × (4,080時間 − 4,284時間) ＝ △306,000円（借方）

4. 製造間接費の計算と勘定記入

(1) 仕掛品勘定の記入

完 成 品 原 価：12,000円／個×1,000個＝12,000,000円

月初仕掛品原価：12,000円／個×40個＝480,000円

月末仕掛品原価：12,000円／個×60個＝720,000円

当 月 製 造 費 用：パーシャル・プランのため、実際消費額を記入します。

(2) 差異分析

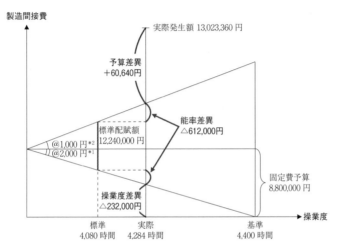

＊1　固定費率：8,800,000円÷4,400時間＝@2,000円

＊2　変動費率：@3,000円－@2,000円＝@1,000円

予 算 差 異：(@1,000円×4,284時間＋8,800,000円)－13,023,360円＝＋60,640円（貸方）
　　　　　　　　　　　　　予算許容額

能 率 差 異：@3,000円×(4,080時間－4,284時間)＝△612,000円（借方）

操業度差異：@2,000円×(4,284時間－4,400時間)＝△232,000円（借方）

材　　料

前　月　繰　越	(	112,500)	仕　掛　品	(	2,310,000)
諸　　　　　口	(	2,400,000)	次　月　繰　越	(	202,500)
〔　　　　　〕	(	)	〔　　　　　〕	(	)
	(	2,512,500)		(	2,512,500)

材料受入価格差異

〔　　　　　〕	(	)	〔材　　　料〕	(	32,000)

賃　　金

諸　　　　　口		821,600	仕　掛　品	(	790,000)
〔　　　　　〕	(	)	〔賃　率　差　異〕	(	31,600)
	(	821,600)		(	821,600)

仕　掛　品

前　月　繰　越	(	228,000)	製　　　　　品		5,390,000
材　　　　　料	(	2,310,000)	次　月　繰　越	(	216,000)
賃　　　　　金	(	790,000)	〔数　量　差　異〕	(	60,000)
製　造　間　接　費	(	2,379,000)	〔時　間　差　異〕	(	8,000)
〔予　算　差　異〕	(	13,000)	〔能　率　差　異〕	(	34,000)
〔　　　　　〕	(	)	〔操　業　度　差　異〕	(	12,000)
	(	5,720,000)		(	5,720,000)

（注）上記勘定の〔　　〕内には適切な名称を、（　　）には金額（単位：円）
を記入しなさい。なお不要なカッコは空欄のままでよい。

本問は、材料受入価格差異の処理と修正パーシャル・プランの勘定記入を確認する問題です。

1. 生産データの整理と標準消費量の計算

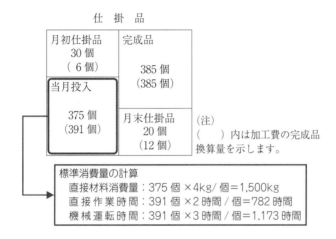

仕　掛　品

| 月初仕掛品 30 個 （ 6 個） | 完成品 385 個 （385 個） |
| 当月投入 375 個 （391 個） | 月末仕掛品 20 個 （12 個） |

(注)
（　）内は加工費の完成品
換算量を示します。

標準消費量の計算
直接材料消費量：375 個 ×4kg/ 個＝1,500kg
直接作業時間：391 個 ×2 時間 / 個＝782 時間
機械運転時間：391 個 ×3 時間 / 個＝1,173 時間

2. 材料勘定の計算と勘定記入

材料の購入時に標準単価の1,500円/kgで材料勘定の借方に受入記帳をしているため、材料勘定の記入はすべて標準単価で計算されます。

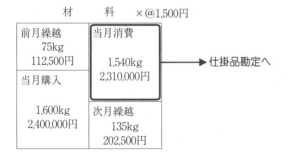

材　　料　　×@1,500円

| 前月繰越 75kg 112,500円 | 当月消費 1,540kg 2,310,000円 |
| 当月購入 1,600kg 2,400,000円 | 次月繰越 135kg 202,500円 |

➡ 仕掛品勘定へ

3. 当月の材料受入価格差異の計算と勘定記入

実際
@1,480円

標準
@1,500円

| | 受入価格差異　＋32,000円 | |

実際購入量
1,600kg

材料受入価格差異：（@1,500円－1,480円）×1,600kg＝＋32,000円（貸方）
なお、材料購入時の仕訳を示すと次のとおりです。

（材　　　　　　料）	2,400,000	（買　　　掛　　　金）	2,368,000
		（材 料 受 入 価 格 差 異）	32,000

4. 賃金の計算と勘定記入

　　賃金消費額：@1,000円×790時間＝790,000円→仕掛品勘定へ

　　（注）修正パーシャル・プランのため「標準単価×実際消費量」で振り替えます。

　　賃 率 差 異：790,000円－821,600円＝△31,600円（借方）

5. 仕掛品勘定の記入

　　完成品総合原価：@14,000円×385個＝　5,390,000円

　　月初仕掛品原価：

直接材料費	@6,000円×30個＝	180,000円
直接労務費	@2,000円×6個＝	12,000円
製造間接費	@6,000円×6個＝	36,000円
合　　計		228,000円

　　月末仕掛品原価：

直接材料費	@6,000円×20個＝	120,000円
直接労務費	@2,000円×12個＝	24,000円
製造間接費	@6,000円×12個＝	72,000円
合　　計		216,000円

　　当月製造費用：

材　　　料	2,310,000円	（解説2より）
賃　　　金	790,000円	（解説4より）
製造間接費	2,379,000円	（資料3(3)より実際発生額）

6. 差異分析
   (1) 直接材料費

数量差異：@1,500円×(1,500kg − 1,540kg) = △60,000円（借方）
（注）材料受入価格差異を把握しているため価格差異は計算されません。

   (2) 直接労務費

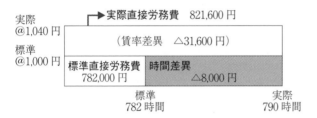

時間差異：@1,000円×(782時間 − 790時間) = △8,000円（借方）
（注）賃率差異は仕掛品勘定では把握されません。

(3) 製造間接費

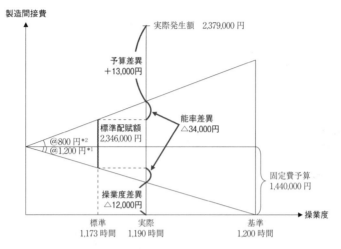

＊1　固定費率：1,440,000円 ÷ 1,200時間 ＝ @1,200円
＊2　変動費率：@2,000円 − @1,200円 ＝ @800円

予 算 差 異：(@800円 × 1,190時間 + 1,440,000円) − 2,379,000円 ＝ + 13,000円（貸方）
　　　　　　　　　　　　　　予算許容額

能 率 差 異：@2,000円 × (1,173時間 − 1,190時間) ＝ △34,000円（借方）

操業度差異：@1,200円 × (1,190時間 − 1,200時間) ＝ △12,000円（借方）

仕掛品－第1工程

月初仕掛品原価 （	264,000)	〔仕掛品－第2工程〕（	4,218,000)
直 接 材 料 費 （	1,458,000)	月末仕掛品原価 （	441,000)
直 接 労 務 費 （	1,164,240)	総 差 異 （	75,490)
製 造 間 接 費 （	1,848,250)		
（	4,734,490)	（	4,734,490)

仕掛品－第2工程

月初仕掛品原価 （	539,200)	〔製 品〕（	8,250,000)
〔仕掛品－第1工程〕（	4,218,000)	月末仕掛品原価 （	672,000)
直 接 材 料 費 （	331,500)	総 差 異 （	4,950)
直 接 労 務 費 （	1,966,250)		
製 造 間 接 費 （	1,872,000)		
（	8,926,950)	（	8,926,950)

（注）上記勘定の〔　〕内には相手勘定科目名ないしは適当な名称を、
（　）には金額（単位：円）を記入しなさい。

〔標準原価差異分析表〕

	第1工程	第2工程
材料数量差異	18,000円〔借〕	2,700円〔借〕
賃 率 差 異	23,760円〔貸〕	16,250円〔借〕
時 間 差 異	6,000円〔借〕	22,800円〔貸〕
変動費予算差異	16,650円〔借〕	19,000円〔借〕
固定費予算差異	0円〔―〕	10,000円〔貸〕
能 率 差 異	9,000円〔借〕	10,200円〔貸〕
操 業 度 差 異	49,600円〔借〕	10,000円〔借〕
合 計	75,490円〔借〕	4,950円〔貸〕

	材 料 A	材 料 B	合 計
材料受入価格差異	13,000円〔借〕	4,300円〔貸〕	8,700円〔借〕

（注）差異分析表の〔　〕には「借」または「貸」を記入すること。ただし金
額が0の場合は〔　〕に「―」を記入すること。

解説 ••• ●

　本問は、標準工程別総合原価計算（累加法）の処理を確認する問題です。

1. 原価標準の工程別整理

〈第1工程の標準原価カード〉　　　　　　〈第2工程の標準原価カード〉

直接材料A：	@600円×4 kg＝	2,400円
直接労務費：	@1,000円×2時間＝	2,000円
製造間接費：	@1,500円×2時間＝	3,000円
第1工程完成品		7,400円

前 工 程 費：	@7,400円×1個＝	7,400円
直接材料B：	@300円×2 kg＝	600円
直接労務費：	@1,200円×3時間＝	3,600円
製造間接費：	@1,700円×2時間＝	3,400円
第2工程完成品		15,000円

2. 生産データの整理と標準消費量の計算

仕掛品－第1工程

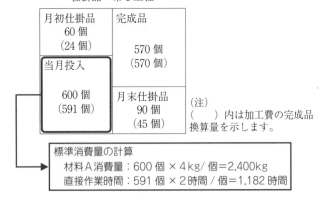

（注）
（　　）内は加工費の完成品
換算量を示します。

標準消費量の計算
　材料A消費量：600個×4kg/個＝2,400kg
　直接作業時間：591個×2時間/個＝1,182時間

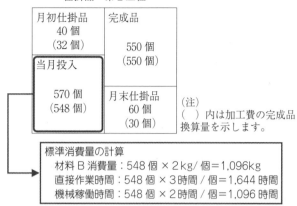

仕掛品－第2工程

| 月初仕掛品 40個 (32個) | 完成品 550個 (550個) |
| 当月投入 570個 (548個) | 月末仕掛品 60個 (30個) |

(注) ( ) 内は加工費の完成品換算量を示します。

標準消費量の計算
材料B消費量：548個 × 2kg/個＝1,096kg
直接作業時間：548個 × 3時間/個＝1,644時間
機械稼働時間：548個 × 2時間/個＝1,096時間

材料Bは加工の進捗に応じて投入されるので当月投入完成品換算量を用います。また、前工程費は、第1工程から標準原価で振り替えられるので、原価差異は発生しません。そのため標準消費量は計算しません。

3. 当月の材料受入価格差異の計算

① 材料A

材料受入価格差異：(@600円－@605円) × 2,600kg＝△13,000円（借方）

材料勘定は標準単価で借記しているため@600円 × 2,430kg＝1,458,000円が仕掛品－第1工程へ振り替えられます。

② 材料B

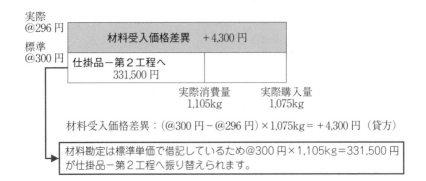

材料受入価格差異：（@300円 − @296円）× 1,075kg ＝ ＋4,300円（貸方）

> 材料勘定は標準単価で借記しているため@300円×1,105kg＝331,500円
> が仕掛品－第2工程へ振り替えられます。

4. 仕掛品－第1工程勘定の計算

完成品総合原価：@7,400円 × 570個 ＝ 4,218,000円

月初仕掛品原価：

直 接 材 料 A	@2,400円 × 60個 ＝	144,000円
直 接 労 務 費	@2,000円 × 24個 ＝	48,000円
製 造 間 接 費	@3,000円 × 24個 ＝	72,000円
合　　計		264,000円

月末仕掛品原価：

直 接 材 料 A	@2,400円 × 90個 ＝	216,000円
直 接 労 務 費	@2,000円 × 45個 ＝	90,000円
製 造 間 接 費	@3,000円 × 45個 ＝	135,000円
合　　計		441,000円

当月製造費用：

直 接 材 料 A	1,458,000円（3①より）
直 接 労 務 費	1,164,240円
製 造 間 接 費	848,250円 ＋ 1,000,000円 ＝ 1,848,250円

5. 仕掛品－第2工程勘定の計算

　　完成品総合原価：　＠15,000円 × 550個 ＝　　8,250,000円

　　月初仕掛品原価：

　　　前 工 程 費　　＠7,400円 × 40個 ＝　　296,000円
　　　直 接 材 料 B　　＠600円 × 32個 ＝　　19,200円
　　　直 接 労 務 費　　＠3,600円 × 32個 ＝　　115,200円
　　　製 造 間 接 費　　＠3,400円 × 32個 ＝　　108,800円
　　　　合 　 計　　　　　　　　　　　　　　539,200円

　　月末仕掛品原価：

　　　前 工 程 費　　＠7,400円 × 60個 ＝　　444,000円
　　　直 接 材 料 B　　＠600円 × 30個 ＝　　18,000円
　　　直 接 労 務 費　　＠3,600円 × 30個 ＝　　108,000円
　　　製 造 間 接 費　　＠3,400円 × 30個 ＝　　102,000円
　　　　合 　 計　　　　　　　　　　　　　　672,000円

　　当 月 製 造 費 用：

　　　前工程より振替え　4,218,000円
　　　直 接 材 料 B　　331,500円（3②より）
　　　直 接 労 務 費　1,966,250円
　　　製 造 間 接 費　782,000円 ＋ 1,090,000円 ＝ 1,872,000円

6. 第1工程の差異分析

(1) 直接材料A

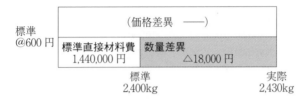

数量差異：@600円×(2,400kg − 2,430kg)＝△18,000円（借方）
　（注）材料受入価格差異を把握しているため価格差異は算出されません。

(2) 直接労務費

賃率差異：(@1,000円 − @980円)×1,188時間＝＋23,760円（貸方）
時間差異：@1,000円×(1,182時間 − 1,188時間)＝△6,000円（借方）

(3) 製造間接費

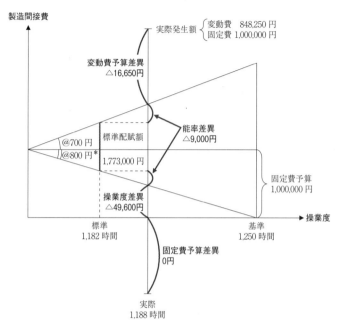

*　固定費率：1,000,000円÷1,250時間＝@800円

変動費予算差異：<u>@700円×1,188時間</u>－848,250円＝△16,650円（借方）
　　　　　　　　　　　　予算許容額

固定費予算差異：<u>1,000,000円－1,000,000円</u>＝0円（－）
　　　　　　　予算額＝予算許容額

能　率　差　異：@1,500円×（1,182時間－1,188時間）＝△9,000円（借方）

操業度差異：@800円×（1,188時間－1,250時間）＝△49,600円（借方）

123

7. 第2工程の差異分析

(1) 直接材料B

数量差異：@300円×（1,096kg − 1,105kg）＝△2,700円（借方）
　（注）材料受入価格差異を把握しているため価格差異は算出されません。

(2) 直接労務費

賃率差異：（@1,200円−@1,210円）×1,625時間＝△16,250円（借方）
時間差異：@1,200円×（1,644時間−1,625時間）＝＋22,800円（貸方）

（3）　製造間接費

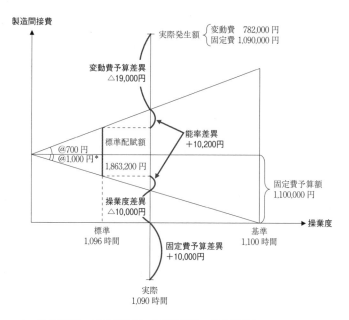

製造間接費

実際発生額 { 変動費　782,000 円
　　　　　　 固定費 1,090,000 円

変動費予算差異
△19,000円

能率差異
＋10,200円

標準配賦額

@700円
@1,000円*

1,863,200円

固定費予算額
1,100,000円

操業度差異
△10,000円

操業度

標準
1,096 時間

基準
1,100 時間

固定費予算差異
＋10,000円

実際
1,090 時間

＊　固定費率：1,100,000円÷1,100 時間＝＠1,000円

変動費予算差異：＠700円×1,090 時間－782,000円＝△19,000円（借方）
　　　　　　　　　　予算許容額

固定費予算差異：1,100,000円－1,090,000円＝＋10,000円（貸方）
　　　　　　　　　予算額＝予算許容額

能　率　差　異：＠1,700円×（1,096 時間－1,090 時間）＝＋10,200円（貸方）

操　業　度　差　異：＠1,000円×（1,090 時間－1,100 時間）＝△10,000円（借方）

(A) 製造指図書別原価計算表

製造指図書別原価計算表　　　（単位：円）

	No. 1	No. 2	No. 3	合　計
月初仕掛品原価	888,000	———	———	888,000
直 接 材 料 費	———	500,000	240,000	740,000
直 接 労 務 費	288,000	800,000	144,000	1,232,000
製 造 間 接 費	324,000	900,000	162,000	1,386,000
合　　計	1,500,000	2,200,000	546,000	4,246,000
備　　考	完　成	完　成	仕掛中	

(B) 原価計算関係諸勘定の記入（単位：円）

（注）製造間接費の能率差異は変動費および固定費の両方から算出すること。また各差異勘定は、借方または貸方の一方に金額のみ記入すればよい。

```
          材      料
買掛金  760,000  仕掛品  740,000
                 総差異    7,000
                 次月繰越  13,000
         760,000          760,000
```

```
          仕   掛   品
前月繰越  888,000  製　品 3,700,000
材　料    740,000  次月繰越  546,000
賃　金  1,232,000
製造間接費 1,386,000
        4,246,000        4,246,000
```

```
          賃      金
諸　口 1,296,000  仕掛品 1,232,000
                 総差異    64,000
       1,296,000         1,296,000
```

```
          製      品
仕掛品 3,700,000  売上原価 1,500,000
                 次月繰越 2,200,000
       3,700,000         3,700,000
```

```
        製 造 間 接 費
諸　口 1,512,000  仕掛品 1,386,000
                 総差異   126,000
       1,512,000         1,512,000
```

材料受入価格差異		数　量　差　異	
（　76,000）	（　　　　　）	（　7,000）	（　　　　　）

賃　率　差　異		時　間　差　異	
（　16,000）	（　　　　　）	（　48,000）	（　　　　　）

予　算　差　異		能　率　差　異	
（　42,000）	（　　　　　）	（　54,000）	（　　　　　）

操　業　度　差　異	
（　30,000）	（　　　　　）

(C)　原価差異指図書別内訳表

（単位：円）

	No. 1	No. 2	No. 3	合　計
数　量　差　異	（―）　――	（借）　12,000	（貸）　5,000	（借）　7,000
賃　率　差　異	（借）　4,000	（借）　9,800	（借）　2,200	（借）　16,000
時　間　差　異	（借）　32,000	（貸）　16,000	（借）　32,000	（借）　48,000
合　計	（借）　36,000	（借）　5,800	（借）　29,200	（借）　71,000

（注）不利差異には（借）を、有利差異には（貸）を金額の前に付すこと。

本問は、標準個別原価計算の一連の会計処理を確認する問題です。

1. 生産データの整理と標準消費量の算定（指図書ごとに）

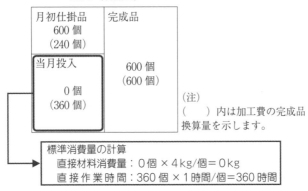

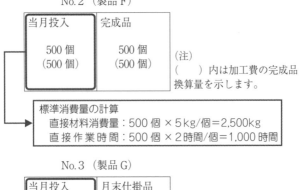

2. 製造指図書別原価計算表の作成と仕掛品勘定の記入

標準原価計算を採用しているため標準原価により(A)製造指図書別原価計算表を作成したうえで、シングル・プランにより(B)原価計算関係諸勘定へ記入します。

製造指図書別原価計算表　　　　　　　（単位：円）

	No. 1	No. 2	No. 3	合　計
月初仕掛品原価*1	888,000	——	——	888,000
直接材料費*2	——	500,000	240,000	740,000
直接労務費*3	288,000	800,000	144,000	1,232,000
製造間接費*4	324,000	900,000	162,000	1,386,000
合　計	1,500,000	2,200,000	546,000	4,246,000
備　考*5	完　成	完　成	仕掛中	

*1　月初仕掛品原価…仕掛品勘定借方記入額

直接材料費：@800円×600個＝　　480,000円
直接労務費：@800円×240個＝　　192,000円
製造間接費：@900円×240個＝　　216,000円
合　　　計　　　　　　　　　　888,000円

*2　直接材料費…仕掛品勘定借方記入額

No. 1　：　　　　　　　　　　　——円
No. 2　：　@1,000円×500個＝　500,000円
No. 3　：　@1,200円×200個＝　240,000円
合計　　　　　　　　　　　　740,000円

*3　直接労務費…仕掛品勘定借方記入額

No. 1　：　@800円×360個＝　　288,000円
No. 2　：　@1,600円×500個＝　800,000円
No. 3　：　@2,400円×　60個＝　144,000円
合計　　　　　　　　　　　1,232,000円

*4　製造間接費…仕掛品勘定借方記入額

No. 1　：　@900円×360個＝　　324,000円
No. 2　：　@1,800円×500個＝　900,000円
No. 3　：　@2,700円×　60個＝　162,000円
合計　　　　　　　　　　　1,386,000円

*5　完成品原価と月末仕掛品原価…仕掛品勘定貸方記入額

完成品原価：1,500,000円〈No. 1〉＋2,200,000円〈No. 2〉＝3,700,000円
月末仕掛品原価：　546,000円〈No. 3〉

3. 材料勘定の記入と材料受入価格差異の計算

(1) 直接材料実際消費量の推定

標準消費量と超過材料消費量または材料戻入数量より、当月における製造指図書別の実際消費量を推定します。

製造指図書	標準消費量	(+)超過材料消費量	(−)材料戻入数量	(=)実際消費量
No. 1	──	──	──	──
No. 2	2,500kg	60kg	──	2,560kg
No. 3	1,200kg	──	25kg	1,175kg
	3,700kg	60kg	25kg	3,735kg

超過材料庫出請求書とは、実際材料消費量が標準材料消費量より多い場合に発行される伝票であり、標準材料消費量に超過材料消費量を加算することにより実際材料消費量を計算します。

また、材料戻入票とは、実際材料消費量が標準材料消費量より少なかった場合に発行される伝票であり、標準材料消費量から材料戻入数量を減算することにより実際材料消費量を計算します。

(2) 材料受入価格差異の把握と材料勘定の記入

実際
@220 円

| 材料受入価格差異 △76,000 円 |

標準
@200 円

実際購入量
3,800kg

材料受入価格差異：(@200円 − @220円)× 3,800kg = △76,000円（借方）

材料勘定は標準単価で借記しているためすべて標準単価で記入します。

材料購入額：@200円 × 3,800kg = 760,000円
材料消費額：@200円 × 3,700kg = 740,000円
　　　　　　　　　　　　標準消費量
月 末 有 高：@200円 × 65kg = 13,000円
総 差 異：貸借差額 7,000円
　　　　　　　　すべて数量差異

4. 標準原価差異の分析

(1) 直接材料費

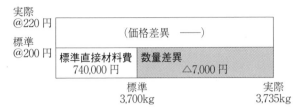

数量差異：@200円×(3,700kg − 3,735kg) = △7,000円（借方）

 価格差異は、材料購入時に把握しているため、材料勘定では計算されません。

(2) 直接労務費

賃率差異：(@800円 − @810円) × 1,600時間 = △16,000円（借方）
時間差異：@800円 × (1,540時間 − 1,600時間) = △48,000円（借方）

(3) 製造間接費

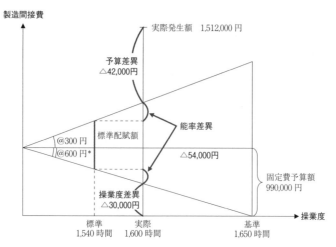

＊　固定費率：990,000円 ÷ 1,650時間 ＝ @600円

予 算 差 異：(@300円 × 1,600時間 ＋ 990,000円) － 1,512,000円 ＝ △42,000円（借方）
　　　　　　　　　　予算許容額

能 率 差 異：@900円 × (1,540時間 － 1,600時間) ＝ △54,000円（借方）

操業度差異：@600円 × (1,600時間 － 1,650時間) ＝ △30,000円（借方）

5. 原価差異内訳表について
(1) 直接材料費差異
（No. 2）

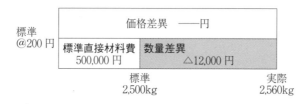

（No. 3）

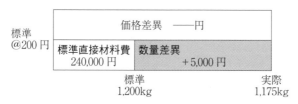

132

(2) 直接労務費差異

（No. 1）

実際
@810円

標準
@800円

| 賃率差異　△4,000円 | |
| 標準直接労務費
288,000円 | 時間差異
　　△32,000円 |

標準　　　　　　　　　　　　実際
360時間　　　　　　　　　400時間

（No. 2）

実際
@810円

標準
@800円

| 賃率差異　△9,800円 | |
| 標準直接労務費
800,000円 | 時間差異
　　＋16,000円 |

標準　　　　　　　　　　　　実際
1,000時間　　　　　　　　980時間

（No. 3）

実際
@810円

標準
@800円

| 賃率差異　△2,200円 | |
| 標準直接労務費
144,000円 | 時間差異
　　△32,000円 |

標準　　　　　　　　　　　　実際
180時間　　　　　　　　　220時間

(1) 仕掛品勘定の作成

仕 掛 品			(単位:円)
月初仕掛品原価 (	1,100,040)	完成品製造原価 (	9,064,000)
当月実際製造費用		月末仕掛品原価 (	1,697,440)
原 料 費 (	6,691,200)	標準原価総差異 (	256,300)
加 工 費 (	3,226,500)		
実際製造費合計 (	9,917,700)		
合 計 (	11,017,740)	合 計 (	11,017,740)

(2) 標準原価総差異の分析

総差異 = 256,300 円〔借方〕
①原料費価格差異 = 131,200 円〔借方〕
②原料費数量差異 = 71,000 円〔借方〕
③加工費予算差異 = 56,500 円〔借方〕
④加工費能率差異 = 22,400 円〔貸方〕
⑤操 業 度 差 異 = 20,000 円〔借方〕

(注)〔　〕内に、借方差異は「借方」、貸方差異は「貸方」と記入しなさい。

解説

　本問は、仕損・減損が生じる場合の標準原価計算の第1法による会計処理を確認する問題です。

1. 第1法による標準原価カードの作成

原料費	500円/kg × 30.9kg*1 =	15,450円
加工費	700円/時間 × 10.3時間*2 =	7,210円
1個あたりの総標準製造原価		22,660円

* 1　正常仕損の余裕分を含んだ原料費標準消費量:30kg × 1.03 = 30.9kg

* 2　正常仕損の余裕分を含んだ加工費直接作業時間:10時間 × 1.03 = 10.3時間

2. 正常仕損費の負担関係の把握

　工程の終点で正常仕損が発生しているが、第1法の標準原価カードを採用しているため、完成品と月初・月末仕掛品(良品すべて)が自動的に正常仕損費を負担します。

3. 当月の生産データの整理と標準消費量の計算

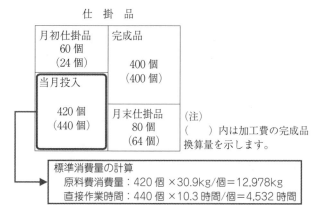

　　正常仕損の余裕分が原価標準の各原価要素別標準消費量の中に含まれているため、正常仕損量は生産データから除外（度外視）します。
　　また、正常仕損を負担しない異常仕損を計算することができないため、異常仕損費は標準原価差異に含めて把握します。そのため異常仕損量も生産データから除外します。

4. 完成品原価、仕掛品原価の計算と勘定記入
(1)　完成品総合原価：@22,660円×400個＝9,064,000円
(2)　月初仕掛品原価：
　　　　原料費：@15,450円×60個＝　　927,000円
　　　　加工費：　@7,210円×24個＝　　173,040円
　　　　合計　　　　　　　　　　　　1,100,040円
(3)　月末仕掛品原価
　　　　原料費：@15,450円×80個＝　1,236,000円
　　　　加工費：　@7,210円×64個＝　　461,440円
　　　　合計　　　　　　　　　　　　1,697,440円
(4)　パーシャル・プランであるため、仕掛品勘定借方は当月実際製造費用で記入します。
(5)　標準原価総差異：仕掛品勘定の貸借差額で256,300円（借方）

5. 標準原価総差異の分析

(1) 原料費差異

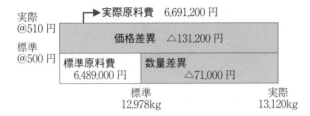

価格差異：(@500円 - @510円) × 13,120kg = △131,200円（借方）

数量差異：@500円 × (12,978kg - 13,120kg) = △71,000円（借方）

(2) 加工費差異

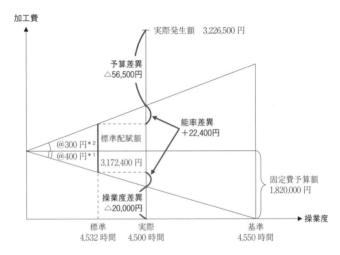

＊1　固定費率：1,820,000円 ÷ 4,550時間 = @400円

＊2　変動費率：@700円 - @400円 = @300円

予算差異：(@300円 × 4,500時間 + 1,820,000円) - 3,226,500円 = △56,500円（借方）
　　　　　　予算許容額

能率差異：@700円 × (4,532時間 - 4,500時間) = +22,400円（貸方）

操業度差異：@400円 × (4,500時間 - 4,550時間) = △20,000円（借方）

仕 掛 品 （単位：円）

月初仕掛品原価 （	9,120,000）	完 成 品 原 価 （	43,680,000）
当月実際製造費用		仕損品売却処分価額 （	210,000）
直 接 材 料 費 （	12,253,600）	異 常 仕 損 費 （	480,000）
直 接 労 務 費 （	15,639,000）	月末仕掛品原価 （	6,300,000）
製 造 間 接 費 （	13,727,400）	標準原価総差異 （	70,000）
（	50,740,000）	（	50,740,000）

価 格 差 異

（ 13,600）	（	）

数 量 差 異

（ 90,000）	（	）

賃 率 差 異

（ 39,000）	（	）

時 間 差 異

（	）	（ 80,000）

予 算 差 異

（ 17,400）	（	）

固定費能率差異

（	）	（ 30,000）

変動費能率差異

（	）	（ 40,000）

操 業 度 差 異

（ 60,000）	（	）

（注）上記の □ 内に適切な名称を、また借方または貸方の（ ）の中に計算
した金額を記入しなさい。

解説 ....●

　本問は、仕損・減損が生じる場合の標準原価計算の第2法（仕損品に評価額がある場合）
による会計処理を確認する問題です。

1．第2法による標準原価カードの作成

直接材料費	900円/kg×3 kg=	2,700円
直接労務費	800円/時間×4時間=	3,200円
製造間接費	700円/時間×4時間=	2,800円
1個あたり正味標準製造原価		8,700円
正常仕損費	（8,700円−700円)＊×5％=	400円
1個あたり総標準製造原価		9,100円

＊　仕損品原価8,700円/個−仕損品評価額700円/個

2. 正常仕損費の負担関係の把握

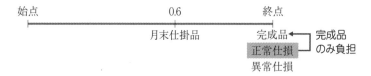

工程の終点で正常仕損が発生しているため、正常仕損費は完成品のみ負担となります。

3. 当月の生産データの整理と標準消費量の計算

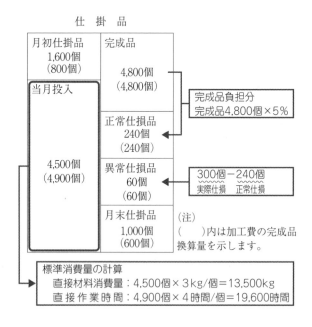

4. 完成品原価、仕掛品原価の計算と勘定記入

(1) 完成品原価：@9,100円 × 4,800個 = 43,680,000円

(2) 月初仕掛品原価：

直接材料費：@2,700円 × 1,600個 =	4,320,000円
直接労務費：@3,200円 × 800個 =	2,560,000円
製造間接費：@2,800円 × 800個 =	2,240,000円
合　計	9,120,000円

(3) 月末仕掛品原価：
　　直接材料費：@2,700円×1,000個＝　2,700,000円
　　直接労務費：@3,200円×　600個＝　1,920,000円
　　製造間接費：@2,800円×　600個＝　1,680,000円
　　　合　　計　　　　　　　　　　　6,300,000円

(4) 異常仕損費：@8,700円×60個 − @700円×60個＝480,000円

(5) 仕損品評価額：@700円×300個＝210,000円

(6) パーシャル・プランであるため、仕掛品勘定借方は当月実際製造費用で記入します。

(7) 標準原価総差異：仕掛品勘定の貸借差額で70,000円（借方）

5.　標準原価総差異の分析
(1)　直接材料費

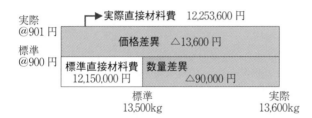

価格差異：(@900円 − @901円)×13,600kg＝△13,600円（借方）
数量差異：@900円×(13,500kg − 13,600kg)＝△90,000円（借方）

(2)　直接労務費

賃率差異：(@800円 − @802円)×19,500時間＝△39,000円（借方）
時間差異：@800円×(19,600時間 − 19,500時間)＝ ＋80,000円（貸方）

(3) 製造間接費

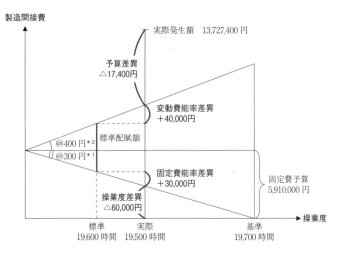

＊1 固定費率：5,910,000円÷19,700時間＝＠300円
＊2 変動費率：＠700円－＠300円＝＠400円

予 算 差 異：(＠400円×19,500時間＋5,910,000円)－13,727,400円＝△17,400円（借方）
　　　　　　　　　　　予算許容額

操業度差異：＠300円×(19,500時間－19,700時間)＝△60,000円（借方）
変動費能率差異：＠400円×(19,600時間－19,500時間)＝＋40,000円（貸方）
固定費能率差異：＠300円×(19,600時間－19,500時間)＝＋30,000円（貸方）

賃	金			仕掛品－直接労務費		
( )	(2,378,000)			(2,378,000)	完成	(2,212,000)
					差異	(166,000)
				(2,378,000)		(2,378,000)

労働賃率差異			労働能率差異	
(82,000)	( )		(56,000)	( )

労働歩留差異	
(28,000)	( )

製造間接費				仕掛品－製造間接費		
( )	(1,674,000)			(1,674,000)	完成	(1,580,000)
					差異	(94,000)
				(1,674,000)		(1,674,000)

予 算 差 異			操 業 度 差 異	
(10,000)	( )		(24,000)	( )

製造間接費能率差異		製造間接費歩留差異	
(40,000)		(20,000)	( )

（注）（　　）内に計算した金額を記入しなさい（単位：円）。

解説 ···●

　本問は、直接労務費や製造間接費に関して労働歩留差異や製造間接費歩留差異を分析する計算処理を確認する問題です。

1. 原価標準の整理
　(1) 正常減損率

原料甲	5 kg	（ 50%）
原料乙	4 kg	（ 40%）
原料丙	1 kg	（ 10%）
投入量計	10 kg	（100%）
正常減損	2 kg	
産出量	8 kg	

原料甲・原料乙・原料丙 ⎬ 標準配合割合

正常減損 2 kg / 産出量 8 kg → 正常減損率 25％ *

　　　＊　正常減損率： $\dfrac{\text{正常減損量 2 kg}}{\text{製品M産出量 8 kg}} = 25\%$

　(2) 第2法による製品M1kgあたりの原価標準（直接労務費と製造間接費のみ）

直接労務費：280円／時間×0.2時間／kg *	＝	56円
正常減損費：56円／kg×25%	＝	14円
製品M1kgあたりの標準直接労務費		70円

←資料2

　　　＊　2時間÷10kg〈原料投入量合計〉＝0.2時間/kg

製造間接費：200円／時間×0.2時間／kg	＝	40円
正常減損費：40円／kg×25%	＝	10円
製品M1kgあたりの標準製造間接費		50円

←資料3

2. 生産データの整理と標準消費量の計算

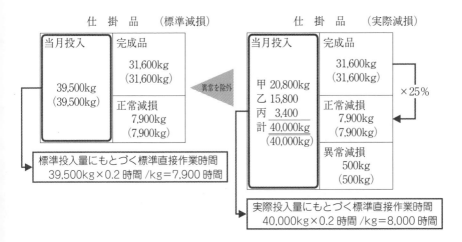

3. 各勘定の記入

(1) 直接労務費

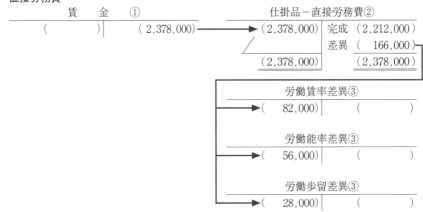

① 賃金勘定：パーシャル・プランのため当月実際直接労務費　2,378,000円
② 仕掛品－直接労務費勘定：
　　完成　＠70円×31,600kg＝2,212,000円
　　差異　貸借差額で166,000円（借方）

③ 差異分析

＊　実際賃率：2,378,000円÷8,200時間＝＠290円

賃　率　差　異：(＠280円－＠290円)×8,200時間＝△82,000円（借方）
労働能率差異：＠280円×(8,000時間－8,200時間)＝△56,000円（借方）
労働歩留差異：＠280円×(7,900時間－8,000時間)＝△28,000円（借方）

(2)　製造間接費

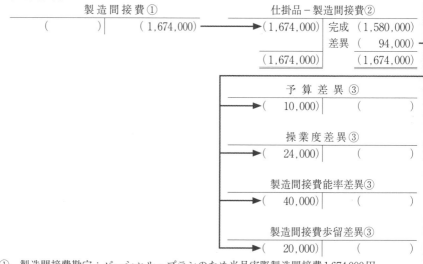

①　製造間接費勘定：パーシャル・プランのため当月実際製造間接費1,674,000円
②　仕掛品－製造間接費勘定：
　　完成　＠50円×31,600kg＝1,580,000円
　　差異　貸借差額で94,000円（借方）

144

③ 差異分析

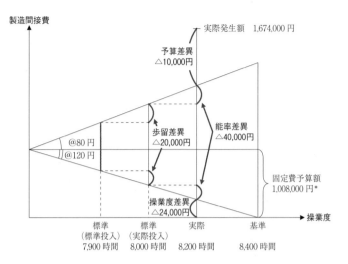

　　＊　固定費予算額：＠120円×8,400時間＝1,008,000円

予　算　差　異：(＠80円×8,200時間＋1,008,000円)－1,674,000円＝△10,000円（借方）
　　　　　　　　　　　　予算許容額

操　業　度　差　異：＠120円×(8,200時間－8,400時間)＝△24,000円（借方）

製造間接費能率差異：＠200円×(8,000時間－8,200時間)＝△40,000円（借方）

製造間接費歩留差異：＠200円×(7,900時間－8,000時間)＝△20,000円（借方）

(1) 各勘定の記入

原　　料

月　初（　111,000）		（　956,000）
（　899,000）	月　末（　54,000）
（1,010,000）	（1,010,000）

仕　掛　品

月　初（　840,000）	完　成（3,600,000）
原　料（　956,000）	月　末（1,116,000）
賃　金（1,393,800）	差　異（　233,800）
製造間接費（1,760,000）	
（4,949,800）	（4,949,800）

原料受入価格差異

| （　21,800）| （　　　　）|

原料数量差異

| （　32,000）| （　　　　）|

賃　　金

| （　　　）| （1,393,800）|

労働賃率差異

| （　13,800）| （　　　　）|

労働能率差異

| （　68,000）| （　　　　）|

製造間接費

| （　　　）| （1,760,000）|

予算差異

| （　26,000）| （　　　　）|

操業度差異

| （　9,000）| （　　　　）|

製造間接費能率差異

| （　85,000）| （　　　　）|

(2) 原料受入価格差異一覧表

原料	金　額	
甲	8,600 円	〔借方〕
乙	13,200 円	〔借方〕
合計	21,800 円	〔借方〕

(3) 原料配合差異および原料歩留差異の分析

原料	原料配合差異		原料歩留差異	
甲	11,200 円	〔貸方〕	25,200 円	〔借方〕
乙	7,200 円	〔借方〕	10,800 円	〔借方〕
合計	4,000 円	〔貸方〕	36,000 円	〔借方〕

(4) （純粋な）労働能率差異および労働歩留差異の分析

（純粋な）労働能率差異	労働歩留差異
20,000 円 〔**借方**〕	48,000 円 〔**借方**〕

(5) （純粋な）製造間接費能率差異および製造間接費歩留差異の分析

（純粋な）製造間接費能率差異	製造間接費歩留差異
25,000 円 〔**借方**〕	60,000 円 〔**借方**〕

（注）（　　）内に計算した金額を記入しなさい（単位：円）。また〔　　〕内には「借方」または「貸方」を記入しなさい。

解説 ••

本問は、仕掛品がある場合の配合・歩留差異に分析する会計処理を確認する問題です。

1. 原価標準の整理

月初・月末仕掛品が存在している場合においても第2法による原価標準に整理すると、正常減損費の負担関係に応じた完成品・仕掛品の標準原価を計算することができます。本問は減損は終点発生のため、仕掛品原価は正常減損費を負担しない正味標準製造原価で計算することになります。

$$
\left.
\begin{array}{l}
\text{原料甲} \quad 6 \text{ kg} \quad (\ 60\%) \\
\text{原料乙} \quad \underline{4 \text{ kg}} \quad (\ 40\%)
\end{array}
\right\} \text{標準配合割合}
$$

原料甲　6 kg　（ 60%）
原料乙　4 kg　（ 40%）　　標準配合割合
投入量計　10 kg　（100%）
正常減損　2 kg ←　正常減損率25%＊
産出量　8 kg

＊　正常減損率：$\dfrac{\text{正常減損量 2 kg}}{\text{製品N産出量 8 kg}} = 25\%$

〈第2法による原価標準〉

原料甲	：70円/kg × 0.6kg ＊1 =	42円
原料乙	：45円/kg × 0.4kg ＊2 =	18円
合計	1.0kg	60円
直接労務費	：200円/時間 × 0.4時間/kg ＊3 =	80円
製造間接費	：250円/時間 × 0.4時間/kg =	100円
製品N 1 kgあたり正味標準製造原価		240円
正常減損費	：240円/kg × 25% =	60円
製品N 1 kgあたり総標準製造原価		300円

＊1　6 kg ÷ 10kg〈原料投入量合計〉= 0.6kg

＊2　4 kg ÷ 10kg〈原料投入量合計〉= 0.4kg

＊3　4 時間 ÷ 10kg〈原料投入量合計〉= 0.4 時間/kg

2. 生産データの整理と標準消費量の計算

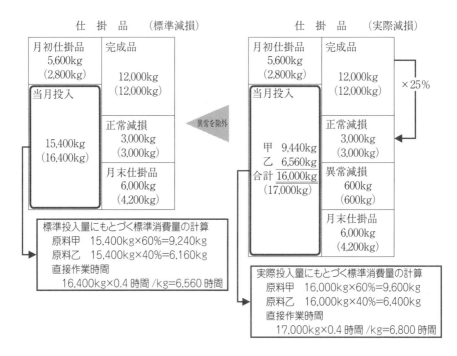

148

3. 各勘定の記入

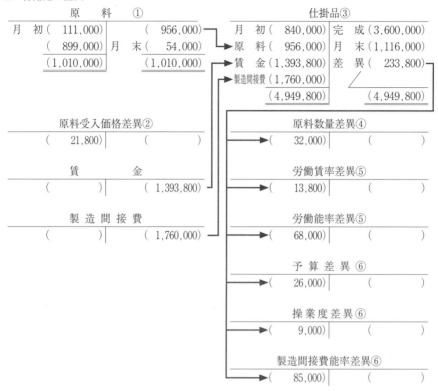

① 原料勘定

　月　　初：＠70円×1,200kg＋＠45円×600kg＝111,000円

　当月購入：＠70円×8,600kg＋＠45円×6,600kg＝899,000円

　当月消費：＠70円×9,440kg＋＠45円×6,560kg＝956,000円

注意 本問はパーシャル・プランの勘定記入であるが、原料受入価格差異を把握しているため仕掛品勘定に振り替える原料費は「標準単価×実際消費量」で計算されることに注意します。

　月　　末：＠70円×360kg＋＠45円×640kg＝54,000円

② 原料受入価格差異勘定

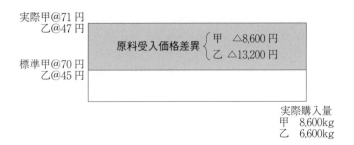

実際甲@71円
　　乙@47円

原料受入価格差異 { 甲 △8,600円
　　　　　　　　　 乙 △13,200円

標準甲@70円
　　乙@45円

実際購入量
甲 8,600kg
乙 6,600kg

原料甲受入価格差異：（@70円 − @71円）× 8,600kg ＝　△8,600円（借方）
原料乙受入価格差異：（@45円 − @47円）× 6,600kg ＝ △13,200円（借方）
　　合　計　　　　　　　　　　　　　　　　　　　　　　 △21,800円（借方）

③ 仕掛品勘定
　完成品総合原価：@300円 × 12,000kg ＝　3,600,000円
　月初仕掛品原価：
　　原料甲　　　　　@42円 × 5,600kg ＝　　235,200円
　　原料乙　　　　　@18円 × 5,600kg ＝　　100,800円
　　直接労務費　　　@80円 × 2,800kg ＝　　224,000円
　　製造間接費　　　@100円 × 2,800kg ＝　　280,000円
　　　合　計　　　　　　　　　　　　　　　　840,000円

　　月末仕掛品原価：
　　原料甲　　　　　@42円 × 6,000kg ＝　　252,000円
　　原料乙　　　　　@18円 × 6,000kg ＝　　108,000円
　　直接労務費　　　@80円 × 4,200kg ＝　　336,000円
　　製造間接費　　　@100円 × 4,200kg ＝　　420,000円
　　　合　計　　　　　　　　　　　　　　 1,116,000円
　原価差異：貸借差額で233,800円（借方）

④ 原料費数量差異勘定

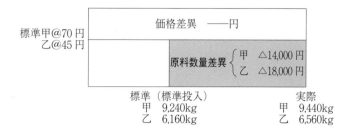

原料甲数量差異：@70円×(9,240kg − 9,440kg)＝△14,000円（借方）
原料乙数量差異：@45円×(6,160kg − 6,560kg)＝△18,000円（借方）
　合　計　　　　　　　　　　　　　　　　　　　　△32,000円（借方）

（注）受入価格差異を把握しているためここでは価格差異は把握しません。

⑤ 直接労務費差異勘定

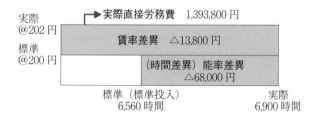

労働賃率差異勘定：(@200円 − @202円)×6,900時間＝△13,800円（借方）
労働能率差異勘定：@200円×(6,560時間 − 6,900時間)＝△68,000円（借方）

⑥ 製造間接費差異勘定

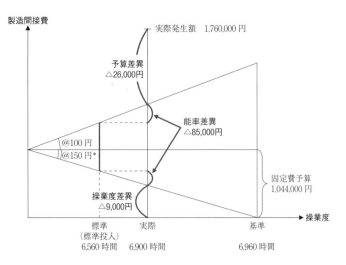

＊ 固定費率：＠250円〈標準配賦率〉－＠100円〈変動費率〉＝＠150円

基 準 操 業 度：1,044,000円〈固定費予算〉÷150円〈固定費率〉＝6,960時間

予 算 差 異 勘 定：(＠100円×6,900時間＋1,044,000円)－1,760,000円＝△26,000円（借方）
　　　　　　　　　　　　　　　　予算許容額

操業度差異勘定：＠150円×(6,900時間－6,960時間)＝△9,000円（借方）

製造間接費能率差異勘定：＠250円×(6,560時間－6,900時間)＝△85,000円（借方）

4. 原料配合差異および原料歩留差異の分析

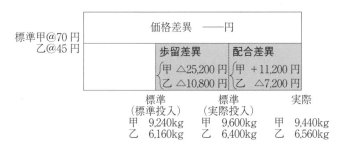

原料甲配合差異：＠70円×(9,600kg－9,440kg)＝＋11,200円（貸方）
　　歩留差異：＠70円×(9,240kg－9,600kg)＝△25,200円（借方）
原料乙配合差異：＠45円×(6,400kg－6,560kg)＝△7,200円（借方）
　　歩留差異：＠45円×(6,160kg－6,400kg)＝△10,800円（借方）

5. 労働能率差異および労働歩留差異

（純粋な）労働能率差異：@200円×（6,800時間－6,900時間）＝△20,000円（借方）
労働歩留差異：@200円×（6,560時間－6,800時間）＝△48,000円（借方）

6. 製造間接費能率差異および製造間接費歩留差異の分析

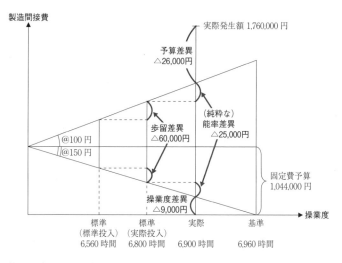

（純粋な）製造間接費能率差異：@250円×（6,800時間－6,900時間）＝△25,000円（借方）
製造間接費歩留差異：@250円×（6,560時間－6,800時間）＝△60,000円（借方）

問1 材料受入価格差異および材料数量差異の計算

	材料受入価格差異	材料数量差異
M－1	70,000 円　〔借方〕	5,040 円　〔借方〕
M－2	72,000 円　〔借方〕	7,380 円　〔借方〕
合計	142,000 円　〔借方〕	12,420 円　〔借方〕

(注)〔　　〕内には「借方」または「貸方」と記入する。

問2 材料受入価格差異の追加配賦額

	期末材料	期末仕掛品	期末製品	売上原価	材料数量差異
M－1	5,740 円	3,000 円	6,000 円	54,000 円	1,260 円
M－2	9,270 円	1,500 円	6,000 円	54,000 円	1,230 円
合計	15,010 円	4,500 円	12,000 円	108,000 円	2,490 円

(注) 追加配賦額がマイナス（すなわち控除額）となる場合には、金額の前に
「△」を記入すること。

材料数量差異の追加配賦額

	期末仕掛品	期末製品	売上原価
M－1	300 円	600 円	5,400 円
M－2	210 円	840 円	7,560 円
合計	510 円	1,440 円	12,960 円

(注) 追加配賦額がマイナス（すなわち控除額）になる場合には金額の前に
「△」を記入すること。

本問は、標準原価差異の会計処理を確認する問題です。

1. 生産、販売データの整理

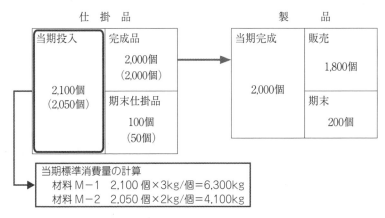

（注）M-2は工程を通じて平均的に投入されるため完成品換算量にもとづいて計算します。

2. 直接材料費差異の把握

材料受入価格差異　M-1　（@40円-@50円）×7,000kg＝△70,000円（借方）

　　　　　　　　　 M-2　（@90円-@105円）×4,800kg＝△72,000円（借方）

材料数量差異　　　M-1　@40円×（6,300kg-6,426kg）＝△5,040円（借方）

　　　　　　　　　 M-2　@90円×（4,100kg-4,182kg）＝△7,380円（借方）

3. 直接材料費差異の追加配賦

(1) 材料受入価格差異

材料受入価格差異は、期末において材料の種類ごとに当年度の材料の払出高と期末在高とに配賦します。また、本問においては、比較的多額の差異と判断されたため当年度の材料の払出高に対応する材料受入価格差異（＝材料消費価格差異）を期末仕掛品、期末製品、売上原価および材料数量差異へと追加配賦します。

① 材料M－1

	材料の期末在高および実際払出高		追加配賦額（すべて借方差異）	
売上原価	3kg×1,800個 ＝	5,400kg	@10円※×5,400kg ＝	54,000円
期末製品	3kg×200個 ＝	600kg	@10円※×600kg ＝	6,000円
期末仕掛品	3kg×100個 ＝	300kg	@10円※×300kg ＝	3,000円
材料数量差異		126kg	@10円※×126kg ＝	1,260円
計 実際消費量		6,426kg		64,260円
期末材料		574kg	@10円※×574kg ＝	5,740円
合 計		7,000kg		70,000円

※ 追加配賦率：70,000円÷7,000kg＝@10円

② 材料M－2

	材料の期末在高および実際払出高		追加配賦額（すべて借方差異）	
売上原価	2kg×1,800個 ＝	3,600kg	@15円※×3,600kg ＝	54,000円
期末製品	2kg×200個 ＝	400kg	@15円※×400kg ＝	6,000円
期末仕掛品	2kg×50個 ＝	100kg	@15円※×100kg ＝	1,500円
材料数量差異		82kg	@15円※×82kg ＝	1,230円
計 実際消費量		4,182kg		62,730円
期末材料		618kg	@15円※×618kg ＝	9,270円
合 計		4,800kg		72,000円

※ 追加配賦率：72,000円÷4,800kg＝@15円

(2) 材料数量差異

問題文の指示により材料数量差異は、材料受入価格差異からの追加配賦額を含めたうえで期末仕掛品、期末製品、売上原価へと追加配賦します。

① 材料M－1

$$\frac{5,040円＋1,260円}{1,800個＋200個＋100個}×1,800個＝5,400円（売上原価へ配賦額）$$

$$\frac{5,040円＋1,260円}{1,800個＋200個＋100個}×200個＝600円（期末製品へ配賦額）$$

$$\frac{5,040円＋1,260円}{1,800個＋200個＋100個}×100個＝300円（期末仕掛品へ配賦額）$$

② 材料M－2

$$\frac{7,380\text{円}+1,230\text{円}}{1,800\text{個}+200\text{個}+50\text{個}}\times1,800\text{個}=7,560\text{円（売上原価へ配賦額）}$$

$$\frac{7,380\text{円}+1,230\text{円}}{1,800\text{個}+200\text{個}+50\text{個}}\times200\text{個}=840\text{円（期末製品へ配賦額）}$$

$$\frac{7,380\text{円}+1,230\text{円}}{1,800\text{個}+200\text{個}+50\text{個}}\times50\text{個}=210\text{円（期末仕掛品へ配賦額）}$$

解答 28

問1

(1) 原料受入価格差異 [1,120,000] 円 （借方）

(2) 原料数量差異 [520,000] 円 （借方）

(3) 加工費配賦差異 [1,040,000] 円 （借方）

問2

仕 掛 品		（単位：円）	
原　　　料 （	8,920,000)	製　　　品 （	20,000,000)
加　工　費 （	13,520,000)	原料数量差異 （	520,000)
（　⑧　）（	30,400)	加工費配賦差異 （	1,040,000)
（　⑨　）（	30,466)	次 期 繰 越	
（　⑩　）（	40,000)	標 準 原 価 （	880,000)
		追 加 配 賦 （	100,866)
		合　　計 （	980,866)
（	22,540,866)	（	22,540,866)

売 上 原 価		（単位：円）	
製　　　品 （	18,000,000)	損　　　益 （	20,252,820)
（　⑧　）（	864,000)		
（　⑨　）（	488,820)		
（　⑩　）（	900,000)		
（	20,252,820)	（	20,252,820)

問3

(1) 原　　料 [696,000] 円

(2) 仕 掛 品 [880,000] 円

(3) 製　　品 [2,000,000] 円

(4) 営業利益 [2,740,000] 円

本問は、標準原価差異の会計処理を確認する問題です。

1. 原料データのまとめ

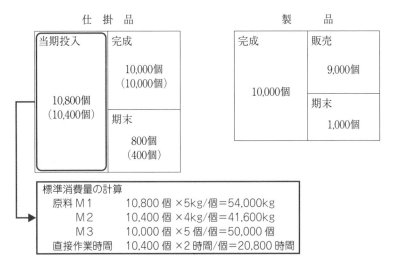

原料M1

当期購入	当期消費
	58,000kg
60,000kg	
	期末
	2,000kg

原料M2

当期購入	当期消費
	44,000kg
50,000kg	
	期末
	6,000kg

原料M3

当期購入	当期消費
	52,000個
56,000個	
	期末
	4,000個

2. 生産データと販売データのまとめ

仕 掛 品

当期投入	完成
	10,000個
	(10,000個)
10,800個	
(10,400個)	期末
	800個
	(400個)

製 品

完成	販売
	9,000個
10,000個	
	期末
	1,000個

標準消費量の計算
原料M1　　10,800個 ×5kg/個＝54,000kg
　　　M2　　10,400個 ×4kg/個＝41,600kg
　　　M3　　10,000個 ×5個/個＝50,000個
直接作業時間　10,400個 ×2時間/個＝20,800時間

（注）M2は平均的に投入されるため加工費の完成品換算量で計算します。
　　　M3は終点投入のため、完成品数量で計算します。
　　　（　　）内は加工費換算量を示します。

3. 問1について

(1) 原料受入価格差異の計算、(2) 原料数量差異の計算

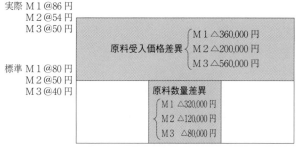

標準消費量	実際消費量	実際購入量
M1 54,000kg	M1 58,000kg	M1 60,000kg
M2 41,600kg	M2 44,000kg	M2 50,000kg
M3 50,000個	M3 52,000個	M3 56,000個

原料受入価格差異M1： (@80円 − @86円) × 60,000kg = △360,000円（借方）

M2： (@50円 − @54円) × 50,000kg = △200,000円（借方）

M3 (@40円 − @50円) × 56,000個 = △560,000円（借方）

合　計 △1,120,000円（借方）

原料数量差異M1： @80円 × (54,000kg − 58,000kg) = △320,000円（借方）

M2： @50円 × (41,600kg − 44,000kg) = △120,000円（借方）

M3 @40円 × (50,000個 − 52,000個) = △80,000円（借方）

合　計 △520,000円（借方）

(3) 加工費配賦差異の計算

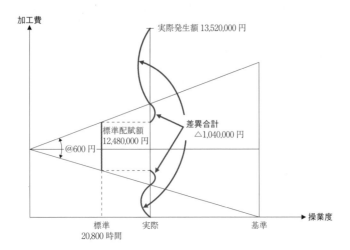

加工費配賦差異：（@600円×20,800時間）− 13,520,000円＝△1,040,000円（借方）

4. 問2について

(1) 仕掛品勘定および売上原価勘定の記入

① 期末仕掛品

原料M1： @400円×800個＝ 320,000円
M2： @200円×400個＝ 80,000円
加工費 @1,200円×400個＝ 480,000円
合 計 880,000円

② 完成品原価：@2,000円×10,000個＝20,000,000円

③ 原 料：@80円×58,000kg＋@50円×44,000kg＋@40円×52,000個
＝ 8,920,000円

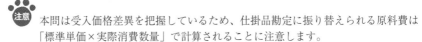 本問は受入価格差異を把握しているため、仕掛品勘定に振り替えられる原料費は「標準単価×実際消費数量」で計算されることに注意します。

④ 加 工 費：パーシャル・プランのため実際発生額13,520,000円

⑤ 売 上 原 価：@2,000円×9,000個＝18,000,000円

(2) 原価差異の追加配賦

　本問では、計算条件に「追加配賦して得られた各関係勘定の期末残高ができるだけ実際原価に一致するように追加配賦すること」とあることから、正確に追加配賦する「ころがし計算法」による追加配賦を行うことになります。

　なお、本問での追加配賦計算を図で示すと次のようになります。

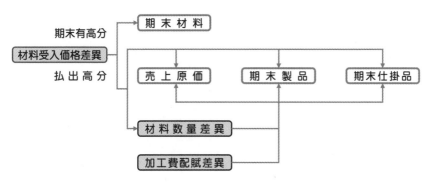

① 原料受入価格差異の追加配賦
　〈原料M1〉

	材料消費量または在庫量	追加配賦額（すべて借方差異）
売上原価	5 kg × 9,000 個　　45,000kg	@ 6 円* × 45,000kg = 270,000 円
期末製品	5 kg × 1,000 個　　 5,000kg	@ 6 円* × 5,000kg = 30,000 円
期末仕掛品	5 kg × 　800 個　　 4,000kg	@ 6 円* × 4,000kg = 24,000 円
材料数量差異	4,000kg	@ 6 円* × 4,000kg = 24,000 円
計：実際消費量	58,000kg	348,000 円
期末材料	2,000kg	@ 6 円* × 2,000kg = 12,000 円
合　計	60,000kg	360,000 円

　＊　配賦率：360,000 円 ÷ 60,000kg = @ 6 円

　〈原料M2〉

	材料消費量または在庫量	追加配賦額（すべて借方差異）
売上原価	4 kg × 9,000 個 = 36,000kg	@ 4 円* × 36,000kg = 144,000 円
期末製品	4 kg × 1,000 個 = 4,000kg	@ 4 円* × 4,000kg = 16,000 円
期末仕掛品	4 kg × 　400 個 = 1,600kg	@ 4 円* × 1,600kg = 6,400 円
材料数量差異	2,400kg	@ 4 円* × 2,400kg = 9,600 円
計：実際消費量	44,000kg	176,000 円
期末材料	6,000kg	@ 4 円* × 6,000kg = 24,000 円
合　計	50,000kg	200,000 円

　＊　配賦率：200,000 円 ÷ 50,000kg = @ 4 円

〈原料M3〉

	材料消費量または在庫量	追加配賦額（すべて借方差異）
売 上 原 価	5個×9,000個 ＝ 45,000個	@10円*×45,000個 ＝ 450,000円
期 末 製 品	5個×1,000個 ＝ 5,000個	@10円*×5,000個 ＝ 50,000円
期 末 仕 掛 品	——	——
材 料 数 量 差 異	2,000個	@10円*×2,000個 ＝ 20,000円
計：実際消費量	52,000個	520,000円
期 末 材 料	4,000個	@10円*×4,000個 ＝ 40,000円
合 計	56,000個	560,000円

＊　追加配賦額：560,000円÷56,000個＝@10円

〈まとめ〉

売 上 原 価：270,000円＋144,000円＋450,000円＝864,000円
期 末 製 品： 30,000円＋ 16,000円＋ 50,000円＝ 96,000円
期 末 仕 掛 品： 24,000円＋　6,400円　　　　　　＝ 30,400円
材料数量差異： 24,000円＋　9,600円＋ 20,000円＝ 53,600円
期 末 材 料： 12,000円＋ 24,000円＋ 40,000円＝ 76,000円

② 原料数量差異の追加配賦

〈原料M1〉

	数量	追加配賦額（すべて借方差異）
売 上 原 価	9,000個	286,667円*3
期 末 製 品	1,000個	31,852円
期 末 仕 掛 品	800個	25,481円*2
合 計	10,800個	344,000円*1

＊1　追加配賦する原料数量差異：320,000円＋24,000円＝344,000円

＊2　$344,000円 \times \dfrac{800個}{10,800個} = 25,481.48\cdots円 \rightarrow \ 25,481円$（円未満四捨五入）

＊3　344,000円－25,481円－31,852円＝286,667円

（売上原価への追加配賦額は差引で求めます）

162

〈原料M2〉

	加工換算量	追加配賦額 （すべて借方差異）
売上原価	9,000個	112,153円*3
期末製品	1,000個	12,462円
期末仕掛品	400個	4,985円*2
合計	10,400個	129,600円*1

＊1　追加配賦する原料数量差異：120,000円 + 9,600円 = 129,600円

＊2　$\dfrac{129,600円}{10,400個} × 400個 = 4,984.61…円 →$　4,985円（円未満四捨五入）

＊3　129,600円 − 4,985円 − 12,462円 = 112,153円

〈原料M3〉

	数量	追加配賦額 （すべて借方差異）
売上原価	9,000個	90,000円*3
期末製品	1,000個	10,000円*2
期末仕掛品	――	――
合計	10,000個	100,000円*1

＊1　追加配賦する原料数量差異：80,000円 + 20,000円 = 100,000円

＊2　$\dfrac{100,000円}{10,000個} × 1,000個 = 10,000円$

＊3　100,000円 − 10,000円 = 90,000円

〈まとめ〉

売 上 原 価：286,667円 + 112,153円 + 90,000円 = 488,820円
期 末 製 品： 31,852円 + 12,462円 + 10,000円 = 54,314円
期 末 仕 掛 品： 25,481円 +   4,985円   = 30,466円

③　加工費配賦差異の追加配賦

	換算量	追加配賦額（すべて借方差異）
売上原価	9,000個	@100円* × 9,000個 ＝ 900,000円
期末製品	1,000個	@100円* × 1,000個 ＝ 100,000円
期末仕掛品	400個	@100円* × 400個 ＝　40,000円
合計	10,400個	1,040,000円

＊　配賦率：1,040,000円 ÷ 10,400個 = @100円

5. 問3について

(1) 原料受入価格差異の配賦

	原料M1		原料M2		原料M3	
	数量	追加配賦額	数量	追加配賦額	数量	追加配賦額
期末材料	2,000kg	12,000円	6,000kg	24,000円	4,000個	40,000円
消費原料分	58,000kg	348,000円	44,000kg	176,000円	52,000個	520,000円
合　計	60,000kg	360,000円	50,000kg	200,000円	56,000個	560,000円

期末材料： 12,000円＋ 24,000円＋ 40,000円＝ 76,000円

消費原料分：348,000円＋176,000円＋520,000円＝1,044,000円

(2) 貸借対照表価額

原　料：＠80円×2,000kg＋＠50円×6,000kg＋＠40円×4,000個＋76,000円
　　　　＝696,000円

仕掛品：880,000円（標準原価）

製　品：＠2,000円×1,000個＝2,000,000円（標準原価）

(3) 営業利益の計算

売上高	25,200,000円
売上原価	18,000,000
原価差額	2,604,000 *
販売費及び一般管理費	1,856,000
営業利益	2,740,000円

＊　1,044,000円〈原料受入価格差異消費原料分〉＋520,000円〈原料数量差異〉
　　＋1,040,000円〈加工費配賦差異〉＝2,604,000円

●さくいん

あ

異常仕損・異常減損‥‥‥‥25, 26, 53
一括調整法‥‥‥‥‥‥‥‥‥240

か

価格差異‥‥‥‥‥‥‥‥‥‥137
加工費工程別総合原価計算‥‥‥84
加重平均標準価格‥‥‥‥‥‥222
完成品原価‥‥‥‥‥‥‥‥‥‥5
組間接費‥‥‥‥‥‥‥‥‥‥91
組直接費‥‥‥‥‥‥‥‥‥‥91
組別総合原価計算に近い等級別
　　総合原価計算‥‥‥‥‥‥106
月末仕掛品原価‥‥‥‥‥‥‥‥5
原価標準‥‥‥‥‥‥‥‥‥‥133
減損‥‥‥‥‥‥‥‥‥‥24, 179
公式法変動予算‥‥‥‥‥‥‥140
工程別組別総合原価計算‥‥‥‥95
工程別総合原価計算‥‥‥‥‥65
固定費能率差異‥‥‥‥‥‥‥140
ころがし計算法‥‥‥‥‥‥‥242

さ

材料受入価格差異‥‥‥152, 236, 246
材料の追加投入‥‥‥‥‥‥‥16
先入先出法‥‥‥‥‥‥‥‥‥‥9

三分法‥‥‥‥‥‥‥‥‥‥‥141
市価基準‥‥‥‥‥‥‥‥‥‥120
時間差異‥‥‥‥‥‥‥‥‥‥138
仕損‥‥‥‥‥‥‥‥‥‥24, 179
仕損差異‥‥‥‥‥‥‥‥‥‥199
仕損品評価額‥‥‥‥‥‥‥‥206
修正パーシャル・プラン‥‥‥148
純粋先入先出法‥‥‥‥‥‥‥12
（純粋な）製造間接費能率差異‥‥225
正味標準製造原価‥‥‥‥‥‥181
シングル・プラン‥‥‥‥‥‥145
数量差異‥‥‥‥‥‥‥‥‥‥137
正常減損率が安定している場合‥‥58
正常市価‥‥‥‥‥‥‥‥‥‥120
正常仕損・正常減損（率）
　　‥‥‥‥‥‥24, 29, 53, 179
正常仕損費の追加配賦‥‥‥‥55
製造間接費差異‥‥‥‥‥‥‥140
製造間接費歩留差異‥‥‥‥‥225
製造指図書別原価計算表‥‥‥172
積数‥‥‥‥‥‥‥‥‥‥‥‥102
操業度差異‥‥‥‥‥‥‥‥‥140
総合原価計算‥‥‥‥‥‥‥‥‥2
総標準製造原価‥‥‥‥‥180, 181

た

第1法‥‥‥‥‥‥‥‥‥180, 183
第2法‥‥‥‥‥‥‥181, 191, 205

165

単一工程組別総合原価計算 ……… 91
単一工程単純総合原価計算 ……… 5
単純総合原価計算に近い等級別
　（総合原価）計算 ……… 102, 112
直接材料費差異 ……… 137
直接労務費差異 ……… 138
賃率差異 ……… 138
追加加工 ……… 124
通常の非累加法 ……… 77
等価係数 ……… 102
等級別総合原価計算 ……… 101
度外視法 ……… 33, 37

な

二分法 ……… 141
能率差異 ……… 140

は

パーシャル・プラン ……… 147
配合差異 ……… 215
非度外視法 ……… 40, 45, 48
標準原価 ……… 133
標準原価カード ……… 135
標準原価計算 ……… 132
標準原価差異 ……… 133
標準工程別単純総合原価計算 …… 159
標準個別原価計算 ……… 171
標準配合割合 ……… 215
標準歩留率 ……… 216
非累加法 ……… 71
副産物 ……… 128

物量基準 ……… 120
歩留差異 ……… 216
歩留率 ……… 216
平均的発生 ……… 48
平均法 ……… 7
変動費能率差異 ……… 140

ま

見積正味実現可能価額 ……… 124
見積分離後個別費 ……… 124

や

予算差異 ……… 140
四分法 ……… 141

ら

累加法 ……… 66
連結原価 ……… 119
連産品 ……… 119
労働能率差異 ……… 225
労働歩留差異 ……… 225

スッキリわかるシリーズ

スッキリわかる　日商簿記1級　工業簿記・原価計算Ⅱ
総合・標準原価計算編　第2版

2013年11月25日　初　版　第1刷発行
2021年11月30日　第2版　第1刷発行

著　　　者	TAC出版開発グループ	
発　行　者	多　田　敏　男	
発　行　所	TAC株式会社　出版事業部	
	（TAC出版）	

〒101-8383
東京都千代田区神田三崎町3-2-18
電話　03（5276）9492（営業）
FAX　03（5276）9674
https://shuppan.tac-school.co.jp

イラスト	佐　藤　雅　則	
印　　　刷	株式会社　ワコープラネット	
製　　　本	東京美術紙工協業組合	

© TAC 2021　　Printed in Japan　　　　　　　　　ISBN 978-4-8132-9925-7
N.D.C. 336

簿記検定講座のご案内

選べる学習メディアでご自身に合うスタイルでご受講ください!

通学講座

3級コース | 3・2級コース | 2級コース | 1級コース | 1級上級・アドバンスコース

教室講座 （通って学ぶ）

定期的な日程で通学する学習スタイル。常に講師と接することができるという教室講座の最大のメリットがありますので、疑問点はその日のうちに解決できます。また、勉強仲間との情報交換も積極的に行えるのが特徴です。

ビデオブース講座 （通って学ぶ / 予約制）

ご自身のスケジュールに合わせて、TACのビデオブースで学習するスタイル。日程を自由に設定できるため、忙しい社会人に人気の講座です。

| 直前期教室出席制度
直前期以降、教室受講に振り替えることができます。

| 無料体験入学 | ご自身の目で、耳で体験し納得してご入学いただくために、無料体験入学をご用意しました。 |

| 無料講座説明会 | もっとTACのことを知りたいという方は、無料講座説明会にご参加ください。 |

無 料
予約不要※

※ビデオブース講座の無料体験入学は要予約。
無料講座説明会は一部校舎では要予約。

通信講座

3級コース | 3・2級コース | 2級コース | 1級コース | 1級上級・アドバンスコース

Web通信講座 （スマホやタブレットにも対応 / 見て学ぶ）

教室講座の生講義をブロードバンドを利用し動画で配信します。ご自身のペースに合わせて、24時間いつでも何度でも繰り返し受講することができます。また、講義動画はダウンロードして2週間視聴可能です。有効期間内は何度でもダウンロード可能です。

※Web通信講座の配信期間は、お申込コースの目標月の翌月末までです。

| WEB SCHOOL ホームページ
URL https://portal.tac-school.co.jp/

※お申込み前に、左記のサイトにて必ず動作環境をご確認ください。

DVD通信講座 （見て学ぶ）

講義を収録したデジタル映像をご自宅にお届けします。講義の臨場感をクリアな画像でご自宅にて再現することができます。

※DVD-Rメディア対応のDVDプレーヤーでのみ受講が可能です。パソコンゲーム機での動作保証はいたしておりません。

Webでも無料配信中! （スマホ タブレット / パソコン）

「TAC動画チャンネル」

資料通信講座 （1級のみ）

テキスト・添削問題を中心として学習します。

● 講座説明会
※収録内容の変更などの、配信されない期間が生じる場合がございます。

● 1回目の講義（前半分）が視聴できます

詳しくは、TACホームページ「TAC動画チャンネル」をクリック!

| TAC動画チャンネル 簿記 | 検 索 |

https://www.tac-school.co.jp/kouza_boki/tacchannel.htm

コースの詳細は、簿記検定講座パンフレット・TACホームページをご覧ください。

パンフレットのご請求・お問い合わせは、TACカスタマーセンターまで

（通話無料）**0120-509-117**
ゴウカク イイナ

受付時間 月〜金 9:30〜19:00
土・日・祝 9:30〜18:00
※携帯電話からもご利用になれます。

TAC簿記検定講座ホームページ | TAC 簿記 | 検 索 |

https://www.tac-school.co.jp/kouza_boki/

簿記検定講座

お手持ちの教材がそのまま使用可能!
【テキストなしコース】のご案内

TAC簿記検定講座のカリキュラムは市販の教材を使用しておりますので、こちらのテキストを使ってそのまま受講することができます。独学では分かりにくかった論点や本試験対策も、TAC講師の詳しい解説で理解度も120%UP!本試験合格に必要なアウトプット力が身につきます。独学との差を体感してください。

左記の各メディアが
【テキストなしコース】で
お得に受講可能!

こんな人にオススメ!

- テキストにした書き込みをそのまま活かしたい!
- これ以上テキストを増やしたくない!
- とにかく受講料を安く抑えたい!

※お申込前に必ずお手持ちのテキストのバージョンをご確認ください。場合によっては最新のものに買い直していただくことがございます。詳細はお問い合わせください。

お手持ちの教材をフル活用!!

合格テキスト

合格トレーニング

TAC出版 書籍のご案内

TAC出版では、資格の学校TAC各講座の定評ある執筆陣による資格試験の参考書をはじめ、資格取得者の開業法や仕事術、実務書、ビジネス書、一般書などを発行しています！

TAC出版の書籍

*一部書籍は、早稲田経営出版のブランドにて刊行しております。

資格・検定試験の受験対策書籍

- ❂日商簿記検定
- ❂建設業経理士
- ❂全経簿記上級
- ❂税 理 士
- ❂公認会計士
- ❂社会保険労務士
- ❂中小企業診断士
- ❂証券アナリスト

- ❂ファイナンシャルプランナー(FP)
- ❂証券外務員
- ❂貸金業務取扱主任者
- ❂不動産鑑定士
- ❂宅地建物取引士
- ❂賃貸不動産経営管理士
- ❂マンション管理士
- ❂管理業務主任者

- ❂司法書士
- ❂行政書士
- ❂司法試験
- ❂弁理士
- ❂公務員試験(大卒程度・高卒者)
- ❂情報処理試験
- ❂介護福祉士
- ❂ケアマネジャー
- ❂社会福祉士　ほか

実務書・ビジネス書

- ❂会計実務、税法、税務、経理
- ❂総務、労務、人事
- ❂ビジネススキル、マナー、就職、自己啓発
- ❂資格取得者の開業法、仕事術、営業術
- ❂翻訳ビジネス書

一般書・エンタメ書

- ❂ファッション
- ❂エッセイ、レシピ
- ❂スポーツ
- ❂旅行ガイド (おとな旅プレミアム/ハルカナ)
- ❂翻訳小説

日商簿記検定試験対策書籍のご案内

TAC出版の日商簿記検定試験対策書籍は、学習の各段階に対応していますので、あなたの
ステップに応じて、合格に向けてご活用ください!

3タイプのインプット教材

①

> 簿記を専門的な知識に
> していきたい方向け

● 満点合格を目指し
次の級への土台を築く
「合格テキスト」&「合格トレーニング」

● 大判のB5判、3級～1級累計300万部超の、信頼の定番テキスト&トレーニング!
TACの教室でも使用している公式テキストです。
● 出題論点はすべて網羅しているので、簿記をきちんと学んでいきたい方にぴったりです!
◆3級 □2級 商簿、2級 工簿 ■1級 商・会 各3点、1級 工・原 各3点

②

> スタンダードにメリハリ
> つけて学びたい方向け

● 教室講義のような
わかりやすさでしっかり学べる
「簿記の教科書」&「簿記の問題集」 滝澤 ななみ 著

● A5判、4色オールカラーのテキスト&模擬試験つき問題集!
● 豊富な図解と実例つきのわかりやすい説明で、もうモヤモヤしない!!
◆3級 □2級 商簿、2級 工簿 ■1級 商・会 各3点、1級 工・原 各3点

> DVDの併用で、
> さらに理解が
> 深まります!

『簿記の教科書DVD』
●「簿記の教科書」3、2級の準拠DVD。
わかりやすい解説で、合格力が短時間
で身につきます!
◆3級 □2級 商簿、2級 工簿

③

> 気軽に始めて、早く全体像を
> つかみたい方向け

● 初学者でも楽しく続けられる!
「スッキリわかる」

テキスト/問題集一体型

滝澤 ななみ 著（1級は商・会のみ）

● 小型のA5判によるテキスト/問題集一体型。これ一冊でOKの、
圧倒的に人気の教材です。
● 豊富なイラストとわかりやすいレイアウト! かわいいキャラの
「ゴエモン」と一緒に楽しく学べます。
◆3級 □2級 商簿、2級 工簿 ■1級 商・会 4点、1級 工・原 4点

シリーズ待望の問題集が誕生!

「スッキリとける本試験予想問題集」
滝澤 ななみ 監修　TAC出版開発グループ 編著

● 本試験タイプの予想問題9回分を掲載
◆3級 □2級

> DVDの併用で、
> さらに理解が
> 深まります!

『スッキリわかる 講義DVD』
●「スッキリわかる」3、2級の準拠DVD。
超短時間でも要点はのがさず解説。
3級10時間、2級14時間＋10時間で合
格へひとっとび。
◆3級 □2級 商簿、2級 工簿

TAC出版

コンセプト問題集

● **得点力をつける!**

『みんなが欲しかった! やさしすぎる解き方の本』

B5判　滝澤ななみ 著

● 授業で解き方を教わっているような新感覚問題集。再受験にも有効。

◆3級　□2級

本試験対策問題集

● **本試験タイプの問題集**

『合格するための本試験問題集』
（1級は過去問題集）

B5判

● 12回分（1級は14回分）の問題を収載。ていねいな「解答への道」、各問対策が充実。

◆3級　□2級　■1級

● **知識のヌケをなくす!**

『まるっと完全予想問題集』
（1級は網羅型完全予想問題集）

A4判

● オリジナル予想問題（3級10回分、2級12回分、1級8回分）で本試験の重要出題パターンを網羅。

● 実力養成にも直前の本試験対策にも有効。

◆3級　□2級　■1級

直前予想

『第○回をあてる TAC直前予想模試』

A4判

● TAC講師陣による4回分の予想問題で最終仕上げ。

● 年3回（1級は年2回）、各試験に向けて発行します。

◆3級　□2級　■1級

あなたに合った合格メソッドをもう一冊!

仕訳 『究極の仕訳集』
B6変型判
● 悩む仕訳をスッキリ整理。ハンディサイズで、一問一答式で基本の仕訳を一気に覚える。
◆3級　□2級

仕訳 『究極の計算と仕訳集』
B6変型判　境 浩一朗 著
● 1級商会で覚えるべき計算と仕訳がすべてつまった1冊!
■1級 商・会

理論 『究極の会計学理論集』
B6変型判
● 会計学の理論問題を論点別に整理、手軽なサイズが便利です。
■1級 商・会、全経上級

電卓 『カンタン電卓操作術』
A5変型判　TAC電卓研究会 編
● 実践的な電卓の操作方法について、丁寧に説明します!

:本番とまったくおなじ環境でネット試験の演習ができる模擬試験プログラムつき（2級・3級）

2021年10月現在　・刊行内容、表紙等は変更することがあります　・とくに記述がある商品以外は、TAC簿記検定講座編です

書籍の正誤についてのお問合わせ

万一誤りと疑われる箇所がございましたら、以下の方法にてご確認いただきますよう、お願いいたします。

なお、正誤のお問合わせ以外の書籍内容に関する解説・受験指導等は、**一切行っておりません。**
そのようなお問合わせにつきましては、お答えいたしかねますので、あらかじめご了承ください。

1 正誤表の確認方法

TAC出版書籍販売サイト「Cyber Book Store」の
トップページ内「正誤表」コーナーにて、正誤表をご確認ください。

CYBER TAC出版書籍販売サイト
BOOK STORE

URL：https://bookstore.tac-school.co.jp/

2 正誤のお問合わせ方法

正誤表がない場合、あるいは該当箇所が掲載されていない場合は、書名、発行年月日、お客様のお名前、ご連絡先を明記の上、下記の方法でお問合わせください。
なお、回答までに1週間前後を要する場合もございます。あらかじめご了承ください。

文書にて問合わせる

● 郵 送 先　〒101-8383 東京都千代田区神田三崎町3-2-18
TAC株式会社 出版事業部 正誤問合わせ係

FAXにて問合わせる

● FAX番号　**03-5276-9674**

---

e-mailにて問合わせる

● お問合わせ先アドレス　**syuppan-h@tac-school.co.jp**

※お電話でのお問合わせは、お受けできません。また、土日祝日はお問合わせ対応をおこなっておりません。
※正誤のお問合わせ対応は、該当書籍の改訂版刊行月末日までといたします。

乱丁・落丁による交換は、該当書籍の改訂版刊行月末日までといたします。なお、書籍の在庫状況等により、お受けできない場合もございます。
また、各種本試験の実施の延期、中止を理由とした本書の返品はお受けいたしません。返金もいたしかねますので、あらかじめご了承くださいますようお願い申し上げます。

（2020年10月現在）

付録編
○問題編　解答用紙
○チェックテスト

〈解答用紙・チェックテストご利用時の注意〉
　本冊子には**問題編 解答用紙**と**チェックテスト**が収録されています。
　この色紙を残したまま中の冊子をていねいに抜き取り、ご利用ください。
　本冊子は以下のような構造になっております。

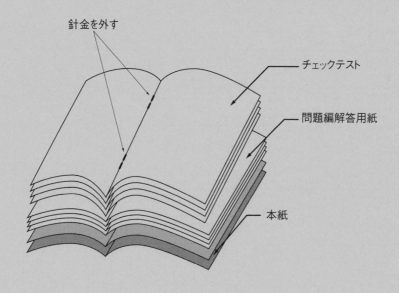

針金を外す

チェックテスト

問題編解答用紙

本紙

　チェックテストは、**上下2カ所の針金を外して**ご使用ください。
　針金を外す際には、ペンチ、軍手などを使用し、怪我などには十分ご注
意ください。また、抜き取りの際の損傷についてのお取替えはご遠慮願い
ます。

問題編

解答用紙

(1) 平均法

① 月末仕掛品原価 ☐ 円

② 完成品総合原価 ☐ 円

③ 完成品単位原価 ☐ 円／個

(2) 先入先出法

① 月末仕掛品原価 ☐ 円

② 完成品総合原価 ☐ 円

③ 完成品単位原価 ☐ 円／個

問題 2

① 月末仕掛品原価 ☐ 円

② 完成品総合原価 ☐ 円

③ 完成品単位原価 修正先入先出法 ☐ 円／kg

純粋先入先出法 ⎰ 月初仕掛品完成分 ☐ 円／kg

⎱ 当月着手完成分 ☐ 円／kg

完成品総合原価 [　　　　　] 円

完成品単位原価 [　　　　　] 円／個

仕　　掛　　品		(単位：円)	
月初仕掛品原価		完成品総合原価	
A　材　料	398,400	A　材　料（	）
C　材　料	119,040	B　材　料（	）
加　工　費	246,080	C　材　料（	）
計	763,520	D　材　料（	）
当月製造費用		加　工　費（	）
A　材　料	2,600,000	計（	）
B　材　料	2,700,000	月末仕掛品原価	
C　材　料	1,900,800	A　材　料（	）
D　材　料	1,575,000	B　材　料（	）
加　工　費	4,118,400	C　材　料（	）
計	12,894,200	加　工　費（	）
		計（	）
	13,657,720	（	）

① 月末仕掛品原価 [　　　　　] 円

② 完成品総合原価 [　　　　　] 円

③ 完成品単位原価 [　　　　　] 円／個

仕　掛　品　　　　　（単位：円）

月初仕掛品原価		完成品総合原価	
直接材料費	2,138,000	直接材料費（	）
加　工　費	781,600	加　工　費（	）
計	2,919,600	計	（　　　）
当月製造費用		仕　損　品（	）
直接材料費	4,945,000	月末仕掛品原価	
加　工　費	5,632,000	直接材料費（	）
計	10,577,000	加　工　費（	）
		計	（　　　）
	13,496,600		（　　　）

① 月末仕掛品原価 [　　　　　] 円

② 完成品総合原価 [　　　　　] 円

③ 完成品単位原価 [　　　　　] 円／kg

仕　掛　品　　　　　（単位：円）

月初仕掛品原価		完成品総合原価	
直接材料費	660,000	直接材料費（	）
加　工　費	638,080	加　工　費（	）
計	1,298,080	計	（　　　）
当月製造費用		月末仕掛品原価	
直接材料費	2,304,000	直接材料費（	）
加　工　費	2,833,920	加　工　費（	）
計	5,137,920	計	（　　　）
	6,436,000		（　　　）

① 月末仕掛品原価 [   ] 円

② 完成品総合原価 [   ] 円

③ 修正先入先出法の完成品単位原価 [   ] 円/個

④ 純粋先入先出法の完成品単位原価

　　　　{ 月初仕掛品完成分 [   ] 円/個

　　　　{ 当月投入完成分 [   ] 円/個

① 月末仕掛品原価 [   ] 円

② 完成品総合原価 [   ] 円

③ 完成品単位原価 [   ] 円/個

仕　　掛　　品　　　　　（単位：円）

月初仕掛品原価		完成品総合原価	
直接材料費	114,000	直接材料費 （	）
加　工　費	203,400	加　工　費 （	）
計	317,400	正常仕損費 （	）
当月製造費用		計 （	）
直接材料費	1,127,000	仕損品評価額 （	）
加　工　費	3,703,000	月末仕掛品原価	
計	4,830,000	直接材料費 （	）
		加　工　費 （	）
		正常仕損費 （	）
		計 （	）
	5,147,400	（	）

4

問題 8

① 月末仕掛品原価 ☐ 円

② 完成品総合原価 ☐ 円

③ 完成品単位原価 ☐ 円/kg

仕　掛　品　　　　　（単位：円）

月初仕掛品原価		完成品総合原価	
直接材料費	284,000	直接材料費 （	）
加　工　費	280,200	加　工　費 （	）
計	564,200	正常減損費 （	）
当月製造費用		計 （	）
直接材料費	2,042,500	月末仕掛品原価	
加　工　費	4,174,800	直接材料費 （	）
計	6,217,300	加　工　費 （	）
		正常減損費 （	）
		計 （	）
	6,781,500	（	）

問題 9

問1

① 月末仕掛品原価 ☐ 円

② 異常仕損費 ☐ 円

③ 完成品総合原価 ☐ 円

④ 完成品単位原価 ☐ 円/個

問2

① 月末仕掛品原価 ☐ 円

② 異常仕損費 ☐ 円

③ 完成品総合原価 ☐ 円

④ 完成品単位原価 ☐ 円/個

① 月末仕掛品原価 [　　　　　] 円

② 完成品総合原価 [　　　　　] 円

③ 完成品単位原価　直接材料費 [　　　　　] 円/kg

　　　　　　　　　加　工　費 [　　　　　] 円/kg

　　　　　　　　　合　　計 [　　　　　] 円/kg

<table>
<tr><td colspan="4" align="center">仕　掛　品</td><td align="right">（単位：円）</td></tr>
<tr><td>当月製造費用</td><td></td><td>完成品総合原価</td><td></td><td></td></tr>
<tr><td>直接材料費</td><td>3,130,400</td><td>直接材料費</td><td>（</td><td>）</td></tr>
<tr><td>加　工　費</td><td>7,132,400</td><td>加　工　費</td><td>（</td><td>）</td></tr>
<tr><td>計</td><td>10,262,800</td><td>正常減損費</td><td>（</td><td>）</td></tr>
<tr><td></td><td></td><td>計</td><td>（</td><td>）</td></tr>
<tr><td></td><td></td><td>月末仕掛品原価</td><td></td><td></td></tr>
<tr><td></td><td></td><td>直接材料費</td><td>（</td><td>）</td></tr>
<tr><td></td><td></td><td>加　工　費</td><td>（</td><td>）</td></tr>
<tr><td></td><td></td><td>正常減損費</td><td>（</td><td>）</td></tr>
<tr><td></td><td></td><td>計</td><td>（</td><td>）</td></tr>
<tr><td></td><td>10,262,800</td><td></td><td>（</td><td>）</td></tr>
</table>

仕掛品－第1工程　　　　　　（単位：円）

前 月 繰 越	（　　　）	仕掛品－第2工程	（　　　　　　　）
材 料	（　　　）	次 月 繰 越	（　　　　　　　）
加 工 費	（　　　）		
	（　　　）		（　　　　　　　）

仕掛品－第2工程　　　　　　（単位：円）

前 月 繰 越	（　　　）	製 品	（　　　）
仕掛品－第1工程	（　　　）	次 月 繰 越	（　　　）
加 工 費	（　　　）		
	（　　　）		（　　　）

第1工程完成品単位原価 　[　　　　　]　円/kg

第2工程完成品単位原価 　[　　　　　]　円/kg

仕掛品－第1工程　　　　　　　（単位：円）

月初仕掛品原価		完成品原価	
X 材 料 費	（　　　）	X 材 料 費	（　　　）
Y 材 料 費	（　　　）	Y 材 料 費	（　　　）
加 工 費	（　　　）	加 工 費	（　　　）
計	（　　　）	計	（　　　）
当月製造費用		異常減損費	（　　　）
X 材 料 費	（　　　）	月末仕掛品原価	
Y 材 料 費	（　　　）	X 材 料 費	（　　　）
加 工 費	（　　　）	Y 材 料 費	（　　　）
計	（　　　）	加 工 費	（　　　）
		計	（　　　）
	（　　　）		（　　　）

仕掛品－第2工程　　　　　　　（単位：円）

月初仕掛品原価		完成品原価	
前 工 程 費	（　　　）	前 工 程 費	（　　　）
Z 材 料 費	（　　　）	Z 材 料 費	（　　　）
加 工 費	（　　　）	加 工 費	（　　　）
計	（　　　）	計	（　　　）
当月製造費用		仕 損 品	（　　　）
前 工 程 費	（　　　）	月末仕掛品原価	
Z 材 料 費	（　　　）	前 工 程 費	（　　　）
加 工 費	（　　　）	Z 材 料 費	（　　　）
計	（　　　）	加 工 費	（　　　）
		計	（　　　）
	（　　　）		（　　　）

問1

第 1 工程費　　　　　　　　　（単位：円）

月初仕掛品原価		完成品総合原価	
直接材料費	（　　　）	直接材料費	（　　　）
加　工　費	（　　　）	加　工　費	（　　　）
計	（　　　）	計	（　　　）
当月製造費用		月末仕掛品原価	
直接材料費	（　　　）	直接材料費	（　　　）
加　工　費	（　　　）	加　工　費	（　　　）
計	（　　　）	計	（　　　）
	（　　　）		（　　　）

第 2 工程費　　　　　　　　　（単位：円）

月初仕掛品原価		完成品総合原価	
加　工　費	（　　　）	加　工　費	（　　　）
当月製造費用		月末仕掛品原価	
加　工　費	（　　　）	加　工　費	（　　　）
	（　　　）		（　　　）

問2

第 1 工程費　　　　　　　　　（単位：円）

月初仕掛品原価		完成品総合原価	
直接材料費	（　　　）	直接材料費	（　　　）
加　工　費	（　　　）	加　工　費	（　　　）
計	（　　　）	計	（　　　）
当月製造費用		月末仕掛品原価	
直接材料費	（　　　）	直接材料費	（　　　）
加　工　費	（　　　）	加　工　費	（　　　）
計	（　　　）	計	（　　　）
	（　　　）		（　　　）

第 2 工程費　　　　　　　　　（単位：円）

月初仕掛品原価		完成品総合原価	
加　工　費	（　　　）	加　工　費	（　　　）
当月製造費用		月末仕掛品原価	
加　工　費	（　　　）	加　工　費	（　　　）
	（　　　）		（　　　）

仕掛品－Ａ原料費　　　　　　（単位：円）

月初仕掛品原価	（　　　）	完成品総合原価	（　　　）
当月製造費用	（　　　）	月末仕掛品原価	（　　　）
	（　　　）		（　　　）

仕掛品－第１工程　　　　　　（単位：円）

月初仕掛品原価		次工程振替	
当工程費	（　　　）	当工程費	（　　　）
当月製造費用		正常減損費	（　　　）
当工程費	（　　　）	計	（　　　）
		月末仕掛品原価	
		当工程費	（　　　）
	（　　　）		（　　　）

仕掛品－第２工程　　　　　　（単位：円）

月初仕掛品原価		完成品総合原価	
前工程費	（　　　）	前工程費	（　　　）
当工程費	（　　　）	当工程費	（　　　）
・計	（　　　）	正常減損費	（　　　）
当月製造費用		計	（　　　）
前工程費	（　　　）	月末仕掛品原価	
当工程費	（　　　）	前工程費	（　　　）
計	（　　　）	当工程費	（　　　）
		計	（　　　）
	（　　　）		（　　　）

A原料費

　　完成品単位原価 ⬚ 円/kg

加工費

　第1工程完成品単位原価

　　(a)　月初仕掛品完成分 ⬚ 円/kg

　　(b)　当月投入完成分 ⬚ 円/kg

　　(c)　当月完成品全体の加重平均単位原価 ⬚ 円/kg

　第2工程完成品単位原価

　　(a)　月初仕掛品完成分 ⬚ 円/kg

　　(b)　当月投入完成分 ⬚ 円/kg

　　(c)　当月完成品全体の加重平均単位原価 ⬚ 円/kg

製品MN　　　　　　　　仕掛品－第1工程　　　　　（単位：円）

月初仕掛品原価		次 工 程 振 替	
原 料 費	135,000	原 料 費	( )
加 工 費	58,050	加 工 費	( )
計	193,050	計	( )
当月製造費用		月末仕掛品原価	
原 料 費	( )	原 料 費	( )
加 工 費		加 工 費	( )
組 直 接 費	431,950	計	( )
組 間 接 費	( )		
計	( )		
	( )		( )

製品MN　　　　　　　　仕掛品－第2工程　　　　　（単位：円）

月初仕掛品原価		完成品総合原価	
前 工 程 費	132,150	前 工 程 費	( )
加 工 費	85,950	加 工 費	( )
計	218,100	計	( )
当月製造費用		月末仕掛品原価	
前 工 程 費	( )	前 工 程 費	( )
加 工 費		加 工 費	( )
組 直 接 費	393,340	計	( )
組 間 接 費	( )		
計	( )		
	( )		( )

製品OP　　　　　　　　　仕掛品－第1工程　　　　　　　（単位：円）

月初仕掛品原価		次 工 程 振 替	
原 料 費	117,740	原 料 費 （　　　　）	
加 工 費	45,120	加 工 費 （　　　　）	
計	162,860	計 （　　　　）	
当月製造費用		月末仕掛品原価	
原 料 費 （　　　　）		原 料 費 （　　　　）	
加 工 費		加 工 費 （　　　　）	
組 直 接 費	889,500	計 （　　　　）	
組 間 接 費 （　　　　）			
計 （　　　　）			
（　　　　）		（　　　　）	

製品OP　　　　　　　　　仕掛品－第2工程　　　　　　　（単位：円）

月初仕掛品原価		完成品総合原価	
前 工 程 費	164,000	前 工 程 費 （　　　　）	
加 工 費	30,720	加 工 費 （　　　　）	
計	194,720	計 （　　　　）	
当月製造費用		月末仕掛品原価	
前 工 程 費 （　　　　）		前 工 程 費 （　　　　）	
加 工 費		加 工 費 （　　　　）	
組 直 接 費	44,640	計 （　　　　）	
組 間 接 費 （　　　　）			
計 （　　　　）			
（　　　　）		（　　　　）	

問1　製品QR

　　　月末仕掛品原価　[　　　　　　]　円

　　　完成品総合原価　[　　　　　　]　円

　　　完成品単位原価　[　　　　　　]　円/kg

　　製品ST

　　　月末仕掛品原価　[　　　　　　]　円

　　　完成品総合原価　[　　　　　　]　円

　　　完成品単位原価　[　　　　　　]　円/kg

問2　製品QR

　　　月末仕掛品原価　[　　　　　　]　円

　　　完成品総合原価　[　　　　　　]　円

　　　完成品単位原価　[　　　　　　]　円/kg

　　製品ST

　　　月末仕掛品原価　[　　　　　　]　円

　　　完成品総合原価　[　　　　　　]　円

　　　完成品単位原価　[　　　　　　]　円/kg

仕掛品 － 製品UV　　　　　　（単位：円）

月初仕掛品原価		完成品総合原価	
原　料　費	3,163,000	原　料　費	（　　　　）
加　工　費	880,000	加　工　費	（　　　　）
計	4,043,000	正常仕損費	（　　　　）
当 月 製 造 費 用		計	（　　　　）
原　料　費	（　　　　）	正常仕損品評価額	（　　　　）
加　工　費	（　　　　）	月末仕掛品原価	
計	（　　　　）	原　料　費	（　　　　）
		加　工　費	（　　　　）
		計	（　　　　）
（　　　　）		（　　　　）	

仕掛品 － 製品WX　　　　　　（単位：円）

月初仕掛品原価		完成品総合原価	
原　料　費	1,960,000	原　料　費	（　　　　）
加　工　費	1,956,780	加　工　費	（　　　　）
計	3,916,780	正常仕損費	（　　　　）
当 月 製 造 費 用		計	（　　　　）
原　料　費	（　　　　）	正常仕損品評価額	（　　　　）
加　工　費	（　　　　）	月末仕掛品原価	
計	（　　　　）	原　料　費	（　　　　）
		加　工　費	（　　　　）
		正常仕損費	（　　　　）
		計	（　　　　）
（　　　　）		（　　　　）	

製品UV完成品単位原価　□　円／個

製品WX完成品単位原価　□　円／個

問1

第1工程月末仕掛品原価		円
副産物Eの評価額		円
連産品に按分すべき連結原価		円

問2

製品C	完成品原価		円
	完成品単位原価		円/kg
製品D	完成品原価		円
	完成品単位原価		円/kg

問3

製品別損益計算書

	製品C	製品D	合　計
販　売　量	5,000 kg	4,000 kg	
販　売　単　価	240 円/kg	225 円/kg	
売　上　高	(　　　　)円	(　　　　)円	(　　　　)円
差引：売上原価			
連結原価配賦額	(　　　　)円	(　　　　)円	(　　　　)円
追加加工費	(　　　　)	(　　　　)	(　　　　)
合　計	(　　　　)円	(　　　　)円	(　　　　)円
売　上　総　利　益	(　　　　)円	(　　　　)円	(　　　　)円
売上高総利益率	(　　　　)%	(　　　　)%	(　　　　)%

仕掛品－直接材料費　　　　（単位：円）

前 月 繰 越	（　　）	製　　　　　品	（　　）
材　　　　料	（　　）	次 月 繰 越	（　　）
〔　　　　〕	（　　）	〔　　　　〕	（　　）
〔　　　　〕	（　　）	〔　　　　〕	（　　）
	（　　）		（　　）

仕掛品－直接労務費　　　　（単位：円）

前 月 繰 越	（　　）	製　　　　　品	（　　）
賃　　　　金	（　　）	次 月 繰 越	（　　）
〔　　　　〕	（　　）	〔　　　　〕	（　　）
〔　　　　〕	（　　）	〔　　　　〕	（　　）
	（　　）		（　　）

仕掛品－製造間接費　　　　（単位：円）

前 月 繰 越	（　　）	製　　　　　品	（　　）
製 造 間 接 費	（　　）	次 月 繰 越	（　　）
〔　　　　〕	（　　）	〔　　　　〕	（　　）
〔　　　　〕	（　　）	〔　　　　〕	（　　）
〔　　　　〕	（　　）	〔　　　　〕	（　　）
	（　　）		（　　）

（注）上記勘定の〔　　〕内には原価差異の名称を、（　　）には金額を記入しなさい。なお、不要なカッコには――を記入すること。

材　　　　料

前　月　繰　越	（　　　　）	仕　掛　品	（　　　　）
諸　　　　　口	（　　　　）	次　月　繰　越	（　　　　）
〔　　　　　〕	（　　　　）	〔　　　　　〕	（　　　　）
	（　　　　）		（　　　　）

材料受入価格差異

〔　　　　　〕	（　　　　）	〔　　　　　〕	（　　　　）

賃　　　　　金

諸　　　　口	821,600	仕　掛　品	（　　　　）
〔　　　　〕	（　　　　）	〔　　　　〕	（　　　　）
	（　　　　）		（　　　　）

仕　掛　品

前　月　繰　越	（　　　　）	製　　　　品	（　　　　）
材　　　　料	（　　　　）	次　月　繰　越	（　　　　）
賃　　　　金	（　　　　）	〔　　　　〕	（　　　　）
製　造　間　接　費	（　　　　）	〔　　　　〕	（　　　　）
〔　　　　〕	（　　　　）	〔　　　　〕	（　　　　）
〔　　　　〕	（　　　　）	〔　　　　〕	（　　　　）
	（　　　　）		（　　　　）

（注）上記勘定の〔　　〕内には適切な名称を、（　　）には金額（単位：円）
を記入しなさい。なお不要なカッコは空欄のままでよい。

仕掛品－第1工程

月初仕掛品原価 （　　　　　）	〔　　　　　〕（　　　　　）
直 接 材 料 費 （　　　　　）	月末仕掛品原価 （　　　　　）
直 接 労 務 費 （　　　　　）	総 差 異 （　　　　　）
製 造 間 接 費 （　　　　　）	
（　　　　　）	（　　　　　）

仕掛品－第2工程

月初仕掛品原価 （　　　　　）	〔　　　　　〕（　　　　　）
〔　　　　　〕（　　　　　）	月末仕掛品原価 （　　　　　）
直 接 材 料 費 （　　　　　）	総 差 異 （　　　　　）
直 接 労 務 費 （　　　　　）	
製 造 間 接 費 （　　　　　）	
（　　　　　）	（　　　　　）

（注）上記勘定の〔　　　〕内には相手勘定科目名ないしは適当な名称を、（　　　）には金額（単位：円）を記入しなさい。

［標準原価差異分析表］

	第1工程	第2工程
材 料 数 量 差 異	円〔　〕	円〔　〕
賃 率 差 異	円〔　〕	円〔　〕
時 間 差 異	円〔　〕	円〔　〕
変 動 費 予 算 差 異	円〔　〕	円〔　〕
固 定 費 予 算 差 異	円〔　〕	円〔　〕
能 率 差 異	円〔　〕	円〔　〕
操 業 度 差 異	円〔　〕	円〔　〕
合 計	円〔　〕	円〔　〕

	材 料 A	材 料 B	合 計
材料受入価格差異	円〔　〕	円〔　〕	円〔　〕

（注）差異分析表の〔　　　〕には「借」または「貸」を記入すること。ただし金額が0の場合は〔　　　〕に「—」を記入すること。

(A) 製造指図書別原価計算表

製造指図書別原価計算表　　　（単位：円）

	No. 1	No. 2	No. 3	合　計
月初仕掛品原価				
直 接 材 料 費				
直 接 労 務 費				
製 造 間 接 費				
合　　計				
備　　考				

(B) 原価計算関係諸勘定の記入（単位：円）

（注）製造間接費の能率差異は変動費および固定費の両方から算出すること。また各差異勘定は、借方または貸方の一方に金額のみ記入すればよい。

材　　料

買 掛 金	仕 掛 品
	総 差 異
	次月繰越

仕　掛　品

前月繰越	製　　品
材　　料	次月繰越
賃　　金	
製造間接費	

賃　　金

諸　　口	仕 掛 品
	総 差 異

製　　品

仕 掛 品	売上原価
	次月繰越

製 造 間 接 費

諸　　口	仕 掛 品
	総 差 異

材料受入価格差異			数　量　差　異	
(　　　　)	(　　　　　)		(　　　　)	(　　　　　)

賃　率　差　異			時　間　差　異	
(　　　　)	(　　　　　)		(　　　　)	(　　　　　)

予　算　差　異			能　率　差　異	
(　　　　)	(　　　　　)		(　　　　)	(　　　　　)

操　業　度　差　異	
(　　　　)	(　　　　　)

(C)　原価差異指図書別内訳表

（単位：円）

	No. 1	No. 2	No. 3	合　計
数　量　差　異	(　)	(　)	(　)	(　)
賃　率　差　異	(　)	(　)	(　)	(　)
時　間　差　異	(　)	(　)	(　)	(　)
合　計	(　)	(　)	(　)	(　)

（注）不利差異には（借）を、有利差異には（貸）を金額の前に付すこと。

(1) 仕掛品勘定の作成

仕 掛 品	(単位：円)
月初仕掛品原価 （　　　　）	完成品製造原価 （　　　　）
当月実際製造費用	月末仕掛品原価 （　　　　）
原　料　費 （　　　　）	標準原価総差異 （　　　　）
加　工　費 （　　　　）	
実際製造費合計 （　　　　）	
合　計 （　　　　）	合　計 （　　　　）

(2) 標準原価総差異の分析

総差異　　　　　　　＝ 　　　　　　　　　円〔　　　〕

①原料費価格差異　＝ 　　　　　　　　　円〔　　　〕

②原料費数量差異　＝ 　　　　　　　　　円〔　　　〕

③加工費予算差異　＝ 　　　　　　　　　円〔　　　〕

④加工費能率差異　＝ 　　　　　　　　　円〔　　　〕

⑤操 業 度 差 異　＝ 　　　　　　　　　円〔　　　〕

（注）〔　　　〕内に、借方差異は「借方」、貸方差異は「貸方」と記入しなさい。

仕 掛 品　　　　　（単位：円）

月初仕掛品原価 （　　　）	完成品原価 （　　　）
当月実際製造費用	仕損品売却処分価額 （　　　）
直 接 材 料 費 （　　　）	☐ （　　　）
直 接 労 務 費 （　　　）	月末仕掛品原価 （　　　）
製 造 間 接 費 （　　　）	標準原価総差異 （　　　）
（　　　）	（　　　）

価 格 差 異
（　　　）｜（　　　）

数 量 差 異
（　　　）｜（　　　）

賃 率 差 異
（　　　）｜（　　　）

時 間 差 異
（　　　）｜（　　　）

予 算 差 異
（　　　）｜（　　　）

固定費能率差異
（　　　）｜（　　　）

変動費能率差異
（　　　）｜（　　　）

操 業 度 差 異
（　　　）｜（　　　）

（注）上記の ☐ 内に適切な名称を、また借方または貸方の（　　　）の中に計算した金額を記入しなさい。

賃　　　　　金	
（　　　）	（　　　）

仕掛品－直接労務費		
（　　　）	完成（　　　）	
	差異（　　　）	
（　　　）	（　　　）	

労 働 賃 率 差 異	
（　　　）	（　　　）

労 働 能 率 差 異	
（　　　）	（　　　）

労 働 歩 留 差 異	
（　　　）	（　　　）

製 造 間 接 費	
（　　　）	（　　　）

仕掛品－製造間接費		
（　　　）	完成（　　　）	
	差異（　　　）	
（　　　）	（　　　）	

予 算 差 異	
（　　　）	（　　　）

操 業 度 差 異	
（　　　）	（　　　）

製造間接費能率差異	
（　　　）	（　　　）

製造間接費歩留差異	
（　　　）	（　　　）

（注）（　　　）内に計算した金額を記入しなさい（単位：円）。

(1) 各勘定の記入

原　　料

月　初（　　　）	（　　　　）
（　　　）	月　末（　　　）
（　　　）	（　　　　）

仕　掛　品

月　初（　　　）	完　成（　　　）
原　料（　　　）	月　末（　　　）
賃　金（　　　）	差　異（　　　）
製造間接費（　　　）	
（　　　）	（　　　）

原料受入価格差異

| （　　　　） | （　　　　） |

原料数量差異

| （　　　　） | （　　　　） |

賃　　　金

| （　　　　） | （　　　　） |

労働賃率差異

| （　　　　） | （　　　　） |

労働能率差異

| （　　　　） | （　　　　） |

製　造　間　接　費

| （　　　　） | （　　　　） |

予　算　差　異

| （　　　　） | （　　　　） |

操　業　度　差　異

| （　　　　） | （　　　　） |

製造間接費能率差異

| （　　　　） | （　　　　） |

(2) 原料受入価格差異一覧表

原料	金　額	
甲	円	〔　　〕
乙	円	〔　　〕
合計	円	〔　　〕

(3) 原料配合差異および原料歩留差異の分析

原料	原料配合差異		原料歩留差異	
甲	円	〔　　〕	円	〔　　〕
乙	円	〔　　〕	円	〔　　〕
合計	円	〔　　〕	円	〔　　〕

(4) （純粋な）労働能率差異および労働歩留差異の分析

（純粋な）労働能率差異	労働歩留差異
円　〔　　　〕	円　〔　　　〕

(5) （純粋な）製造間接費能率差異および製造間接費歩留差異の分析

（純粋な）製造間接費能率差異	製造間接費歩留差異
円　〔　　　〕	円　〔　　　〕

（注）（　　　）内に計算した金額を記入しなさい（単位：円）。また〔　　　〕内
には「借方」または「貸方」を記入しなさい。

問1　材料受入価格差異および材料数量差異の計算

	材料受入価格差異	材料数量差異
M−1	円　〔　　　〕	円　〔　　　〕
M−2	円　〔　　　〕	円　〔　　　〕
合計	円　〔　　　〕	円　〔　　　〕

（注）〔　　　〕内には「借方」または「貸方」と記入する。

問2　材料受入価格差異の追加配賦額

	期末材料	期末仕掛品	期末製品	売上原価	材料数量差異
M−1	円	円	円	円	円
M−2	円	円	円	円	円
合計	円	円	円	円	円

（注）追加配賦額がマイナス（すなわち控除額）となる場合には、金額の前に
「△」を記入すること。

材料数量差異の追加配賦額

	期末仕掛品	期末製品	売上原価
M−1	円	円	円
M−2	円	円	円
合計	円	円	円

（注）追加配賦額がマイナス（すなわち控除額）になる場合には金額の前に
「△」を記入すること。

問1

(1) 原料受入価格差異 [ ] 円（ 　 ）

(2) 原料数量差異 [ ] 円（ 　 ）

(3) 加工費配賦差異 [ ] 円（ 　 ）

問2

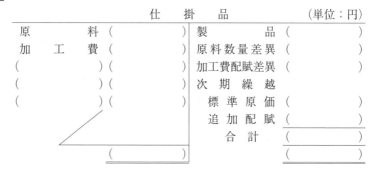

仕 掛 品 （単位：円）

原　　　　料	（ 　 ）	製　　　　品	（ 　 ）
加　工　費	（ 　 ）	原料数量差異	（ 　 ）
（ 　 ）	（ 　 ）	加工費配賦差異	（ 　 ）
（ 　 ）	（ 　 ）	次　期　繰　越	
（ 　 ）	（ 　 ）	標　準　原　価	（ 　 ）
		追　加　配　賦	（ 　 ）
		合　　計	（ 　 ）
	（ 　 ）		（ 　 ）

売 上 原 価 （単位：円）

製　　　　品	（ 　 ）	損　　　　益	（ 　 ）
（ 　 ）	（ 　 ）		
（ 　 ）	（ 　 ）		
（ 　 ）	（ 　 ）		
	（ 　 ）		（ 　 ）

問3

(1) 原　　　料 [ ] 円

(2) 仕　掛　品 [ ] 円

(3) 製　　　品 [ ] 円

(4) 営業利益 [ ] 円

1級 工業簿記・原価計算
チェックテスト

（制限時間：90分）

　本試験と同様の形式のテスト問題（工業簿記1問、原価計算1問）です。

　テキストⅠ～Ⅳを学習したあと、解いて実力をチェックしておきましょう。

工業簿記

問題 25点

R工業の東京工場では主力製品である製品Aを第1製作部から第2製作部を経て連続生産し、累加法による実際正常工程別単純総合原価計算を採用している。同工場における、ある月の原価計算関係資料および原価会議での議論を参照して、各問に答えなさい。なお、製造間接費以外の原価要素は考慮外とする。また、計算上の端数は配賦計算のつど、千円未満を四捨五入しなさい。

[資 料]

(1) 東京工場には、2つの製造部門（第1製作部と第2製作部）と2つの補助部門（X補助部とY補助部）がある。

(2) 製造間接費当月実績データ

	合計	製作部門		補助部門	
第1次集計費		第 1	第 2	X	Y
変 動 費（万円）	10,788.1	2,239.1	5,983.0	1,586.0	980.0
固 定 費（万円）	10,211.9	4,158.0	2,565.4	1,808.5	1,680.0
合 計（万円）	21,000.0	6,397.1	8,548.4	3,394.5	2,660.0

(6) 月初仕掛品の製造間接費

	第1製作部	第2製作部
当工程費	6,200,000円	6,200,000円
前工程費	一円	11,600,000円

原価会議での議論：

第2製作部長：「第2製作部費12,000万円の中には補助部門費配賦額3,451.6万円が含まれています。」

原価計算課長：「そのとおりです。当工場では補助部門間の用役授受の観点からは最も簡便な（ ア ）を用いて補助部門費の配賦を行っています。また固定費と変動費を区別して配賦する（ A ）と、そのような区別をしない（ B ）もあります。当工場では（ B ）を用いています。」

第2製作部長：「補助部門費の配賦には（ ア ）以外に（ イ ）と（ ウ ）もあり、補助部門相互の用役授受を正確に計算へ反映させるという点では、（ イ ）が望ましいのではないでしょうか。部下の試算では（ イ ）と（ A ）を組合わせて採用した場合と比べて、わが部門は？ 万円も原価を余計に負担していることになります。」

原価計算課長：「しかし、どの方法も一般に認められた方法です。また、偶然により左右された

原価計算

㈱町田工業では、同一市場に属する2種類の製品MおよびNを生産・販売している。当社では、予算管理に役立てるため直接標準原価計算を採用するとともに、さらに市場動向の把握およびセールス・ミックスについては重点的に管理している。当社の20×3年度の予算と実績に関する資料は次のとおりである。なお、両製品とも期首・期末の在庫品は存在しない。

1. 20×3年度の予算に関するデータ

(1) 各製品単位あたり予算販売価格および標準変動費

	製品 M	製品 N
予 算 販 売 価 格	5,000円	6,400円
標 準 変 動 費		
直 接 材 料 費	@100円 × 4 kg = 400円	@200円 × 3 kg = 600円
直 接 労 務 費	@400円 × 2時 = 800円	@500円 × 3時 = 1,500円
変 動 製 造 間 接 費	@300円 × 2時 = 600円	@300円 × 3時 = 900円
変 動 販 売 費	200	200
標 準 変 動 費 計	2,000円	3,200円

〔問1〕営業利益差異分析表および変動費差異分析表を作成しなさい。なお、売上品構成差異と販売数量差異を、予算セールス・ミックスにもとづく各製品ごとの実際販売数量を利用すること。

〔問2〕営業利益差異について職能別に差異分析しなさい。

〔問3〕〔問1〕で分析した販売数量差異をさらに市場占拠率差異と市場総需要量差異に分析しなさい。なお、この分析に際しては、各製品の販売量合計にもとづく製品単位あたりの加重平均標準貢献利益を用いて、全社的な観点から行うこと。

解答用紙

工 業 簿 記

【問1】

（ア）	（A）
（イ）	
（ウ）	（B）

【問2】

☐ 万円

【問3】（単位：万円）

製造間接費—第1製作部

実際第1次集計費	予定配賦額	9,180.0	月初仕掛品原価	（　）
	原価差異	（　）	当月製造費用	（　）
変　動　費	2,239.1			

仕掛製造間接費—第1製作部　　　　仕掛製造間接費—第2製作部

月初仕掛品原価	（　）	第2製作部振替	（　）
当月製造費用	（　）	月末仕掛品原価	（　）

原 価 計 算

(注) 差異については、不利差異ならば－、有利差異ならば＋を数値の前に付すこと。

[問1]

（単位：千円）

営業利益差異分析表

1. 予算営業利益 …………………… （ 　 ）

2. 販売価格差異
   M製品 ………… （ 　 ）
   N製品 ………… （ 　 ） 　 （ 　 ）

3. 販売数量差異
   (1) 売上品構成差異
       M製品 ………… （ 　 ）
       N製品 ………… （ 　 ） 　 （ 　 ）
   (2) 販売数量差異
       M製品 ………… （ 　 ）
       N製品 ………… （ 　 ） 　 （ 　 ）

4. 変動費差異
   M製品 ………… （ 　 ）

解答解説

工業簿記

[問1]

(ア) 直接配賦法	❶	(A) 複数基準配賦法	❶
(イ) 相互配賦法（連立方程式法）	❶	(B) 単一基準配賦法	❶
(ウ) 階梯式配賦法	❶		

[問2]

❺ **3,299.5** 万円 ❶

[問3]（単位：万円）

製造間接費―第1製作部

実際第1次集計費		予定配賦額	9,180.0
変動費	2,239.1	原価差異	(❶ 102.4)
固定費			

仕掛製造間接費―第1製作部

月初仕掛品原価	(620.0)	第2製作部振替	(9,460.0)
当月製造費用	(9,180.0)	月末仕掛品原価	(❶ 340.0)

△ 解説

[問1] 補助部門費の配賦方法に関する語句選択問題

補助部門費の配賦方法には次に示すようにさまざまな方法がある。本問では各問で指示されているのがどの方法であるかを判断しながら解いていく。

直接配賦法

階梯式配賦法

相互配賦法（連立方程式法）

単一基準配賦法

複数基準配賦法

〈その1〉第1次集計費の大小で順位付け

〈その2〉相互の配賦額の大小で順位付け

(ア) 現状において採用されている最も簡便な方法……直接配賦法

(イ) 理論的に望ましい方法……相互配賦法（連立方程式法）

(ウ) (ア) および (イ) の折衷法 ……階梯式配賦法

(A) 固定費と変動費を区別する配賦方法……複数基準配賦法

(B) 固定費と変動費を区別しない配賦方法……単一基準配賦法

〈参考〉直接配賦法と単一基準配賦法による補助部門費の配賦

部門費配賦表

(単位：万円)

第1製作部	第2製作部	X補助部	Y補助部

〔問2〕 相互配賦法（連立方程式法と複数基準配賦法）

部門費配賦表 (単位：万円)

	第1製作部		第2製作部		X補助部		Y補助部	
	変動費	固定費	変動費	固定費	変動費	固定費	変動費	固定費
第1次集計費	2,239.1	4,158.0	5,983.0	2,565.4	1,586.0	1,808.5	980.0	1,680.0
X 補 助 部	600.0	750.0	1,000.0	1,125.0	(2,000.0)	(2,500.0)	400.0	625.0
Y 補 助 部	483.0	922.0	483.0	691.5	414.0	691.5	(1,380.0)	(2,305.0)
製造部門費	3,322.1	5,830.0	7,466.0	4,381.9	0	0	0	0

(1) 連立方程式とその解

部門費配賦表 (単位：万円)

	第1製作部		第2製作部		X補助部		Y補助部	
	変動費	固定費	変動費	固定費	変動費	固定費	変動費	固定費
第1次集計費	2,239.1	4,158.0	5,983.0	2,565.4	1,586.0	1,808.5	980.0	1,680.0
X 補 助 部	$0.3\,X^V$	$0.3\,X^F$	$0.5\,X^V$	$0.45\,X^F$	—	—	$0.2\,X^V$	$0.25\,X^F$
Y 補 助 部	$0.35\,Y^V$	$0.4\,Y^F$	$0.35\,Y^V$	$0.3\,Y^F$	$0.3\,Y^V$	$0.3\,Y^F$	—	—
製造部門費	X^V	X^F	X^V	X^F	0	0	Y^V	Y^F

(注) X^V…X補助部変動費

《変動費》

$$X^V = 1,586.0 + 0.3\,Y^V$$
$$Y^V = 980.0 + 0.2\,X^V \quad\Rightarrow\quad X^V = 2,000.0,\quad Y^V = 1,380.0$$

[問3] 階梯式配賦法と複数基準配賦法〈その1〉

1. 階梯式配賦法による補助部門費配賦

部門費配賦表

(単位：万円)

	第1製作部		第2製作部		Y補助部		X補助部	
	変動費	固定費	変動費	固定費	変動費	固定費	変動費	固定費
第1次集計費	2,239.1	4,158.0	5,983.0	2,565.4	980.0	1,680.0	1,586.0	1,808.5
X補助部	475.8	542.6	793.0	813.8	317.2	452.1	1,586.0	1,808.5
Y補助部	648.6	1,218.3	648.6	913.8	1,297.2	2,132.1		
製造部門費	3,363.5	5,918.9	7,424.6	4,293.0				

(1) 補助部門の順位付け

ここでは問題の指示にしたがい、第1次集計費の大小を基準に判断する。

X補助部第1次集計費：3,394.5万円　＞　Y補助部第1次集計費：2,660.0万円

したがって、X補助部の方が優先順位が高い。

(2) 補助部門費の配賦

① X補助部費の配賦

《変動費》

第1製作部に対する配賦額：1,586.0万円×30%＝475.8万円

第2製作部に対する配賦額：1,586.0万円×50%＝793.0万円

Y補助部に対する配賦額：1,586.0万円×20%＝317.2万円

2. 製品原価計算

(1) 第1製作部の計算（修正先入先出法・完成品のみ負担）

第1製作部・加工費

月　初	200個 620.0万円	完　成	2,700個
当月投入	2,700個 9,180.0万円	正常仕損	100個
		月　末	100個

（答案用紙から）

月末仕掛品原価：

$$\frac{9,180.0万円}{2,700個 - 200個 + 100個 + 100個} \times 100個 = \textbf{340.0万円}$$

（第2製作部へ振替）

完成品原価：

620.0万円 + 9,180.0万円 − 340.0万円 = **9,460.0万円**

(2) 第2製作部・前工程費の計算（平均法・完成品と月末仕掛品の両者負担）

第2製作部・前工程費

月　初	300個 1,160.0万円	完　成	2,650個
当月投入	2,700個 9,460.0万円 （第1製作部 から受入）	正常仕損	50個
		月　末	300個

月末仕掛品原価：

$$\frac{1,160.0万円 + 9,460.0万円}{2,650個 + 300個} \times 300個 = 1,080.0万円$$

完成品原価：

1,160.0万円 + 9,460.0万円 − 1,080.0万円 = 9,540.0万円

[問4] 階梯式配賦法と複数基準配賦法 〈その2〉

部門費配賦表

(単位:万円)

	第1製作部		第2製作部		X補助部		Y補助部	
	変動費	固定費	変動費	固定費	変動費	固定費	変動費	固定費
第1次集計費	2,239.1	4,158.0	5,983.0	2,565.4	1,586.0	1,808.5	980.0	1,680.0
X 補 助 部	343.0	672.0	343.0	504.0	294.0	504.0	980.0	1,680.0
Y 補 助 部	705.0	925.0	1,175.0	1,387.5	1,880.0	2,312.5		
製 造 部 門 費	3,287.1	5,755.0	7,501.0	4,456.9				

(1) 補助部門の順位付け

ここでは、補助部門相互の配賦額を比較し、相手への配賦額の多い方を上位とする。

X補助部費のY補助部に対する配賦額:1,586.0万円×20%+1,808.5万円×25%≒769.3万円(千円未満四捨五入)

Y補助部費のX補助部に対する配賦額:980.0万円×30%+1,680.0万円×30%=798.0万円

したがって、Y補助部費のX補助部に対する配賦額の方が大きく、Y補助部が第1位、X補助部が第2位となる。

(2) 補助部門費の製造部門への配賦

① Y補助部費の製造部門への配賦

《変動費》

第1製作部に対する配賦額:980.0万円×35%=343.0万円

第2製作部に対する配賦額:980.0万円×35%=343.0万円

原 価 計 算

（注）差異については、不利差異ならば－、有利差異ならば＋を数値の前に付すこと。

〔問1〕

営業利益差異分析表

（単位：千円）

1. 予 算 営 業 利 益 ………………（ 20,000 ）
2. 販 売 価 格 差 異
   　製　品　M ………………（ ＋6,875 ）
   　製　品　N ………………（ －2,250 ）………（ ❷　＋4,625 ）
3. 販 売 数 量 差 異
   (1) 製 品 構 成 差 異
   　　製　品　M ………………（ ❷　－3,750 ）
   　　製　品　N ………………（ ＋4,000 ）………（ ＋250 ）
   (2) 販 売 量 差 異
   　　製　品　M ………………（ ＋1,800 ）
   　　製　品　N ………………（ ❷　＋1,280 ）………（ ＋3,080 ）
4. 変 動 費 差 異
   　製　品　M ………………（ －880 ）

解説

1. 予算損益計算書の作成

予算損益計算書

	製品M	製品N	合計
売 上 高	@5,000円×14,400個＝72,000千円	@6,400円×9,600個＝61,440千円	133,440千円
標準変動費	@2,000円×14,400個＝28,800千円	@3,200円×9,600個＝30,720千円	59,520千円
標準貢献利益	43,200千円	30,720千円	73,920千円
固定製造間接費			24,600千円
固定販売費			6,320千円
固定一般管理費			23,000千円
予算営業利益			**20,000千円**

2. 実際損益計算書の作成

実際損益計算書

	製品M	製品N	合計
売 上 高	@5,500円×13,750個＝75,625千円	@6,200円×11,250個＝69,750千円	145,375千円
標準変動費	@2,000円×13,750個＝27,500千円	@3,200円×11,250個＝36,000千円	63,500千円
標準貢献利益	48,125千円	33,750千円	81,875千円
変動費差異	(-)880千円 *1	(-)270千円 *2	(-)1,150千円

(1) 販売価格差異

製品M：(@5,500円 − @5,000円) × 13,750個 ＝ ＋6,875千円

製品N：(@6,200円 − @6,400円) × 11,250個 ＝ − 2,250

合計　＋4,625千円

(2) 販売数量差異

製品M：@3,000円 × (13,750個 − 14,400個) ＝ − 1,950千円

製品N：@3,200円 × (11,250個 − 9,600個) ＝ ＋5,280

合計　＋3,330千円

① 売上品構成差異

製品M：@3,000円 × (13,750個 − 15,000個*1) ＝ − 3,750千円

製品N：@3,200円 × (11,250個 − 10,000個*2) ＝ ＋4,000

合計　＋ 250千円

② 販売量差異

製品M：@3,000円 × (15,000個*1 − 14,400個) ＝ ＋1,800千円

製品N：@3,200円 × (10,000個*2 − 9,600個*2) ＝ ＋1,280

合計　＋3,080千円

（＊1）(13,750個 ＋ 11,250個) × $\dfrac{14,400個}{14,400個 ＋ 9,600個}$ ＝ 15,000個

（＊2）(13,750個 ＋ 11,250個) × $\dfrac{9,600個}{14,400個 ＋ 9,600個}$ ＝ 10,000個

(3) 固定費差異

5. 職能別（活動区分別）営業利益差異分析

(1) 販売活動差異：販売価格差異；＋4,625千円

販売数量差異；＋3,330

変動販売費差異；＋ 15

固定販売費差異；＋ 795

合　計　＋8,765千円

(2) 製造活動差異：直接材料費差異；－ 665千円

直接労務費差異；－ 175

変動製造間接費差異；－ 325

固定製造間接費差異；－1,600

合　計　－2,765千円

(3) 管理活動差異：一般管理費差異；－2,000千円

6. 市場占拠率差異と市場総需要量差異の分析

＠加重平均標準貢献利益

	市場占拠率差異 (1)	市場総需要量差異 (2)
実際販売数量合計	実際市場総需要量 × 予算市場占拠率	予算販売数量合計

Y補助部門サービス消費能力割合	100%	40%	30%	30%	―

(3) 各製作部門への補助部門費配賦額は次のとおりであった（千円未満四捨五入）。
　　　第1製作部…2,602.9万円　　　第2製作部…3,451.6万円

(4) 当月の第2製作部費は、12,000万円（補助部門費配賦額を含む）であった。

(5) 各工程の製造実績データ

	第1製作部	第2製作部
月初仕掛品	500個 （40%）	300個 （50%）
当月着手	2,500	2,700
合計	3,000個	3,000個
完成品	2,700個	2,650個
仕損	100	50
月末仕掛品	200 （50%）	300 （60%）
合計	3,000個	3,000個

(注1)（　）内の数値は仕掛品の加工費進捗度を示す。
(注2) 仕損は工程終点で発見される正常な仕損である。正常仕損費は度外視の方法により、第1製作部では完成品のみに負担させるが、第2製作部では完成品と月末仕掛品に負担させる。なお、仕損品に評価額はない。
(注3) 原価配分の方法は、第1製作部が修正先入先出法、第2製作部が平均法による。

いと思うが、どうだろうか。

[問1] 原価会議での議論における（ア）～（ウ）、（A）と（B）に当てはまる語を次の中から選びなさい。

　　相互配賦法（連立方程式法）　　単一基準配賦法　　階梯式配賦法
　　直接配賦法　　複数基準配賦法

[問2] （イ）と（A）を組み合わせて採用した場合、第2製作部に対する補助部門費配賦額はいくらとなるか計算しなさい。

[問3] （ウ）と（A）を組み合わせて採用した場合の原価計算関係諸勘定の記入を行いなさい。なお、補助部門の順位は第1次集計費の大きさを判断基準とする。

[問4] （ウ）と（A）を組み合わせて採用すると、当社の判断次第で異なる金額が計算されるが、そのために生じる第2製作部に対する配賦額の差額はいくらとなるか計算しなさい。

（3）製造間接費：24,600千円　販売費：6,320千円　一般管理費：23,000千円

予算販売量

期首の利益計画において、線型計画法により決定された最適セールス・ミックスは、製品Mが14,400個、製品Nが9,600個である。また、両製品の属する市場における予算市場占拠率は20%である。

2．20×3年度の実績に関するデータ

（1）各製品の実際販売数量および実際販売単価

	製品M	製品N
実際販売数量	13,750個	11,250個
実際販売単価	5,500円	6,200円

また、実際市場占拠率は25%であった。

（2）実際変動費

	製品M	製品N
直接材料費	5,940千円（54,000kg）	6,975千円（30,000kg）
直接労務費	10,725千円（25,000時）	17,325千円（31,500時）
変動製造間接費	8,800千円	9,900千円
変動販売費	2,915千円	2,070千円

（3）固定費実際発生額

製造間接費：26,200千円　販売費：5,525千円　一般管理費：25,000千円

仕掛製造間接費—第2製作部

月初仕掛品原価（　　　　）	完成品原価（　　　　）
第1製作部受入（　　　　）	
当月製造費用（　　　　）	月末仕掛品原価（　　　　）

製造間接費—第2製作部

実際第1次集計費		
変　動　費　　5,983.0	予定配賦額　　10,983.0
固　定　費　　2,565.4	原価差異（　　　　）
X補助部費配賦額（　　　　）	
変　動　費（　　　　）	
固　定　費（　　　　）	
Y補助部費配賦額（　　　　）	
変　動　費（　　　　）	
固　定　費（　　　　）	

固　定　費（　　　　）
Y補助部費配賦額（　　　　）
変　動　費（　　　　）
固　定　費（　　　　）

〔問4〕

☐　万円

変動費差異分析表　　　　　　　　　　　　　　　　　（単位：千円）

	製品M	製品N	合　計	計
直接材料費差異				
直接労務費差異				
変動製造間接費差異				
変動販売費差異				
合　　計				

[問2]　　　　　　　　（単位：千円）

販売活動差異	
製造活動差異	
管理活動差異	

[問3]　　　　　　　　（単位：千円）

市場占拠率差異	
市場総需要量差異	

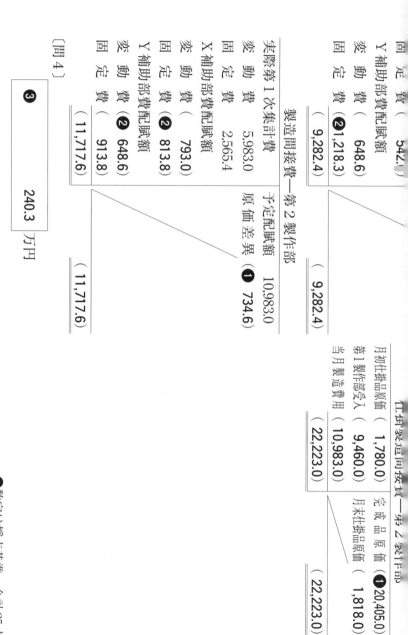

仕掛製造間接費—第2製作部

月初仕掛品原価	(1,780.0)	完成品原価	(❶ 20,405.0)
第1製作部受入	(9,460.0)	月末仕掛品原価	(❶ 1,818.0)
当月製造費用	(10,983.0)		
	(22,223.0)		(22,223.0)

製造間接費—第2製作部

予定配賦額	10,983.0		(9,282.4)
原価差異	(❶ 734.6)		
	(9,282.4)		

実際第1次集計費
変　動　費　　5,983.0
固　定　費　　2,565.4
X補助部費配賦額
変　動　費　(793.0)
固　定　費　(❷ 813.8)
Y補助部費配賦額
変　動　費　(❷ 648.6)
固　定　費　(913.8)
　　　　　　(11,717.6)

(11,717.6)

固　定　費　(542.?)
Y補助部費配賦額
変　動　費　(648.6)
固　定　費　(❷ 1,218.3)
　　　　　　(9,282.4)

〔問4〕

❸ 　240.3 万円

●数字は採点基準　合計25点

7

Y 補 助 部	1,330.0	1,330.0
製 造 部 門 費	9,000.0	12,000.0

(1) 第1次集計費

問題に示された第1次集計費実際発生額を記入する。

(2) 補助部門費の製造部門への配賦

① X補助部費の配賦

第1製作部に対する配賦額：$\dfrac{3,394.5 万円}{30\% + 50\%} \times 30\% ≒ 1,272.9 万円$ （千円未満四捨五入）

第2製作部に対する配賦額：$\dfrac{3,394.5 万円}{30\% + 50\%} \times 50\% ≒ 2,121.6 万円$ （千円未満四捨五入）

② Y補助部費の配賦

第1製作部に対する配賦額：$\dfrac{2,660.0 万円}{35\% + 35\%} \times 35\% = 1,330.0 万円$

第2製作部に対する配賦額：$\dfrac{2,660.0 万円}{35\% + 35\%} \times 35\% = 1,330.0 万円$

③ 各製作部に対する配賦額

第1製作部：1,272.9万円 + 1,330.0万円 = 2,602.9万円

第2製作部：2,121.6万円 + 1,330.0万円 = 3,451.6万円

(2) 補助部門費の配賦

① X補助部費

《変動費》

第 1 製 作 部：0.3 X^V ＝ 600.0万円

第 2 製 作 部：0.5 X^V ＝ 1,000.0万円

Y 補 助 部：0.2 X^V ＝ 400.0万円

《固定費》

第 1 製 作 部：0.3 X^F ＝ 750.0万円

第 2 製 作 部：0.45 X^F ＝ 1,125.0万円

Y 補 助 部：0.25 X^F ＝ 625.0万円

② Y補助部費

《変動費》

第 1 製 作 部：0.35 Y^V ＝ 483.0万円

第 2 製 作 部：0.35 Y^V ＝ 483.0万円

X 補 助 部：0.3 Y^V ＝ 414.0万円

《固定費》

第 1 製 作 部：0.4 Y^F ＝ 922.0万円

第 2 製 作 部：0.3 Y^F ＝ 691.5万円

X 補 助 部：0.3 Y^F ＝ 691.5万円

(3) 第 2 製作部に対する配賦額

1,000.0万円 ＋ 1,125.0万円 ＋ 483.0万円 ＋ 691.5万円 ＝ **3,299.5万円**

Y補助部に対する配賦額：1,808.5万円×25%≒452.1万円（千円未満四捨五入）

② Y補助部費の配賦

《変動費》

第1製作部に対する配賦額：$\dfrac{980.0万円+317.2万円}{35\%+35\%} \times 35\% = 648.6万円$

第2製作部に対する配賦額：$\dfrac{980.0万円+317.2万円}{35\%+35\%} \times 35\% = 648.6万円$

《固定費》

第1製作部に対する配賦額：$\dfrac{1,680.0万円+452.1万円}{40\%+30\%} \times 40\% ≒ 1,218.3万円$（千円未満四捨五入）

第2製作部に対する配賦額：$\dfrac{1,680.0万円+452.1万円}{40\%+30\%} \times 30\% ≒ 913.8万円$（千円未満四捨五入）

(3) 製造部門費配賦差異

第1製作部：9,180.0万円〈予定配賦額〉－ 9,282.4万円〈借方合計〉＝（－）102.4万円 〔借方差異〕

第2製作部：10,983.0万円〈予定配賦額〉－11,717.6万円〈借方合計〉＝（－）734.6万円 〔借方差異〕

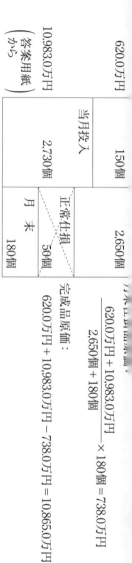

620.0万円　150個　2,650個

$$\frac{620.0万円 + 10,983.0万円}{2,650個 + 180個} \times 180個 = 738.0万円$$

完成品原価：

620.0万円 + 10,983.0万円 − 738.0万円 = 10,865.0万円

10,983.0万円

当月投入　2,730個

正常仕損　50個

月末　180個

（答案用紙から）

(4) 第2製作部のまとめ

月初仕掛品原価：1,160.0万円 + 620.0万円 = **1,780.0万円**

月末仕掛品原価：1,080.0万円 + 738.0万円 = **1,818.0万円**

完成品原価：9,540.0万円 + 10,865.0万円 = **20,405.0万円**

第2製作部に対する配賦額：1,680.0万円×30％＝504.0万円

X補助部に対する配賦額：1,680.0万円×30％＝504.0万円

② X補助部費の配賦

《変動費》

第1製作部に対する配賦額：$\dfrac{1{,}586.0万円＋294.0万円}{30％＋50％}×30％＝705.0万円$

第2製作部に対する配賦額：$\dfrac{1{,}586.0万円＋294.0万円}{30％＋50％}×50％＝1{,}175.0万円$

《固定費》

第1製作部に対する配賦額：$\dfrac{1{,}808.5万円＋504.0万円}{30％＋45％}×30％＝925.0万円$

第2製作部に対する配賦額：$\dfrac{1{,}808.5万円＋504.0万円}{30％＋45％}×45％＝1{,}387.5万円$

(3) 第2製作部に対する配賦額の差額

〔問3〕の階梯式配賦法：793.0万円＋813.8万円＋648.6万円＋913.8万円＝3,169.2万円

〔問4〕の階梯式配賦法：343.0万円＋504.0万円＋1,175.0万円＋1,387.5万円＝3,409.5万円

両者の差額：3,409.5万円－3,169.2万円＝**240.3万円**

変動費差異分析表

(単位：千円)

	製品 M	製品 N	合 計
直接材料費差異	−440	② −225	−665
直接労務費差異	② +275	−450	−175
変動製造間接費差異	−550	+225	−325
変動販売費差異	−165	+180	+15
合　　計	−880	−270	−1,150

【問2】　　　　(単位：千円)

販 売 活 動 差 異	② +8,765
製 造 活 動 差 異	② −2,765
管 理 活 動 差 異	−2,000

【問3】　　　　(単位：千円)

市 場 占 拠 率 差 異	② +15,400
市 場 総 需 要 量 差 異	③ −12,320

●数字は採点基準　合計25点

固定一般管理費　　　　　25,000千円
実際営業利益　　　　　　**24,000千円**

(＊1) 27,500千円〈標準変動費〉－(5,940千円＋10,725千円＋8,800千円＋2,915千円)〈実際変動費〉＝(－)880千円
(＊2) 36,000千円〈標準変動費〉－(6,975千円＋17,325千円＋9,900千円＋2,070千円)〈実際変動費〉＝(－)270千円

3．営業利益差異の分析（純額分析）

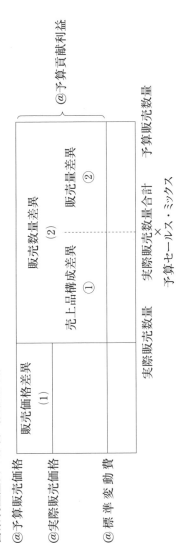

4. 変動費差異の分析

(1) 製品M

直接材料費差異：＠400円×13,750個 － 5,940千円 ＝ －440千円

直接労務費差異：＠800円×13,750個 － 10,725千円 ＝ ＋275

変動製造間接費差異：＠600円×13,750個 － 8,800千円 ＝ －550

変動販売費差異：＠200円×13,750個 － 2,915千円 ＝ －165

合　計　　－880千円

(2) 製品N

直接材料費差異：＠600円×11,250個 － 6,975千円 ＝ －225千円

直接労務費差異：＠1,500円×11,250個 － 17,325千円 ＝ －450

変動製造間接費差異：＠900円×11,250個 － 9,900千円 ＝ ＋225

変動販売費差異：＠200円×11,250個 － 2,070千円 ＝ ＋180

合　計　　－270千円

合　計　　－2,805千円

（＊2）25,000個〈実際販売数量合計〉÷ 25％〈実際市場占拠率〉× 20％〈予算市場占拠率〉＝ 20,000個